图书馆印记

Library impression

李梅军 编著

北京燕山出版社

本书由 2017 年度
国际关系学院中央高校
基本科研业务费项目资助出版

前　言

《图书馆印记》是一部多角度研究图书馆发展历程中发生的重大事件和出现的重要人物的学术性著作。所搜集的事件和人物，有些是具有里程碑式的，有些则是不为关注的点滴，但它们在图书馆源远流长的历史发展长河中，都留下了不可磨灭的印记。

之所以选择这个角度研究，是因为图书馆专业人员在进行学术研究中，需要查阅方方面面的资料，而这些资料均散见于各种图书、期刊、报纸以及网络之中，而且良莠不齐，需要鉴别，因而萌生了研究这个问题的想法。在将近10年的时间里，本人经过不断积累、整理和甄别，终于成书。当然，除了为专业人员科研提供便利外，更期望通过这本书，让更多的人了解图书馆和认识图书馆，并从这本书开始爱上图书馆，爱上阅读。

1. 让更多的人了解图书馆和认识图书馆

图书馆发展史是人类文明的进步史。图书馆是搜集、整理、收藏文献信息并供人们阅览、参考、交流的文化设施，是人类社会生活中不可或缺的组成部分。

早在公元前3000年，巴比伦的神庙中收藏有刻在胶泥板上的各类记载，公元前4世纪的希腊神庙也设有藏书之所。根据考古学家的发掘成果，我们已知世界上最早的图书馆在美索不达米亚，而闻名于世的亚述巴尼拔图书馆，则是现今已发掘的古文明遗址中保存最完整、规模最宏大、书籍最齐全的图书馆。在时间上要比埃及著名的亚历山大图书馆早400年，而且由于泥版图书的特殊性，没有像亚历山大图书馆那样毁于战火，大部分都保存了下来。

我国图书馆有着悠久的历史，只是起初并不叫“图书馆”，而被称为“府”、“阁”、“观”、“台”、“殿”、“院”、“堂”、“斋”、“楼”等，如西周的盟府，两汉的石渠阁、东观和兰台，隋朝的观文殿，宋朝的崇文院，明朝的澹生堂，清朝收藏四库全书的七阁等。

“图书馆”是一个外来语。据《在辞典中出现的“图书馆”》一文所说，“图书馆”一词于1877年出现在日本的文献中；最早出现在我国的文献中当推《教育世界》1894年第62期中所刊出的《拟设简便图书馆说》一文中。1896年，梁启超在其主编的《时务报》创刊号上，称“泰西教育人才之道，计有三事，曰学校，曰新闻馆，曰书籍馆”。书籍馆即图书馆，梁启超第一次使用来源于“日文”的“图书馆”一词。

伴随着图书馆的发展，图书馆的专业教育、期刊文献、学术会议、现代技术、图书馆的管理与服务等方方面面被广为研究，且各种理念逐步成熟和发展，不断充实和完善着图书馆学的各个领域。

翻开图书馆的历史，无论在古代藏书楼时期，还是近代图书馆形成和进步时期，以及当代图书馆事业迅猛发展时期，我们能看到很多辛勤耕耘的图书馆人。他们爱书，爱图书馆，爱图书馆事业，以己之力，为图书馆事业的发展勇敢探索、不断开拓、兢兢业业、呕心沥血，为图书馆事业的发展做出卓越的贡献，开创了很多个第一，在图书馆事业发展的历程中留下了浓重的一笔。

2. 让更多的人从这本书开始爱上图书馆，爱上阅读

党的十八大报告明确提出要开展全民阅读活动，充分体现了党中央对这项文化民生工程的高度重视。国际阅读学会也曾经对阅读的意义做出如下描述：阅读能力的高低直接影响到一个国家和民族的未来，阅读可以强化文化认同，凝聚国家民心和振奋民族精神，可以提高公民素质，淳化社会风气，构建核心价值。因此，我们应该加强全民族的阅读。

本书拟通过对“图书馆”这个无人不知的事物进行深入浅出的介绍和阐述，使大众能够从全新的角度审视图书馆，走进图书馆，深刻领会图书馆的含义，从而爱上阅读。

美国“钢铁大王”安德鲁·卡内基曾经是一位普通的移民者，后来成为世界首富，并成为美国人心目中的英雄和个人奋斗的楷模，这种巨大的转变与其强烈的求知欲和孜孜不倦的读书密不可分。他在功成名就之后，几乎将自己的全部财富捐献给了社会。在“没有什么比建立一座公共图书馆更能体现金钱的价值”的思想指导下，他在美国、加拿大、英国捐办了近3000座公共图书馆，揭开了西方尤其是美国现代图书馆发展史上极为波澜壮阔的一幕。他的经历告诉我们，图书馆是伴随着人们成长、进步、最终走向成功的阶梯。

有这样一个耐人寻味的故事。人民文学出版社的老社长楼适夷在20世纪20年代曾经入狱，那时难友们经常相互传阅书籍以

度过漫长的铁窗生活，同时也是为了从中获取知识。一天清晨，有一本书传到楼适夷同监室的一位难友手上，这位难友在那天早上就要被执行死刑，但他还是神情专注地读着那本书。当时楼适夷思忖，一个马上就要结束生命的人，读书还有什么用呢？后来他明白了，原来读书是一个人生命的需要。

因此，此书也是奉献给社会大众的科普读物，真诚地希望所有浏览此书的读者能够爱上图书馆，爱上阅读。

在图书馆事业的发展轨迹中，星罗棋布地散落着数不清的“印记”，本书收集的极为有限，确切地说，这是一个难于穷尽的研究，所以衷心期望广大读者能够不断地发现新的“印记”并给予积极的补充。全书共有九部分，涵盖中外“印记”，但更侧重于中国。每部分的条目按事件主体发生的时间先后顺序排列，便于读者宏观了解各个事件发展的脉络。

《图书馆印记》是国际关系学院的校级课题，得到学校的大力支持，也得到图书馆同人的鼎力协助，并得到朋友们的热情鼓励和帮助，在此一并表示最诚挚的谢意。

李梅军

2017 年 4 月

目　录

第一部分　有影响的图书馆

第二部分　著名的图书馆人物

第三部分　图书馆学教育

第四部分　图书馆法律法规

第五部分　图书馆会议

第六部分　图书馆学文献

第七部分 图书馆专业团体

第八部分　图书馆自动化、数字化、网络化

第九部分　其他

第一部分

有影响的图书馆

在中国图书馆事业发展史上留下了不可磨灭的足迹。

从宏观上看，国外图书馆事业的起步虽然晚于我国，但真正意义上的“图书馆”却早于我国。国外最早的图书馆为公元前 7 世纪古埃及尼尼微的亚述巴尼拔图书馆，藏有大批泥版书，刻有楔形文字，是目前已挖掘的保存最完整、规模最宏大、书籍最齐全的图书馆。17 世纪以来，国外图书馆事业的发展一直领先于我国，并且在世界图书馆领域一直享有盛名，诸如世界最大的学术图书馆——哈佛大学图书馆（1638 年）、馆藏种类最丰富的图书馆——英国大英图书馆（1753 年）、世界上最大的图书馆——美国国会图书馆（1800 年）、最早开启参考咨询业务和设立理事制度的图书馆——波士顿公共图书馆（1854 年）、拥有分馆最多的图书馆——纽约公共图书馆（1895 年）等，它们为图书馆事业的发展起到了积极的作用。

图书馆已经走过了数千年的历程，最初为少数官府贵族所用，如今走向了平民大众，成为人们生活中的重要组成部分。

让我们在尊重知识、崇尚科学的今天，了解图书馆，热爱图书馆，走进图书馆！

一、中国最早的正式藏书机构
——周王室藏书室

中国图书馆的雏形始于周王朝，那时的藏书机构不叫图书馆，叫“盟府”。《左传 · 僖公五年》曰：“勋在王室，藏于盟府。”意思是说，有功之臣受到王室封赏的记录，收藏在盟府里。盟府是当时保存盟约、图籍、档案等与王室有关的各种资料的地方，可视为最早的王室图书馆。司马贞《索引》注：“藏室史，周藏书室之史也。”这是“藏书”一词的最早出处，也表明周王朝官府的确设有专门的藏书机构，收藏典籍。

清代著名学者章学诚曾经指出：“周官之籍富矣。”指的是我国先秦时期的周王朝官府拥有丰富的典籍。当时周王朝处于奴隶制社会，采用分封诸侯的办法巩固自身的统治，在国内实行严刑峻法和宗法制度，政治经济活动频繁，农业生产规模宏大，国家机构逐步完备，其文化发展超过了商代，因此记载这些活动的典册也相应增加，周王朝官府便对丰富的典籍进行集中管理。

据考古发掘及文献记载，3500 年前商殷时甲骨文的守藏已由专门的史官和巫师进行管理。东汉时，朝廷还设置了秘书监一职，相当于现在的国家图书馆馆长，专门管理图书秘籍。

西汉开国时便重视收藏典籍，于宫内设置了专门用于藏书的“石渠阁”、“天录阁”，这也是后来人们常把皇家藏书之所称为“石渠”、“天录”的原因。汉武帝时期，为了拯救秦末“焚书坑儒”事件中对典籍的破坏，政府向全国广征书籍，并在宫内修建了专门收藏图书的“秘府”馆舍，之后，兰台、石室、麒麟阁等均成为两汉时期收藏图书之所。从石室这个名称上可以看出，当时人们为了防火防潮，已经开始用石头修建藏书之所。

周王朝官府藏书处所首推王室宗庙。王室宗庙内辟有专门收藏国家重要文献的“图室”，供天子专用，这是当时国家最高级别的藏书处所。1976 年，陕西岐山县京当公社凤雏村周原遗址发现一座西周早期大型建筑基地。周原为早周都邑，周王曾在此营建宗庙宫室。1977 年秋，在该建筑基址西厢房南头第二间房屋内 H1 及 H31 窖穴内，发现藏有大量的卜甲和卜骨，初步统计有 1.7 万余片。刻辞甲骨，为殷商和周初王室重要文献之一。周原考古的这一发现确证，王室宗庙内确有专门收藏保管国家重要档案文献的处所。

据《周礼春官》记载，周王朝史官有 5 种，即太史、小史、内史、外史和御史，其中“太史”、“小史”、“外史”主要负责掌管王室的藏书。

太史是掌管国家典籍的主要史官之一，职责是掌管记录史事，掌管府内所藏的国家重要档案和各种各样的重要治国典籍及收藏诸侯国、地方官吏及万民送交的契约券书等。

小史是太史的佐官，主要职责之一是收藏“志”书类档案史料汇编。

外史：“外史掌书外令，掌四方之志，掌三皇五帝之书，掌达书名于四方。若以书使于四方，则书其令。”

内史是起草册封文书的官吏，同时职掌国家法规、政令的副本，收藏官府及地方官吏所呈的政绩报告，书写王命并将副本加以保存。

御史是为周王起草法令、王命等档案文献的官吏。

由此可以看出，周王室文献的典藏管理制度已有分工，且严密有序，系统较为完善，达到了前所未有的高度。相对商代史官，周王朝记录文献典籍的载体形式多样，文献典籍的管理制度、收藏范围及使用等方面均有较大的发展。商代甲骨文献的收藏是古代藏书的萌芽，而周王朝则是文献资料管理工作的形成时期，而且为后世留下了宝贵的经验。

周王室收藏的文献种类繁杂，涉及领域广阔，收藏非常丰富，包括：《三坟》《五典》《八索》《沈丘》《阴符》《祈昭人》《河图》《湘书》；《周易》《周礼》《乐》《刑》《军志》《建言》《左传》《尚书》；还有伊尹、太公、晏婴、叔向、师旷、子产、王孙贾等人的著作；尧、舜、禹、汤、文王、武王、周公、管仲等人的言行录；尹吉甫、家父、许穆夫人等人的诗作；历史文诰、档案资料、当朝正殿议事的记录等。这些档案资料对周王室治理国家、制定政策、推行礼教、传承文化诸多方面提供了史料依据。

二、世界上最古老的图书馆
——古埃及尼尼微的亚述巴尼拔图书馆

亚述巴尼拔图书馆，又称亚述巴尼拔王室书库，是公元前 7 世纪亚述末代国王巴尼拔（Ashurbanipal）公元前 668 年至公元前 627 年在位时，在自己的都城尼尼微（Nineveh）亲自督建的一座王室图书馆，位于今伊拉克北摩苏尔市的对岸即底格里斯河东岸库云吉克山岗。

英国考古学家奥斯丁 · 亨利 · 莱亚德（Austen Henry Layard，1817 年—1894 年，有的译为赖尔德或累亚德）1850 年（一说 1849 年）在亚洲美索不达米亚地区底格里斯河中游的奎恩去克考古发掘中发现，在亚述帝国古都尼尼微废墟的西南角有几个房间，地面堆满了刻有楔形文字（每一笔开始较粗，末尾较细，如同楔子形状，故为楔形文字）的泥版，数量多达 2200 余块，上面刻有细小的记号，标有物主的印记、暗记，有的还写有来源和地点的说明。专家鉴定认为是黏土版书，为公元前 7 世纪亚述末代国王巴尼拔所收藏。这是现今已发掘的古文明遗址中，保存最完整、规模最宏大、书籍最齐全的图书馆，在时间上要比埃及著名的亚历山大图书馆早 400 年。

亚述末代国王巴尼拔在位时能征善战，使亚述帝国的疆域达到了极限。他本人文武兼备，是一位尊崇文化、博学多才、爱书入迷的国王。他在位时，不遗余力地派人到各地收集文献，成效卓著，并使亚述帝国的文学和艺术得到了辉煌的发展。亚述巴尼拔图书馆当时馆藏泥版书数量已达 25000 块，每块大小约 24 厘米 ×16 厘米，其中有 20720 块泥版书被运至英国不列颠博物馆保存。这些泥版书具有相当完善的目录体系，亚述人对各类版书进行分类和编目，不同类别的版书放在不同的位置加以区分，亚述书吏还在每块泥版上附上题签，标明该泥版所记载的内容。这批泥版书对亚述文明的考古学家来说，是研究表音文字与语言的重要资料。1870 年，乔治 · 史密斯成功地完成了对这些藏在大英博物馆的黏土版书的排列和读解。通过它们，我们能窥见太古时期的史诗、宗教以及巫术的祷文、商业性的记载、祭品清单、行政法令记录、天文资料汇编、僧侣档案等。

这座图书馆的藏书多数刻有国王亚述巴尼拔的名字，有的注明是国王本人亲自修订的，有的则注明是由他收集来的，泥版文书上往往还刻有“宇宙之王”、“亚述之王”、“亚述巴尼拔之宫”等字样。在图书馆遗址的一块泥版上，刻有巴尼拔的自述：“我，亚述巴尼拔，受到纳布智慧神的启发，觉得有博览群书的必要。我可以从它学到射、御以及治国平天下的本领。……读书不但可以扩充知识和技艺，而且还可养成一种高贵的气度。”藏书大部分是从全国各地传抄的摹本，其余部分从私人处获得。

在巴尼拔图书馆遗址，还发现了亚述巴尼拔给一些文官的训令，指示他们到各省去收集泥版书。其中一封这样写道：“接到此信之日，即带舒玛、其弟贝尔 · 埃梯尔、亚普拉及你认识的波西巴的一些艺术家去，尽可能收集人们家中及埃齐达神庙里的泥版。”此外，亚述巴尼拔还雇有众多学者和誊刻员，专门誊刻各地的泥版书和有价值的铭文。

巴尼拔图书馆的藏书门类齐全，既有各种宗教经典、文学作品、天文观测记录、医学原典、数学、化学、植物学及其他科学著作，也有历史文献、条约、法律、命令、书信、王室的经济报表、房屋和沟渠建筑的报告，还有语法著作，词典以及类似百科全书的著作，几乎囊括了当时的全部学识。其中的王朝世袭表、史事札记、宫廷敕令以及神话故事、歌谣和颂诗，为后人研究亚述帝国乃至整个亚述—巴比伦文明提供了重要资料。尤其珍贵的是，在文学类泥版中，藏有世界史上第一部伟大的英雄史诗《吉尔伽美什》，这是美索不达米亚文明所创造的最重要的作品之一。《吉尔伽美什》由 12 块泥版组成，成书时间大约在公元前 11 世纪，是在苏美尔、阿卡德时代以来的口传故事的基础上编定的。

三、中国现存最古老的藏书楼
——天一阁

天一阁创建于明朝嘉靖四十年（1561年），由当时的兵部右侍郎范钦（1506年—1585年）主持建造，占地面积2.6万平方米，位于浙江宁波市月湖之西，距今已有450多年的历史，是中国现存最早的私家藏书楼，被誉为“中华第一私人藏书楼”，也是亚洲现存最古老的图书馆及世界最早的三大家族图书馆之一。

天一阁第一代主人范钦，字尧卿或安钦，号东明，明代著名的藏书家，浙江人。27岁时为嘉靖十一年（1532年）进士，曾在湖广（今湖北）、江西、广西、福建、云南、陕西、河南等多地任职。他一生喜欢购求典籍，嗜好抄藏，每到一地，便留心求访。到79岁去世时，天一阁藏书已达7万多卷，其中很多为皇家所未藏之书。

天一阁的建筑为二层硬山顶木制结构，通高8.5米，底层面阔、进深各六间，前后有廊。二层除楼梯间外为一大通间，以书橱间隔。阁前后有窗，左右砌砖为垣，楼前建有“天一池”，池中有假山，山上立小亭，池水直通月湖，环境优美，且便于蓄水防火。

天一阁对于所藏书籍，格外注重防火、防潮、防虫，如临池建阁、住房与书阁分离、砌砖墙为垣、夜不秉烛入阁；书橱前后有门以通风，橱下放英石以吸潮；阁内藏书每册书中夹有芸草（灵香草）以防虫。

清乾隆三十八年（1773年），朝廷开设四库全书馆，纂修《四库全书》，范钦的八世孙范懋柱进献所藏之书638种。乾隆皇帝闻之大悦，下诏测绘天一阁房屋和书柜的款式，模仿建造了著名的“南北七阁”，用以分别收藏 7 套《四库全书》，从此天一阁闻名天下。

1585 年范钦临终前，把家产分为两份：一份是天一阁及其藏书，一份是一万两银子，让两个儿子挑选。长子范大仲挑选了天一阁及其藏书，并遵照父亲“代不分书，书不出阁”的遗训，立有严格的族规：书不借人、书不出阁、代不分书；阁橱钥匙分房掌管，严禁将书取下阁楼，非各房子孙齐整，不开锁；子孙无故开门入阁者，罚不得参与祭祀 3 次；有将书籍典当贩卖者，逐出族籍，永不参与祭祀等。

截至新中国成立，天一阁藏书遭遇五次重大劫难：“进呈之失”：范氏后人为《四库全书》纂修而捐献的 638 种善本未被退还；“兵荒之失”：明清动乱之际，损失藏书十之一二；1840 年鸦片战争期间，英军占领宁波后闯入天一阁，掠走数十种地理舆图书籍；“偷盗之失”：1861 年太平天国起义军进驻宁波，小偷趁乱毁坏阁后墙垣，偷运藏书，论斤贱卖给造纸作坊；1914 年大盗薛继渭与奸商勾结，入阁十余天盗运藏书 1000 多部。如此种种，使天一阁蒙受巨大损失。1949 年中华人民共和国成立时，天一阁藏书仅剩 13000 多卷，其中包括明代地方志和登科录等。

周恩来同志在大军南下前的一次会议上指示，一定要保护好天一阁。1949 年 6 月 9 日，宁波市军事管制委员会文教部接管了天一阁。人民政府帮助天一阁收回了流传在外的原藏古籍 3000 余卷，并多次对天一阁加以修缮，使奄奄一息的天一阁获得新生。1982 年，天一阁被国务院公布为全国重点文物保护单位。

天一阁藏书历经 400 多年而不散，与范钦的“代不分书，书不出阁”的遗训和其后辈族人的一系列藏书禁遏政策密切相关；天一阁建筑历经 400 余年而不衰，与其最初的精心设计密不可分。

天一阁以其历史悠久而闻名。沈柏亮撰写的《略探天一阁藏书楼在中国图书馆史中的地位》一文中写道："它是现存世界上最古老的三个家族图书馆之一。据查阅，1566 年以前建立的私人图书馆，后来成为家族图书馆的，现仍存在的，两所在亚洲，即中国宁波的天一阁，日本神奈川县的金泽文库。"

天一阁以其藏书而著称。天一阁现藏各类古籍约 30 万卷，其中珍椠善本 8 万卷，尤以明代地方志和科举录最为珍贵，另藏有繁多的碑帖，还有宋至清碑林 80 余方，号称"明州碑林"。

天一阁的建筑独具特色。将藏书文化与园林文化完美结合，环境优美，建筑兼顾防火、防潮、防虫蛀。

郭沫若曾为天一阁题联："好事流芳千古，良书播惠九州。"

四、世界上规模最大、藏书最多的大学图书馆、世界最大的学术图书馆
——哈佛大学图书馆

哈佛大学图书馆（Harvard Library）是世界上规模最大、藏书最多的大学图书馆，也是全球最大的学术图书馆。它是一个庞大的图书馆系统，由 73 所专题图书馆、学院图书馆和综合图书馆组成。经过近 400 年的发展历程，截至 2013 年，全馆有全职工作人员 1200 余名，拥有藏书 1890 多万册（卷），数字文件 1200 多万个，还有数百万手稿、照片、音乐唱片、电影以及各类文物。曾经有 7 位美国总统和 4 位副总统及 49 位诺贝尔奖金获得者在这里学习过。

哈佛大学图书馆 1638 年建立于马萨诸塞州的剑桥，最初叫剑桥学院。1638 年 9 月 24 日，马萨诸塞州查尔斯城的一名牧师约翰 · 哈佛（John Harvard）因患肺结核病逝，他把自己的一半房地产和全部藏书捐献给剑桥学院，他的捐赠成为当时图书馆的主要财产和资料。为表彰其善举，马萨诸塞大法庭于 1639 年下令将“剑桥学院”更名为“哈佛学院”，也就是后来的哈佛大学。图书馆最初发展比较缓慢，到 1723 年仅收藏 3500 册图书，1764 年藏书增加到 5000 册，哈佛大楼却不幸遭受火灾，大部分藏书被毁，仅存 404 册图书，1800 年藏书达 1.3 万册。1841 年，哈佛图书馆首次拥有专用馆舍，1877 年和 1895 年两次扩建。1915 年威德纳图书馆（Widener Library）开放，它是哈佛大学藏书最多的社会科学和人文科学研究图书馆。以收藏珍本和手稿为主的霍顿图书馆（Houghton Library）于 1942 年开放，随后各类图书馆相继建成

开放，如：新英格兰保存本图书馆、世界上第一个供大学本科学生专用的图书馆勒蒙特本科生图书馆（Lemont Library）、普西图书馆、收藏中国珍贵图书的燕京图书馆等。大部分图书馆设在波士顿的哈佛校园内，有的设在华盛顿特区，有的甚至在意大利佛罗伦萨市及世界其他一些城市，各馆都有其无可替代的特色。不仅学校的每个学院都有自己的图书馆，而且还有各类专业图书馆。

由于不同的图书馆藏书的侧重点和专业不同，其服务的对象也不同。威德纳图书馆是哈佛大学校本部最大的社会科学和人文科学研究图书馆，馆舍宏伟壮观，拥有10层书库，收藏历史、经济、语言、文学等文献600多万卷，其中文化方面的资源多来自英国、德国、法国、希腊等欧美国家，包括100多种语言的原著，每年数量快速增加。主楼设有哈佛所有图书馆的馆藏卡片目录，以及1977年以来用电子计算机编制的目录和缩微平片目录，馆内设有中东、中亚60多个国家和地区的研究室，为学术研究和文化交流提供便利。

哈佛大学燕京图书馆以丰富的东亚文献收藏闻名于世，规模仅次于美国国会图书馆的东亚文献馆藏，是美国大学图书馆中最大的东亚地区研究文献中心。1928年建立，建馆时只有中文图书4000多册及日文图书1000多册及少量其他文献。据王筱雯在其《哈佛大学燕京图书馆文献资源建设及启示》一文中，对燕京图书馆馆藏进行了下述描述：截至2005年，燕京图书馆共藏书92万册（不含复本），其中中文馆藏50万册以上。在中文藏书中，古籍约有15万册，包括刻本、抄本、原版方志、拓片、法帖、手抄经卷、手稿、彩色套版书等。这些图书对研究中国历史与文化、版本学具有重要价值。此外，哈佛燕京图书馆还收藏了数量不菲的中国地方志，如县志、通志、府志、州志等共计3858种，其中原本方志3525种。哈佛燕京图书馆第二任馆长吴文津曾在《哈佛燕京图书馆中国方志及其他有关资料存藏现况》一文中介绍，哈佛燕京图书馆所藏方志总数占中国大陆所藏总数的46%，卷数占59%。此外，哈佛燕京图书馆还收藏有丰富的日、韩、蒙、越等文种的图书，成为亚洲以外的世界大学图书馆中收藏东亚书籍最多的图书馆，被誉为世界上研究中国学的重要基地和海外保存中国传统文化典籍的中心。

进入21世纪，随着信息技术的不断发展，数字文献呈几何级数量增长，数字资源的涌现给图书馆带来机遇的同时，也带来极大的挑战。对此，哈佛大学图书馆调整了目标和策略，在其确认的目标中，将与教、学、研的紧密结合放在工作首位。图书馆开展自上而下的改革，包括改组机构、协作管理、整合资源、创新服务等。在新的组织结构下开展共享服务，整合系统内资源，促进图书馆与学院合作，实施跨系统的文献发展战略和获取政策，实现资源的高度整合，方便快捷地为用户提供强有力的检索，提供周到便利的查阅服务。在协作服务系统下，整合、统一各分馆存取服务、技术服务和保存与数字影像服务。利用强大的门户网站，哈佛大学用户能够方便、快捷地利用系统内所有的数字馆藏及相关资源。

追求持续稳定、多样化的发展始终是这所顶尖的一流名校图书馆的基调。哈佛大学图书馆高度重视创新，追求自身的不断完善，将创新作为图书馆管理的一部分，不断探索新理念，跟踪新技术，研究用户信息行为，让创新服务满足用户日益多元的需求。

五、世界上馆藏种类最丰富的图书馆
——英国“大英图书馆”

大英图书馆（The British Library），亦称不列颠图书馆，是英国国家图书馆，前身为1753年成立的大英博物院图书馆。

1969年，英国国家图书馆委员会主席戴顿（F.S.Dainton）主持起草了一份报告，提议建立国家图书馆，作为各种文献资源的国家级典藏机构。1971年，英国政府将此建议写入白皮书。1972年，英国议会通过了《英国图书馆法》（The British Library Act），1973年7月1日该法正式生效。根据该法，大英图书馆由下列机构共同构成：大英博物馆的图书部门、国家中心图书馆（The National Central Library）和国家科技借阅图书馆（The National Lending Library for Science and Technology）。1974年，英国国家书目有限公司（The British National Bibliography Ltd.）和科技信息办公室（The Office for Scientific and Technical Information）并入大英图书馆。

大英图书馆拥有独一无二的精美馆藏，是世界上拥有历史资料收藏最多、藏品种类最丰富的图书馆，是世界上最大的学术研究型图书馆之一。

大英图书馆馆藏的主体部分继承了大英博物馆260余年的丰富藏品，文献的语种几乎涵盖所有已知的语言。藏品包括：无与伦比的英国及海外早期印刷图书，文字产生以来的东、西方手稿，前印度办事处的档案与图书资料，举世闻名的印刷或手绘地图及乐谱，具有重大价值的集邮资料，世界上最为丰富的声像资料，各种形式的商业情报，世界上最完整的专利说明书，最完整的会议录和数以百万计的英国与海外报告、论文及缩微制品。陕西科技大学图书馆的曹力佳在其《大英图书馆数字馆藏的发展及启示》一文中对大英图书馆的馆藏进行了详细描述，截至 2011 年，“大英图书馆的馆藏物品超过 1.5 亿件，陈列架的长度超过 625 英里，馆藏内容包括 1400 万册图书、26 万种期刊、400 万张地图、300 万件有声资料、6000 万项专利、31 万件手稿，此外还有大量的乐谱、地图、绘画、邮票等弥足珍贵的资料”。大英图书馆的藏品来自世界各地，最早的可上溯到 3000 年前。其无价珍贵藏品有：两部在 1215 年 6 月英国国王约翰在拉尼米德签署的大宪章、现存的唯一一部裴欧沃夫的原始手稿；两部谷登堡印制的《圣经》，一部是在 1454—1455 年印制的 42 行圣经，另一部是在后期印制的 36 行圣经；莎士比亚的原本手稿、古老的圣经《西乃抄本》、佛教典籍《金刚经》的早期印刷本等。

大英图书馆圣潘克拉斯新馆于 1998 年 6 月 25 日由女王剪彩正式开放，共有 11 个阅览室、1200 个阅览座位。新馆为图书馆的主建筑，具有古典主义风格，占地 5.1 公顷，总面积 20 万平方米。

《英国图书馆法》规定：英国图书馆是为学术界、研究部门、工商业和其他信息使用领域提供参考咨询、文献、书目及其他信息服务的中心，对全国的机关或个人提供服务。大英图书馆设有文献提供中心，是世界上首屈一指的文献提供者，每年接待大量国内外学者和普通读者，最大限度地向读者开放阅览室，提供及时、迅捷和方便的文献服务及馆际互借服务，每年图书借阅量超过 400 万次，满足 2 万个单位客户的 450 万次以上的请求，对世界范围的研究、学术和创新做出了非凡的贡献。

大英图书馆为自己制定了如下使命：通过学术、研究及创新提供对馆藏及信息的存取，培养、鼓励、促进对知识的追求。据此，大英图书馆采用新技术和新举措，扩大对公众的服务，继续开发数字存储和电子传递，为图书馆、档案馆及情报界提供多种基础服务，如咨询服务、国家书目服务、国家文献保护，以促进全国信息资源共享，对图书馆业务工作提供技术与经费上的支持。其扩展性服务有：展览、培训、英国图书馆书店、美国研究中心和英国图书馆之友等。

此外，大英图书馆还是世界上第一所在阅览室安装电灯的图书馆。英国是第一次工业革命的发源地，是世界上第一个工业化国家。当 19 世纪的第二次工业革命扩展到西欧和北美后，引发并推动了法、美、德等国家的工业技术革新及发明创造。1879 年，美国发明家爱迪生发明了电灯，结束了人类用煤油灯、蜡烛、煤气灯照明的历史，电灯被广泛应用到人们生活、生产的各个领域。大英图书馆作为英国最大的图书馆，其设施设备紧跟时代发展，在电灯发明的当年，在世界率先使用了这项科技成果，在阅览室中安装了电灯，在世界图书馆领域留下了难以磨灭的印记。

六、世界上最大的图书馆
——美国国会图书馆

美国国会图书馆（Library of Congress，The United States）是美国的国家图书馆，位于华盛顿国会山上，是美国历史最悠久的联邦文化机构，也是世界上最大的图书馆。这座图书馆是美国第二任总统约翰·亚当于1800年为国会议员们建立的，其初衷是让议员们能够阅读到有关法律方面的书籍。美国第三任总统托马斯·杰斐逊（Thomas Jefferson，1743年—1826年）被普遍认为是美国国会图书馆真正的创始人。他的下述两个信念成为美国国会图书馆建立与发展的指导原则：一是民主来源于知识，二是作为美国立法者的国会议员有可能利用任何一门学科的知识。美国国会图书馆的使命是：将馆藏资源造福于美国国会和人民，为美国及世界提供并保存知识和智力创造，对全世界知识和信息进行战略储备。

美国国会图书馆建立初期，没有自己独立的馆舍。首批740本藏书从英国购进，被随便放在国会开会的地方。1814年，国会大厦遭到英军焚烧，藏书全部被毁。1815年，当时已经退休的杰斐逊总统向国会提议再建一座图书馆，并将自己50年精心收藏的6487本书有偿提供给国会。杰斐逊在交接自己的藏书时写下这样一段话："我不知道国会不打算收藏哪些学科方面的图书，事实上，国会议员有可能会参考任何一门学科的知识。"他的藏书为美国国会图书馆奠定了馆藏基础，被认为是美国最好的藏书之一。

美国国会图书馆是以3位总统名字命名的3幢大楼组成的宏伟建筑

群，分别为1897年落成的杰斐逊大厦（即杰斐逊馆）、1939年落成的亚当斯大厦（即亚当斯馆）[1]和1980年落成的麦迪逊大厦（即麦迪逊馆）[2]，总面积为34.2万平方米。主楼杰斐逊大厦是一幢辉煌壮丽的意大利文艺复兴式的建筑，当时是世界上最恢宏的国家纪念馆和世界上最大、最昂贵、最安全的图书馆，至今一直被认为是美国最美的建筑之一。整个建筑就是一座知识的宫殿与海洋，50名美国艺术家为杰斐逊大厦创作了精致华丽的雕像、壁画、镶嵌图画等艺术品，很生动地描绘了与学术有关的主题和与文化有关的渊源，显示出书籍与智慧的重要性。馆内最漂亮的空间是大堂和主阅览室，金碧辉煌，美轮美奂。

作为世界上最大的图书馆，美国国会图书馆收藏了2.1亿件藏品，包括图书、图片、手稿、文献、地图、期刊、报纸、唱片、电影胶片等，涵盖了470种语言，还收藏了数量不菲的数字资源，三分之二以上的资源是以多媒体形式存储的，其中有许多珍贵的历史资料、名人手稿、稀有图书、特色收藏、世界上最大的地图、电影胶片和电视片等，如最早发表美国《独立宣言》的《宾夕法尼亚日报》以及16世纪以前出版的古版书。

值得一提的是，美国国会图书馆亚洲部所属中文部藏有中国古籍善本5万多册，其中《一切如来》是公元975年北宋早期佛经的木版印刷品；拥有4000多种、6万余册中国地方志，其中约100种是孤本；藏有中国少数民族的文字资料，例如200多种藏文木版印刷品，400多种满文资料和3000种云南纳西族东巴文资料；珍藏有1938—1945年中国抗日战争期间重庆、成都、云南等地的政治、经济、文学、艺术、戏剧、歌谣等纪实资料5000余种，是专家学者研究抗战时期历史的珍贵文献。迄今，美国国会图书馆仍在不断搜集各种中文典籍，每年都从中国内地、台湾和港澳地区购进大量图书、期刊、报纸以充实中文书库。

美国国会图书馆不仅为国会议员、各委员会、政府的行政与司法等机构服务，也为全美国的图书馆乃至世界各国图书馆服务，为学者、研究人员、艺术家和科学家提供资料，对所有公众开放，并随时回答国会提出的各类问题。美国国会图书馆平均每天收到各类咨询 2000 个，有的问题几分钟就能回答，有的则需要研究几个月方能答复。

美国国会图书馆馆长由总统任命，并由参议院投票表决确认。历任馆长的名字都镌刻在杰斐逊大厦一侧的大理石墙壁上，充分体现出美国社会对图书馆长的尊重和对图书馆事业的重视。图书馆书架的总长超过 800 公里（一说 1198 公里），全馆 4000 多名工作人员，每年接待读者和游客达 200 多万人次。

美国国会图书馆还致力于为学术研究服务，将丰富的学术资源和庞大的文献收藏贡献给全世界，凡是从事研究的人士，不论学者、作家、教师、艺术家、新闻记者还是学生，凡年过 16 岁者都可以利用阅览室及馆内的计算机等设备，检索图书馆的资源。

美国国会图书馆自身早已实现计算机管理，现代化水平在全世界图书馆中位列第一。目前，该馆正在致力于将本馆以及全国所有公共图书馆和研究图书馆中的所有资源转化为数字形式储存起来，创建一个庞大的“虚拟图书馆”，其中所有的图书、绘画、手稿和照片都将转化成数字化图像，实现全面数字化管理，并且提供网上服务。只要登录国会图书馆网站，就会看到各种多媒体文物典籍，内容包括美国历史、传奇人物、各州介绍、民生娱乐以及书目索引等。

美国国会图书馆是美国知识与民主的重要象征，在美国文化中占有重要的地位。现在，它已成为美国政府、学术界和一般读者的参考咨询中心、国际交换和国际互借中心以及各国政府出版物和联合国文献收藏中心。

注释

[1] 亚当斯大厦：以纪念首位通过法案为国会图书馆拨款的第二任总统约翰·亚当斯（John Adams，1735 年—1826 年）。该楼耗资 900 万美元，高 5 层，以乔治亚州白色大理石为建筑材料。

[2] 麦迪逊大厦：以纪念美国宪法之父、第四任总统詹姆斯·麦迪逊（James Madison，1751 年—1826 年）。该楼 1980 年建成，实际耗资 1.3 亿美元。内部空间大于另两座图书馆建筑的总和。

七、世界上率先设置专职参考馆员和参考阅览室及设立理事制度的图书馆
——波士顿公共图书馆

波士顿公共图书馆（Boston Public Library）是美国最大的城市公共图书馆，位于马萨诸塞州波士顿，在美国历史上拥有若干个第一。

波士顿公共图书馆最早的馆舍位于 Manson 街的 Adams 学校校园内，1854 年 3 月 20 日开始向公众开放，当时馆藏图书 1.6 万册。图书馆从开放的第一天起，馆舍空间就非常紧张。于是，在开放当年的 12 月，图书馆的委员们被授权在市中心的 Boyston 街建立一座新的大楼来存放图书和文献。

1888 年，建筑家 Charles Follen Mckim 的设计方案获得批准，大楼正式开工建设，1895 年落成。这座混合着意大利文艺复兴风格和学院派风格的建筑备受瞩目，获得诸多好评，被誉为“人民的宫殿”（a “palace for the people”），也常被称作“麦金大楼”，目前是波士顿公共图书馆系统的研究中心。

大楼位于 Back Bay 的 Copley 广场，其对面是著名的三一教堂（Richardson’s Trinity Church），不远处是波士顿艺术博物馆（Boston Museum of Fine Arts）。

大楼中央设计了一个雕塑庭苑，四周是文艺复兴时期的寺院拱廊造型。朝向广场的一面，设计者采用了 16 世纪罗马宫殿的外观设计，看起来宏伟气派。另外在图书馆内部，还有很多精美的壁画和雕刻。

在 19 世纪后半期，波士顿公共图书馆为了提升自身的影响力，一

直致力于建立分馆系统，目前拥有 27 个分馆。1972 年，图书馆对位于 Copley 广场的主馆进行了扩建，增加了 Philip Johnson 设计的建筑。

在开展读者服务方面，波士顿公共图书馆于 1833 年在世界率先设置了专职参考馆员和参考阅览室，这一做法标志着参考咨询服务作为图书馆核心业务的开端。

在图书馆运作模式方面，波士顿公共图书馆在世界图书馆领域里一直具有非凡的影响力，堪称图书馆理事会制度的鼻祖。理事会由 1 名主席、5 名由波士顿市长委任的理事组成，任期均为 5 年。理事会成员都是各个领域的专家或是成绩显赫的知名人士，有能力为公共图书馆的建设与发展献计献策，促进图书馆的发展。波士顿公共图书馆的理事会设有 4 个委员会和 2 个特别小组，即资金项目委员会、馆藏委员会、财政和审计委员会、社区服务委员会，市场营销和筹资特别小组、技术特别小组。各部门均有各自的章程和详细而有针对性的规定。

此外，波士顿公共图书馆在美国历史上还占有多个第一：

1. 第一个公众投资的大型免费市立图书馆；

2. 第一个向公众开放的图书馆；

3. 第一个向全体公民提供免费借阅服务的图书馆；

4. 第一个向托管人提交年度报告的公共图书馆；

5. 第一个开设儿童阅读区的图书馆：1845 年开放儿童阅读区，向孩子们提供 3000 册图书；

6. 第一个引进讲故事形式的图书馆：1902 年请畅销作家 Marie Shedlock 到 Copley 广场的波士顿图书馆儿童阅读室来讲故事；

7. 第一个商业资料公共图书馆：1930 年在市中心建立 Edward Kirstein 商业分部；

8. 第一个提供音频和视频服务的公共图书馆：1950 年建立音频和

视频部门。

波士顿公共图书馆引以自豪的还有：在珍稀图书和手迹部门为第二任总统设有房间；是麻州政府档案的存放地；是美国政府文档的区域性存放地；是联合国文档的存放地。

波士顿公共图书馆现有藏书超过1500万册，藏书量仅次于美国国会图书馆和哈佛大学图书馆，根据美国图书馆协会的统计，是美国第二大公共图书馆。

波士顿总人口60万，居住区每一两公里范围内均设有一个波士顿公共图书馆的分支服务机构。波士顿公共图书馆门口刻着一行醒目的大字："FREE TO ALL"，意思是"对所有人免费"，更确切的含义则是"所有人皆可自由出入"。

八、中国最早使用西方分类法的图书馆
——亚洲文会北中国支会图书馆

亚洲文会北中国支会图书馆（Library of the North China Branch Royal Asiatic Society，简称 Library of the North China of R.A.S）是一所基督教图书馆，人们习惯称之为“老洋文书馆”，是英国人 1871 年在上海创办的最早的公共图书馆之一。

亚洲文会北中国支会图书馆由英国传教士、汉学家伟烈亚力（Alexander Wylie，1815—1887）创建。伟烈亚力早年在英国时曾自学中文并研究中国问题。1847 年（清道光二十七年）他由伦敦布道会派遣到中国，负责印刷《圣经》。他利用上海租界的特殊环境与条件，开始研究法、德、俄、满、蒙以及其他文字，并配合西方殖民者的需要进行非宗教性的社会活动，而且利用其外国传教士身份，通过在中国内地推销《圣经》的机会，几乎走遍了中国各省。

伟烈亚力于 1857 年 10 月（清咸丰七年八月）发起创立了一个专门研究中国社会经济与文化等问题的机构——“上海文理学会”(Shanghai Literary and Scientific Society)。第二年，“上海文理学会”被英国“皇家亚洲文会”吸收，成为设在上海的一个支会，改名为“亚洲文会北中国支会”。所谓“北中国”，是指当时英国殖民者眼中“香港以北的中国地区”。

亚洲文会是研究东半球文化的学术机构，曾得到英国政府的支持与资助。其所属图书室主要收藏东方文献，帮助学者研究东方文化。1869 年 4 月，亚洲文会收购了英国著名汉学家伟烈亚力的私人藏书——718

册西文图书和1023册中文图书，这批藏书奠定了亚洲文会北中国支会的藏书基础，也标志着亚洲文会北中国支会图书馆正式成立。1871年，亚洲文会会所在上海建成，二楼为图书馆，正式对外开放。

1931年7月，亚洲文会北中国支会图书馆在原址动工重建六层新厦。历时一年半，费银20万两，1933年11月15日正式开放。一楼是“伍连德讲堂”的演讲厅；二楼、三楼开设图书馆，包括能容纳四五万册图书的书库，20个座位的阅览室和办公室；四楼陈列自然标本；五楼陈列中国历史文物。参观者月均7000余人。当时，中西文藏书已达16000余册，但中文图书仅有2000余册。原因是，该图书馆的服务对象主要是“在华的洋人”。该馆系统地收集了有关东南亚和中国的政治、经济、历史、地理、语言、艺术、宗教、科学等各方面的图书资料，曾被西方认为其是“在中国境内最好的东方学图书馆”，同时也是英国在远东的关于中国问题的情报资料中心。

为了便于读者查找和使用馆藏图书，亚洲文会北中国支会图书馆最早引进了近代西文图书分类法。1872年，高第（H.Cordier）采用克拉勃罗德的分类法，对馆藏图书进行编目，其所编的馆藏书目出版后，《北华捷报》和《中国评论》均予以高度评价。

1907年，艾斯科夫夫人（Mrs.E.Ascough）根据《杜威十进分类法》对馆藏所有书籍进行重新编目、装订、上架。当时，中国大多数图书馆仍在采用传统的四库分类法，而亚洲文会北中国支会图书馆则引进了科学的西文图书分类法——《杜威十进分类法》。

1908年，该图书馆采用卡片目录进行管理，这是中国近代最早使用卡片目录的图书馆。目录卡片采用《卡特著者号码表》，分为总目卡、分目卡、著者卡、分类卡、书名卡数种。使用卡片目录进行管理能充分揭示馆藏，便于读者多途径检索图书。馆藏书目的出版和目录卡片的制作大大提高了文献检索的速度，提高了图书的利用率。图书馆的这一做法，为后来在中国影响甚广的西方分类法的应用开创了先例。

亚洲文会北中国支会图书馆曾先后6次编制馆藏书目，出版时间分别为1872年、1881年、1894年、1921年、1934年。其中1872年高第编写的馆藏目录，标志着亚洲文会北中国支会图书馆真正实现了对外开放外借的服务。

20世纪30年代，亚洲文会北中国支会图书馆平均每月接待读者300余名。1937年6月至1938年12月，图书馆接待读者5702人次。1939年，图书馆接待读者4.5万余人次。更为难得的是，抗日战争爆发初期，该图书馆还接待了许多中国学者和流亡上海的学生，使他们能够继续从事研究和学习。

1940年，尚贤堂（中国国际学会，International Institute of China）将自己的藏书存放到亚洲文会北中国支会图书馆。现在，徐家汇藏书楼二楼的目录卡片柜上仍标有"亚洲文会与尚贤堂藏书目录"字样。

1941年太平洋战争爆发后，日军占领上海英美租界，亚洲文会北中国支会图书馆的藏书遭到日军的掠夺。幸运的是，抗日战争胜利后，日军所掠书籍如数归还。1952年5月19日，英国皇家亚洲文会北中国支会在华结束活动，其图书馆也随之关闭。1955年2月，上海图书馆接管了该馆藏书。

基督教图书馆是我国近代出现的最早的新型图书馆，其率先使用《杜威十进分类法》和《卡特著者号码表》对藏书进行管理，对中国近代图书馆事业的发展产生了积极的影响。

九、中国最早使用“杜威分类法”分编中文图书的图书馆——圣约翰大学图书馆

圣约翰大学（Saint John's University）简称圣约翰或约大，原名圣约翰书院，是美国圣公会上海主教施约瑟（S.J.Sekoresehewsky）将原来的两所圣公会学校“培雅书院”和“度恩书院”合并而成创办的教会学校，也是美国在华办学时间最长的一所教会学校。

圣约翰书院创建于 1879 年 9 月 1 日，1881 年书院开始英语授课，成为中国首所全英语授课的学校。

1905 年，圣约翰书院升格为圣约翰大学并在美国华盛顿州注册，成为获得美国政府认可的在华教会学校。该校是中国第一所近代高等教会学府，也是当时上海乃至全中国最优秀的大学之一。学生多是政商名流的后代或富家子弟，而且拥有很浓厚的教会背景，其校友的影响甚至改变了中国乃至世界近现代无数领域的历史。直到 1947 年，学校才向国民政府注册。1952 年，中国高等院校院系调整，圣约翰大学被解散并入上海多所高校，校址划归华东政法学院（今华东政法大学长宁校区）。

圣约翰书院 1894 年建立图书室，主要收藏施约瑟主教所藏的中文书籍和文威廉主教所藏的圣公会英文宗教书籍。1897 年，时任哥伦比亚大学校长的 Seth Low(1850 年—1916 年) 与其兄弟出资 100 万美元，建成了该校的“罗氏图书馆”(Low Library)。

圣约翰大学图书馆 1916 年建成，是上海第一座独立专用的图书馆，基地面积 492 平方米，建筑面积 1067 平方米，书库可容纳图书 3 万册，

设备设施良好。

馆舍为中西合璧的二层建筑，简约的立面叠加中式屋顶。图书馆上层为藏书室、阅览室、陈列室、办公室，下层为教室、贮藏室、装订室、馆员办公室等，图书馆共有座位近百个。

图书馆藏书主要为中文图书和英文图书。为了便于图书归类、上架，该馆在国内率先采用《杜威十进分类法》分编中文图书。其具体方法是：用杜威法中一些使用率不高的空号来容纳中文图书，如 000 为经部、181 为中国哲学、951 为中国史等。这种方法虽然不尽合理，却在图书馆界影响甚大，是首创之举。在中文图书分类法问世之前，国内许多图书馆均采用这种办法来分编中文图书，以求中外文图书能在编目中得到统一。

十、具有世界上最大的图书馆分馆系统的图书馆——纽约公共图书馆

纽约公共图书馆（New York Public Library）是美国最大的公共图书馆，也是仅次于美国国会图书馆的美国第二大图书馆，由民间捐助建成的阿斯特图书馆、伦诺克斯图书馆和蒂尔登信托公司于1895年合并而成，至今已有120多年的历史。该馆的经费主要来源于企业和个人的捐款，是典型的美国运营方式。馆舍建筑具有欧洲古典主义风格，1911年竣工，是纽约著名的地标之一。主阅览室及几个有百年历史的阅览室，大多古色古香，美轮美奂，如同艺术宫殿。

纽约公共图书馆由总馆、88个分馆和4个学术研究中心组成，还有3个流动图书馆。其体系大致分为总馆、专业图书馆系统、分馆系统。总馆是世界上最大的7个研究图书馆之一，也被称为中央研究图书馆。以总馆为代表的研究图书馆系统拥有4200多万件馆藏，包括1500万件藏书，还有手稿、乐谱和地图等。学术研究中心包括人文和社会科学图书馆、表演艺术图书馆、黑人文化图书馆、工商科学图书馆。分馆系统拥有88家地区分馆，分布在曼哈顿、布朗克斯、斯塔滕岛等地区，是世界上最大的图书馆分馆系统。分馆系统的总部在多纳尔图书馆中心，位于曼哈顿第五大道。总馆、所属分馆和研究中心实行网络化管理，读者在任何一个图书馆可查到其他图书馆的目录，借书证各馆通用。

纽约公共图书馆作为世界上最大的图书馆分馆系统，有一套严谨而全面的管理体制。现根据罗姗姗《纽约公共图书馆的法人治理结构》一文的内容，简要介绍纽约公共图书馆的管理机制如下。

纽约公共图书馆为了实现对各分馆的统一高效管理，仅在总馆层面设置了理事会（Board of Trustees），作为图书馆庞大体系的最高决策及内部监督机构，对图书馆整体发展战略、发展规划、重大事项进行决策，对各分馆及部门工作进行指导与监督。理事会的产生需要经过严格的筛选及任命机制，一般为选任制或委任制，由杰出的图书馆工作人员、政府部门代表及社会人士担任理事。理事会包括25—48名的表决理事（Voting Trustees）、若干名名誉理事（Honorary Trustee）和终身理事（Life Trustee），具体数量由理事会通过投票方式决定。

表决理事、名誉理事和终身理事产生的方式及其权力各有差异。

	表决理事	名誉理事	终身理事
产生方式	由提名委员会提名，理事会投票表决产生，任期三年，可连任。	由理事会考核和任命，任期一年。	由理事会考核和任命，无任期时长限制。
组成	理事会成员包括图书馆馆长、市长、审计官、议会发言人等，其中4名执行理事(Trustees serving ex officio)来自政府相关部门的授权任命。市长、审计官及议会发言人不一定亲自参与理事会的各项活动，可任命代表代为行使权力和义务。	由连续担任两届理事、持续服务两个三年任期，期间对图书馆及社会有突出工作贡献、卸任时年龄在70—75岁的理事组成。	由已经卸任的理事构成。
表决权	有投票表决权	参与相关事宜讨论，无投票表决权。在各理事会下属的委员会会议上，除明确规定的“执行委员会、审计委员会、投资委员会、提名委员会、发展与政策委员会及薪酬委员会的投票决议”外，拥有一票表决权。	同名誉理事。

理事会设有常务委员会（Standing Committee）与特殊委员会（Special Committee），负责监督管理层及各业务部门的具体工作，并为理事会决策提供专业建议。

常务委员会作为理事会的常设机构，对各部门工作进行考核审查，并将审查结果反馈给理事会，为理事会的科学决策提供可靠的实践依据。常务委员会包括：执行委员会（Executive Committee）、审计委员会（Audit Committee）、资金规划及设施管理委员会（Committee on Capital Planning and Facilities）、薪酬及人力管理委员会（Compensation and Talent Development Committee）、发展委员会（Development Committee）、财政委员会（Finance Committee）、投资委员会（Investment Committee）、提名委员会（Nominating Committee）、项目规划及政策委员会（Program and Policy Committee）。常务委员会一般由表决理事和终身理事组成。

特殊委员会则是理事会根据特殊事务临时增设的机构，在特殊事务处理完毕之后即可解散。

图书馆的管理层人员主要有：理事会主席（Chairman）及副主席、行政主管（Presidents）、首席图书馆管理者（Chief Library Officer）、安德鲁 · 梅隆基金会主管（Andrew W · Mellon Director）、负责公共服务的副行政主管（Vice President for Public Service）、首席运营官（Chief Operating Officer）、首席财务官（Chief Financial Officer）；一个或多个高级行政主管（Senior Vice Presidents）、副行政主管（Vice Presidents）及助理行政主管（Assistant Vice Presidents）、秘书长（Secretary）、财务主管（Treasurer）、法律顾问（General Counsel）、首席投资官（Chief Investment Officer）以及相应的秘书长助理、财务主管助理和理事会选出的其他管理人员。理事会还可以推选一个或多个

可对图书馆事务提出建议但无须对图书馆事务承担相应责任的荣誉管理人员。

各分馆的管理层人员由理事会根据专家委员会拟定的候选名单，以投票、选举、任命方式产生，负责各自馆内具体工作的领导及监督工作。

为了确保图书馆各项业务规范化及有序化进行，纽约公共图书馆通过内部机构的分工与制衡来提高工作效率，通过外部的监督约束机制对工作进行评估。

内部分权制衡制度主要体现在职能分工机制、用人机制、薪酬分配机制和绩效评价四个方面，主要内容：图书馆在其内部章程中对各部门及所有各级管理人员的具体职责范围做出明确规定，使各部门及其工作人员各司其职；拟定候选名单，投票决定任命等全程公开透明，确保人才得到重用；对理事会成员报酬做出明确规定；除了各部门上级领导对其的直接评估之外，理事会设置的各类常设委员会分别负责审核各部门的具体业务，并针对其评估表现，向理事会汇报并提出相关建议。

外部监督约束机制主要来自政府相关部门及社会群众。

政府相关部门对图书馆进行监督的方式主要有两种：一是派遣代表作为理事会成员，参与图书馆业务决策与监督工作。纽约市市长、审计官、议会发言人等都可亲自参加或者派人参加图书馆理事会的各项工作，监督图书馆依照有关法律规定正常运转；二是审核图书馆年度财务预算报告、财务报表等财务报告，以此确定向图书馆投资的数额。

社会群众对图书馆进行监督的方式主要是：通过图书馆定期公开的财务报表、年度报告等文件，对其工作成效进行监督，并且可通过直接给理事会主席及其他高级主管写信、网络留言等方式行使监督权力。理事会的会议除某些涉及保密事宜的特殊会议外，社会公众可根据图书馆首页公布的会议时间及地点，到会议现场参与会议讨论。

纽约公共图书馆作为世界享有盛名的公共图书馆，拥有世界一流的馆藏特色、管理理念、服务质量，收藏有图书、期刊、手稿、地图、图片，包括英美文学名著的最早版本、珍贵的古籍资料等，收藏品总数超过5000万件，其中包括2000万册图书。图书馆很注重收藏和保存珍贵文物，馆长保罗·莱克莱雷曾经说过，纽约公共图书馆遵循的理念是“所有的知识都是值得保留的”。由于藏有稀世珍宝《古腾堡圣经》和牛顿的《自然哲学的数学原理》、1608年出版的原版莎士比亚《李尔王》、最早的俄文版马克思《资本论》、狄更斯等著名作家的原版著作以及他们使用过的珍贵历史文物，纽约公共图书馆被世人誉为世界著名图书馆。

纽约公共图书馆是市民的“社区图书馆”，也是高水平的研究图书馆，是一个免费为所有人服务的图书馆网络和人人都可以免费使用的知识宝库。任何人无须任何证件都可以在宽敞的阅览室里免费阅览馆内藏书及使用计算机上网，寻找知识信息。作家卡尔文·特里称：纽约公共图书馆是“纽约伟大的文化机构中最平等待人的地方，不需要票子，不需要会员证；也是最高水平的地方，任何进出图书馆者都能自我感觉有与哈佛大学学生同等的资格”。

纽约公共图书馆从开馆第一天起，一直遵循100多年前制定的四个原则：一是免费原则，大门向所有人开放，不仅资料查询和书籍借阅是免费的，其他有关服务和活动也免收任何费用。二是先来先得原则，所有光顾图书馆的人机会平等，大家先来先得，不管身份地位高低。三是多语种原则，尊重世界各国移民的文字，照顾他们的利益，藏书、报刊以及各种资料文献尽量采用多种语言文字。据说，除了英文和西班牙文外，中文已成为该馆的第三大文字。四是鼓励私人捐款原则，由政府协助管理。

纽约公共图书馆经常举办各种讲座、作家演讲会，并为读者提供英语和电脑等课程的培训。这里也是世界各地游客旅游参观的胜地，图书馆不定期为读者和游客展出丰富的馆藏，所有这些都是免费的。出版物有《纽约公共图书馆通讯》《科技新书》等。据统计，该馆2010年出借资料1200万册次，进馆人数超过400万人次，2013年外借资料超过1800万人次，还有来自200多个国家的数百万网络用户，是世界上最繁忙的图书馆之一。图书馆问讯台前，志愿者为川流不息的来访者指点方向、提供服务。

图书馆是美国社会重要的组成部分，地位十分神圣。在图书馆里当志愿者，免费为图书馆工作被认为是无上光荣的事情。纽约公共图书馆已经成为纽约城市文化的重要组成部分，在提供知识传播、教育机会、娱乐活动、公益服务等方面发挥着重要的作用。

十一、中国第一个采用图书馆名称的官方藏书机构——京师大学堂图书馆(北京大学图书馆前身)

京师大学堂图书馆的前身为京师大学堂藏书楼，创建于光绪二十四年（1898 年）。光绪二十五年阴历四月，京师大学堂藏书楼刊印了《京都大学堂书目》，记载藏书 44964 册。

1898 年，总理各国事务衙门奏呈了由梁启超起草的《谨拟京师大学堂章程》，以下简称《章程》。该《章程》第一章第六节写道：“近年张之洞在广东设广雅书院，陈宝箴在湖南设时务学堂，亦皆有藏书。京师大学堂为各省表率，体制尤当崇闳。今拟设一大藏书楼，广集中西要籍，以供士林浏览而广天下风气。”第六章第六节明确规定：“藏书楼设提调一员，供事十员。”第七章第三节详细规定了藏书楼的经费开支：“建筑藏书楼费约两万两……购中国书费约五万两，购西文书约四万两，购东文书约一万两。”

京师大学堂藏书楼第一任提调为李昭炜，其祖籍江西婺源，落籍浙江常山县，同治十三年（1874 年）甲戌科三甲进士，官至内阁学士、户部右侍郎。

京师大学堂藏书楼第二任提调为骆成骧（1865 年—1926 年），字公啸，四川资中人，光绪二十一年（1895 年）乙未科状元，是清代四川唯一的状元，授翰林院修撰，历任京师大学堂提调、国史馆纂修、贵州乡试主考官、广西乡试主考官、四川临时议会议长、都督府顾问、四川高等学堂（今四川大学前身）校长等职。

1903 年，清政府颁发了管学大臣张百熙主持制定的高等教育文件——

《奏定大学堂章程》，其中规定："大学堂当附属图书馆一所，广罗中外古今图书，以资考证。""图书馆"一词第一次出现在官方文件里。根据这一章程，京师大学堂藏书楼更名为京师大学堂图书馆。京师大学堂图书馆成为中国第一个采用图书馆名称的官方藏书机构。辛亥革命后，京师大学堂藏书楼更名为北京大学图书馆。

十二、亚洲藏书量最大的大学图书馆、首例“远程储存图书馆”
——北京大学图书馆

1898 年京师大学堂藏书楼建立。1903 年清政府颁发了《奏定大学堂章程》，“图书馆”一词第一次出现在官方文件里。根据这一章程，京师大学堂藏书楼更名为京师大学堂图书馆，成为中国第一个采用图书馆名称的官方藏书机构。辛亥革命后，京师大学堂图书馆更名为北京大学图书馆，成为我国最早的现代新型图书馆之一。百余年来，北京大学图书馆经历了筚路蓝缕的初创时期、传播新思想的新文化运动时期、建成独立现代馆舍的发展时期、艰苦卓绝的西南联大时期、面向现代化的开放时期，如今已发展成为资源丰富、现代化、综合性、开放式的研究型图书馆，也是亚洲藏书量最大的大学图书馆。

100 多年来，经过几代北大图书馆人的辛勤努力，北京大学图书馆形成了宏大丰富、学科齐全、珍品荟萃的馆藏体系。到 2015 年底，总、分馆文献资源累积量约 1100 余万册（件）。其中纸质藏书 800 余万册，以及近年来大量引进和自建的国内外数字资源，包括各类数据库、电子期刊、电子图书和多媒体资源约 300 余万册（件）。馆藏中以 150 万册中文古籍为世界瞩目，其中 20 万件 5—18 世纪的珍贵书籍，是中华民族的文化瑰宝,被国务院批准为首批国家重点古籍保护单位。外文善本，金石拓片（3 万余种 /7 万余份），各种特藏如地方志、家谱、舆图、敦煌卷子以及 1949 年以前的出版物等收藏均名列国内图书馆前茅，为研究者所珍视。此外，图书馆还藏有燕京大学学位论文、名人捐赠等特色收藏。

北京大学图书馆馆舍历经变迁，目前的馆舍由1975年建成的西楼和1998年李嘉诚先生捐资兴建的东楼组成。2005年西楼改造工程完成，馆舍面貌焕然一新。图书馆由总馆、医学馆、38个分馆、储存馆组成，总面积约9万平米，其中，总馆面积约5.3万平米，阅览座位4000余个。2009年，北京大学建成国内首例远程储存图书馆，面积近5000平米。馆舍水平的提升为图书馆面向现代化的发展奠定了坚实的基础。

北京大学图书馆的办馆宗旨是“兼收并蓄，传承文明，创新服务，和谐发展”，坚持“以研究为基础，以服务为主导”的办馆理念，以数字图书馆门户为窗口，为读者提供信息查询、书刊借阅、信息与课题咨询、馆际互借与文献传递、用户培训、教学参考资料、多媒体资源、学科馆员、软件应用支持等服务。图书馆成为北京大学教学科研中最重要的公共服务体系之一。

为了加强学校文献资源建设的整体规划，实现文献资源的最佳利用，为教学科研提供更加个性化的服务，北京大学于2008年公布了《北京大学文献信息资源体系管理办法》，为进一步加强体系建设、提高全校文献信息服务水平奠定了基础。目前，北京大学图书馆正在全面建设“总—分馆体制下”的“北京大学文献信息资源体系”，以“资源共享、服务共建、文献分藏、读者分流”为思路，在全校实现自动化系统、文献建设、读者服务、资源数字化、业务培训的统一协调，形成由总馆、学科分馆、院系分馆组成的全校文献信息资源公共服务体系。

北京大学图书馆多方位开展读者服务工作，充分利用新的馆舍条件和现代计算机网络技术，改善读者阅览环境，实行开放式、大开间开架借阅方式，在开架藏书量、开架阅览面积、阅览座位等方面均有大幅提高。同时，图书馆竭尽所能为读者提供多类型、多层次、比较完善的服务：书刊借还、阅览、目录及电子资源检索、学科及出版物类型导航、一般咨询及网上咨询、课题咨询（项目咨询、查新、查收查引）、馆际互借与文献传递、信息素质教育（一小时讲座、检索课等）、教学参考资料、多媒体点播、学科馆员等。现在，图书馆已建成北京大学数字图书馆门户，整合包含印刷本书刊、电子资源、传统借阅、网络服务等各类资源和服务，在互联网上为读者提供“一站式”信息检索和信息服务。无论是从服务内容、服务态度，还是服务水平和服务深度等方面，北京大学图书馆的读者服务工作都进入了一个崭新的历史阶段。

北京大学图书馆同时为全国高校图书馆服务，积极参与图书馆资源共建共享，并逐步加快国际化的步伐。目前，中国高等教育文献保障系统（CALIS）的管理中心和全国文理中心、中国高校人文社会科学文献中心（CASHL）的管理中心和全国中心、高校图书馆数字资源采购联盟（DRAA）秘书处、教育部高校图书情报工作指导委员会秘书处、中国图书馆学会高校分会秘书处、《大学图书馆学报》编辑部等机构均设在北京大学图书馆。北京大学图书馆作为中国高等教育文献资源共享的重要枢纽，为高校图书馆事业的发展做出了积极的贡献。

十三、中国最早向公众开放的藏书楼
——古越藏书楼（绍兴图书馆前身）

古越藏书楼位于绍兴市胜利西路。1902 年（清光绪二十八年）动工，1903 年建成，1904 年正式对外开放，是我国图书馆史上最早对公众开放、第一家具有近代公共图书馆特征的藏书楼。

古越藏书楼本身是一座私人藏书楼，由清末赋闲的兵部郎中徐树兰创办。他受西方文化的启迪和维新改良主义的影响，1903 年在家乡浙江绍兴购地一亩六分，耗银 32960 两，建成古越藏书楼。他将自己的私人藏书 7 万余卷存入其中，于 1904 年正式向社会各阶层人士开放。中华民国第一任教育总长蔡元培年轻时曾在此处校书。

古越藏书楼建房 4 进，前 3 座为楼房分藏书籍，还设有藏书、阅书、阅报 3 个“阅览所”，60 个座位，向公众开放。除收藏中外文书籍外，还收藏各种图画，包括教科图、地图、实业图以及各种学报、日报等，此外还存有理化方面的器械以及动物、植物和矿物的标本，供读者研究之用。古越藏书楼自行编纂了《古越藏书楼书目》，供读者查阅。书目分经、史、子、集、时务 5 部，共计 35 卷；后分为学部与政部，改编为 20 卷。学、政两部下各分 24 个类目，每类再分若干子类。类目多使用旧有名称，但子类显示出中外学术统一立类的倾向。

古越藏书楼的出现，是中国图书馆史上一次重大的文化创新，标志着中国私人藏书楼向公共图书馆的过渡，也标志着中国近代公共图书馆的诞生。它不仅对中国近代图书馆事业具有开创意义，而且对中国近代教育，特别是社会教育事业也产生了积极的影响。

徐树兰申明创建古越藏书楼的宗旨是“一曰存古，一曰开新”。以为“不谈古籍，无从考政治学术之沿革；不得今籍，无以启借鉴变通之途径”。唯有存古开新，才不失偏驳之弊。这种认识，既反对了以往士大夫“详古略今”的弊端，又批判了戊戌变法失败后士林中存在的“尚今蔑古”的倾向。因此，古越藏书楼收藏各学各类书、刊、报和标本，是当时独特而崭新的藏书思想，对其自身建设和中国近代图书馆事业的发展起到了理论先导作用。

徐树兰倡导藏书楼应“与学堂相辅而行”，努力为那些“购书既苦于无资，入学又格于定例”的好学之士提供读书学习的机会，认为藏书楼应当无限制地开放，以此抵制当时官府藏书深扃固钥、私人藏书楼秘而不宣、维新派创办的藏书楼只对学会会员或少数与学会有关系的人士开放的这种封闭或半封闭的做法。

徐树兰及其后继之人注重学习古今中外的先进思想和吸纳科学文明的管理办法，对古越藏书楼进行科学管理，“参酌东西各国规制”，“仿照东西各国图书馆章程”，制定了完备的管理制度——《古越藏书楼章程》。该章程从书楼名称、办楼宗旨、藏书规程、管理规程、阅书规程、杂规、附则七个方面，将藏书楼的各项工作加以制度化和规范化，设立相关管理机构，聘用专职人员，以确保藏书思想的贯彻实施。藏书楼不仅“新设存书之例”，如有愿意将个人书籍存放在藏书楼的，可存取自便，还免费为读者供应茶水、承办用膳等服务。

古越藏书楼在100多年的发展历程中，共经历了五个阶段：古越藏书楼（1902年—1931年）、绍兴县立图书馆（1932年—1958年5月）、绍兴县鲁迅图书馆（1958年6月—1983年11月）、绍兴市鲁迅图书馆（1983年12月—2005年4月）、绍兴图书馆暨鲁迅图书馆（2005年5月—今）。

目前，古越藏书楼门楼尚存，被列为文物保护单位。

十四、中国第一所公共图书馆
——湖南图书馆

湖南图书馆兼教育博物馆正式诞生于1904年三四月间，是中国图书馆史上第一所官办的、以图书馆正式命名的近代公共图书馆。该馆由湖南巡抚赵尔巽提议建造，具有西方进步思想的梁焕奎、龙绂瑞、魏肇文等12位先贤于1904年3月15日《湖南官报》上发表《创设湖南图书馆兼教育博物馆募捐启》，通过募捐集资，湖南图书馆最终成立并向社会开放。办馆宗旨为“输入文明，开通知识”。馆址在长沙定王台，即现在的长沙市图书馆所在地。

1905年，时任湖南巡抚的端方、庞鸿书先后增拨银两，扩建馆舍，派人采办图书，10月将图书馆定名为湖南图书馆。

1912年1月，湖南图书馆更名为湖南省立图书馆。同年夏至次年春，毛泽东曾在这里自学，他后来回忆说：“……在我学习生活中最有收获的时期却是在湖南图书馆自学的半年。”

1926年，湖南教育会图书馆改名为中山图书馆，何叔衡任图书馆主任。1927年初，湖南省立图书馆并入中山图书馆，名为湖南省立中山图书馆。

1928年，湖南文人傅熊湘任湖南省立中山图书馆馆长。他着手整理藏书，编印《湖南省立中山图书馆书目》。1929年，图书馆购进著名藏书家叶德辉的部分藏书，充实了馆藏。

1930年初，湖南省立中山图书馆扩建馆舍，增设分馆，至1938年初，藏书达到15万余册。1938年10月19日，长沙遭受日寇飞机轰炸，馆舍成为一片废墟，图书馆不得不辗转迁徙辰溪、湘潭、沅陵等地，1946年3月迁回长沙。由于战事频繁，民不聊生，馆舍损毁严重，难以为继。

1949年8月，湖南和平解放，湖南省立中山图书馆方绝处逢生。

1953年，湖南省立中山图书馆更名为湖南省中山图书馆。1956年和1957年先后接收湖南省文物管理委员会拨来的古籍30册，其中不少是珍贵的历史文献。1966年9月，图书馆恢复了最初的馆名——湖南图书馆，1970年10月更名为湖南省图书馆。

1979年，在党和政府的高度重视下，新馆舍在韶山路破土动工。1984年7月，湖南省图书馆更名为湖南图书馆，1984年12月1日新馆正式对外开放。1984年12月，时任党中央总书记的胡耀邦同志为新馆题写馆名“湖南图书馆”。

新建图书馆是全国省级公共图书馆第一座大型的现代化馆舍，据2017年2月图书馆官网显示，湖南图书馆馆舍主楼面积2.3万平方米，培训楼6700余平方米，馆藏实体文献450余万册（件），其中图书308余万册（件）、古籍线装书80余万册（件）、报刊55余万册（件）、视听与缩微制品20余万件，电子图书达330万余种，馆办刊物有《图书馆》《农村科技文摘》《馆情通讯》《公共图书馆通讯》等。

十五、编纂馆藏古籍地方文献书目提要第一馆
——浙江省“绍兴图书馆”

绍兴图书馆，又称鲁迅图书馆，由我国著名的古越藏书楼发展而来，自 1902 年创建，跨越了清末、民国和新中国三个历史时期，历经古越藏书楼、绍兴县立图书馆、绍兴县鲁迅图书馆、绍兴市鲁迅图书馆和绍兴图书馆五个发展阶段，至今已有 100 余年的历史，为国家一级图书馆，2008 年被国务院批准为第二批全国古籍重点保护单位。

古越藏书楼阶段。古越藏书楼由山阴乡绅徐树兰独立捐资创办，于 1900 年集议筹建，1902 年初具规模，1903 年告成，1904 年向公众开放。古越藏书楼是我国最早对公众开放、第一家具有近代公共图书馆特征的藏书楼，被公认为中国近代公共图书馆事业的发祥地，或“最早的近代公共图书馆”。古越藏书楼在创办后的近 10 年间，发展顺利，之后便因种种原因时开时停。先“因辛亥事变致暂时停办”，1916 年徐树兰之子徐尔谷续办；1921 年徐尔谷游宦离乡，藏书楼再次停办；1926 年徐树兰之孙徐世南重整图书，修订章程，又行开放；1930 年徐世南“有皖南之游”，再度停办。

绍兴县立图书馆阶段。1932 年已停办两年的古越藏书楼奉民国教育部之命，重新整理藏书，后绍兴县政府将古越藏书楼改组为“绍兴县立图书馆”，1933 年筹备，当年 6 月 1 日宣告成立并向公众开放。从古越藏书楼到县立图书馆，从私人捐办改为国家公办，绍兴县立图书馆数年间馆藏图书增至 7.9 万册。图书馆自行编刊书目，在全省图书馆界颇有影响。抗日战争期间，绍兴县立图书馆等多所图书馆毁于战火或被占

用。抗战胜利后，绍兴县立图书馆在原址复馆。1949 年 5 月绍兴解放。

绍兴县鲁迅图书馆阶段。新中国成立后，绍兴县立图书馆财产移交浙江省立鲁迅文化馆（后并入绍兴市人民文化馆）。1956 年绍兴县图书馆成立，1958 年 2 月绍兴县、市合并，同年 6 月原绍兴市人民文化馆图书室和绍兴县图书馆合并成立绍兴县鲁迅图书馆，并于 1959 年 7 月正式开放。1980 年 1 月，绍兴县鲁迅图书馆单独建制。

绍兴市鲁迅图书馆阶段。1983 年 7 月，绍兴地区行政公署撤销，建立绍兴市，实行市管县体制。同年 12 月，绍兴县鲁迅图书馆升格为绍兴市（地）馆，隶属于绍兴市文化局。从此，绍兴市鲁迅图书馆作为地市级公共图书馆开始了新的历程。1989 年 10 月，都昌坊口新馆建成开放，图书馆藏书量增至 35 万册。

绍兴图书馆阶段。20 世纪 90 年代末，具有多功能和现代化服务设施的延安路新馆全面竣工。新馆落成后，经绍兴市政府批准，原鲁迅图书馆馆名仍予保留，同时启用绍兴图书馆新馆名，实行两块牌子，一套班子。2000 年 5 月，位于越城区延安路 565 号的绍兴图书馆新馆正式建成开放。新馆占地面积 2 万平方米，建筑面积 1.7 万平方米。

2014 年 12 月 28 日，绍兴图书馆又一座现代化新馆（总馆）正式开放，新馆位于绍兴市文化中心北侧，建筑面积约 3.5 万平方米，阅览座位 1200 余个，可以同时容纳 4100 人借阅。新馆整体建筑采用现代化的“全开放”格局，宽敞通透，设计简约，布局艺术，分区合理，功能齐全，温馨舒适，设施现代，设备先进，自助服务，无线网络实现全覆盖，可为读者提供专业化、多样化、个性化的服务。

现绍兴图书馆由总馆、古籍馆和古越藏书楼三部分组成，总面积 4.6 万平方米，馆藏 160 万册（件），另在山区、军营、社区、学校、政府机关等设立了 70 个馆外图书流通站。

绍兴图书馆悠久的历史以及地方人文渊源，造就了绍兴图书馆十分注重藏书制度和藏书编目的改革。绍兴图书馆曾对接收的原古越藏书楼旧藏进行了认真整理与精心保护，历时近两年，将 518 种古籍地方文献、357 则人物传录、117 种附录家谱书目，以提要的形式汇编成 20 万字的《绍兴图书馆馆藏古籍地方文献书目提要》一书，开全国先河。

十六、世界上最大的中文善本收藏地、全国最大的电子阅览室所在馆
——中国国家图书馆

中国国家图书馆（National Library of China），简称“国图”，前身是筹建于1909年9月9日的京师图书馆，馆舍设在北京广化寺，1912年8月27日开馆接待读者。1916年，京师图书馆正式接受国内出版物的呈缴本，开始履行国家图书馆的部分职能。1917年，馆舍迁至方家胡同原国子监南学旧址。1928年7月，京师图书馆更名为国立北平图书馆，馆舍迁至中南海居仁堂。1929年8月，国立北平图书馆与北平北海图书馆合并。1931年文津街馆舍（现称古籍馆）落成，成为当时国内规模最大、最先进的图书馆。

1950年3月6日，国立北平图书馆更名为国立北京图书馆，1951年6月12日更名为北京图书馆，简称“北图”。1975年3月，周恩来总理提议并批准兴建北京图书馆新馆（现称总馆南区），馆址设在北京西郊白石桥；1987年10月建成开放，邓小平同志题写馆名。1998年12月12日经国务院批准，北京图书馆更名为中国国家图书馆，1999年4月16日江泽民同志题写馆名。2008年9月9日，中国国家图书馆二期工程暨国家数字图书馆（现称总馆北区）建成并投入使用。至此，国家图书馆建筑面积增至28万平方米，由总馆南区、总馆北区和古籍馆组成，成为亚洲最大的图书馆，居世界国家图书馆第三位。

中国国家图书馆馆藏宏富，古今中外，集精撷萃，品类齐全。中国国家图书馆作为国家藏书机构，全面入藏国内正式出版物和非正式出版

物，是世界上入藏中文文献最多的图书馆，同时也是世界上最大的中文善本收藏地。其藏书可上溯到700多年前的南宋皇家缉熙殿藏书，最早的典藏可以远溯到3000多年前的殷墟甲骨，馆藏文献中珍品特藏包括善本古籍、甲骨金石拓片、中国古旧舆图、敦煌遗书、少数民族典籍、名家手稿、革命历史文献、家谱、地方志和普通古籍等280多万册（件），其中价值连城的古籍善本200余万册，著名的《敦煌遗书》《赵城金藏》《四库全书》和《永乐大典》为镇馆之宝，备受瞩目。截至2015年底，馆藏文献已达3500余万册（件），馆藏总量居世界国家图书馆第七位，并以每年近百万册（件）的速度增长。外文文献收藏居国内首位，文字种类达123种。在图书文献保护方面，中国国家图书馆兼顾采用传统的修整技术和先进的缩微摄影技术，坚持对馆藏要籍和各类珍稀文献进行修复以及再生性保护。

中国国家图书馆同时还是国务院学位委员会指定的学位论文收藏中心和博士后研究报告收藏馆，是图书馆学专业资料集中收藏地和全国年鉴资料收藏中心，并特辟香港、澳门、台湾地区出版物专室。此外，中国国家图书馆大量入藏国际组织和政府出版物，是联合国资料的托存图书馆，是国内收藏外文书刊最多的图书馆。中国国家图书馆经过百余年的不懈努力，在搜集、加工、存储、提供和开发文献等方面，已经形成了具有中国特色的藏用并重的格局。

伴随信息载体的发展变化和电子网络服务的兴起，中国国家图书馆收藏有丰富的缩微制品、音像制品。截至2015年底，数字资源总量超过1000TB，并以每年100TB速度增长。馆内设有全国最大的电子阅览室，拥有涵盖社会科学、自然科学等方面的数据库和电子出版物，是中国国内最大的电子信息源之一。联通全国各主要计算机信息网络，开通千兆以太馆域网，建立全年365天、每天24小时运行的国际互联网信息服务系统，为读者提供网上导航、网上读书和书目检索等内容丰富的电子信息服务。

中国国家图书馆设有阅览室 25 个，阅览座位 5000 余个，约有 210 万册书刊供读者自行选阅，有中文书刊、外文书刊等 6 个外借库、室，实行 365 天“全年候”开馆，日均接待到馆读者 1.2 万人次，国家图书馆网站年度点击率超过 14 亿次。作为全国馆际互借中心，中国国家图书馆与全国 500 余家文献信息提供单位建立了馆际互借关系，并与几十个国家和地区的 500 余家图书馆保持国际互借关系。

中国国家图书馆竭诚为中央国家领导机关、重点科研教育生产单位、特殊群体等提供重点服务，例如：为党和国家领导人提供专题研究资料，完成中央国家领导机关交办的专项任务，为国家立法决策提供有效服务，在每年“两会”期间为全国人大代表和政协委员完成议案、提案提供咨询服务，馆内设立专门的研究室，设立了国家图书馆少年儿童馆，开通了国家少儿数字图书馆，举办形式多样的少儿阅读推广活动，设有视觉障碍人士服务专区,建设开通了“中国盲人数字图书馆”和“中国残疾人数字图书馆”等。

总馆北区和国家数字图书馆开放后，国家图书馆形成了“查、阅、咨、藏一体化”的现代化服务新格局。通过设置自助办证机、自助借还机、自助复印机，实现读者自助服务；馆内无线网络全覆盖，方便读者随时访问下载数字资源；为读者提供咖啡厅和餐厅等休闲辅助设施，满足读者多样化需求。

中国国家图书馆咨询室是中国最早成立的咨询机构之一，现在已发展成一个由社会科学咨询室、科学技术咨询室、法律参考阅览室、科技查新中心、竞争情报组、企业信息服务中心，以及为国家提供服务的立法决策部等多个咨询服务机构组成，针对读者需求和多元化咨询特点，开展专题调研、委托查询、复制、传送等全方位咨询的服务体系，并建有全国图书馆信息咨询协作网。

自1929年以来，中国国家图书馆主持编制了《中国国家书目》《民国时期总书目》和《中国古籍善本书目》等30余种书目，建立起我国的中文图书书本式目录体系；主持编制《中国图书馆图书分类法》《汉语主题词表》《中国文献编目规则》和《中国机读目录格式》等标准规范，为全国图书馆业务建设提供有力支撑；主办专业期刊《国家图书馆馆刊》，促进学术研究；推进《公共图书馆法》《古籍保护条例》等立法进程；整合多方面资源，举办讲座、培训、展览等文化活动；国家图书馆博士后科研工作站于2009年6月19日在国家图书馆总馆南区文津厅正式揭牌成立；承担了众多国家重要文化工程和科研项目。

总之，中国国家图书馆以人才兴馆、科技强馆、服务立馆为宗旨，在发挥社会教育和文化传播职能、提高全民科学文化素质、促进文化大发展大繁荣、建设和谐社会中，发挥着越来越重要的作用。

十七、中国收藏清末、北洋、民国时期的交通、铁路史料最多、率先全面入藏学士论文的图书馆——北京交通大学图书馆

北京交通大学图书馆创建于1909年，初创时称图书室，存书很少，位于北京市西城区府右街李阁老胡同，现名力学胡同。后来学校在校门东侧盖了一座两层小楼，图书室藏书有所增加，更名为图书馆，即第一代馆舍。抗日战争期间，学校南迁，图书馆藏书有较大散佚。抗日战争胜利后，学校回迁北平，图书馆随即恢复。

解放后，铁道部将平津铁路局、华北交通公司交通学院及关庚麟办私立铁路大学藏书调拨给北京交通大学，图书馆规模有所扩大。1951年，学校由府右街迁至西直门外上园村现址，建成第二代馆舍，面积为2353平方米。现在的馆舍为第三代馆舍，面积13515平方米。

伴随着中国铁路的诞生和发展，北京交通大学图书馆走过了百年的历史，形成了以铁路交通为特色的文献资源。图书馆丰富的中外文铁路、交通史料，成为广大专家学者编史修志、科学研究的宝贵资源，其中清末、北洋、民国时期的交通、铁路史料，收藏量在全国首屈一指。这批珍藏中不仅有川汉铁路当年留下的“股票”原件、清末邮传部第一次路政统计表和第一期交通官报，而且有修建京张铁路时詹天佑留下的大量设计图纸，成为该馆重要的特色馆藏。图书馆还藏有1953年周恩来总理亲自签发的中国长春铁路移交文件等各类珍贵资料。

图书馆配合教学需要，不仅全面收藏本校的博、硕士论文，而且从2003年6月开始与教务处联合建立了应届本科毕业生优秀学士论文电

子版与印刷版同时呈缴制度，2004 年 6 月又建立了应届本科毕业生学士学位印刷版呈缴制度，在全国率先全面入藏学士论文。

此外，图书馆还在中国首家选用了世界一流水平的图书馆学术信息门户系统——MetaLib 软件和原创的开放链接服务系统——SFX 软件，将图书馆已有的电子图书、电子期刊和电子数据库以及网上大量免费数据库资源通过该平台进行整合，实现多种资源的一站式检索，并从学科范围、获取方式、资源类型、使用对象等多角度为学校师生提供动态学科导航。

十八、中国第一个乡镇图书馆
——广东梅县“松口图书馆”

广东梅县松口是一座千年古镇。1908 年，同盟会成员丘哲、谢良牧、梁鸣九等人在松口街镇设立“公裕源商号”，即公裕源米店，作为同盟会成员进行革命活动的秘密联络点。为了聚集革命力量，宣传革命主张，提升民众觉悟，促进社会阅读，后来他们将“公裕源商号”更名为“松口书报社”。

1909 年，清政府迫于各省公共图书馆的建立，颁布了我国第一个全国性图书馆章程《京师图书馆及各省图书馆通行章程》，明确规定统一使用“图书馆”名称。1912 年，“松口书报社”更名为“松口通俗图书馆”，梁涤僧任馆长。所谓“通俗图书馆”就是启发民众心智，进行通俗教育，向平民免费开放，其读者对象以革命进步青年和学生为主。

1934 年 10 月，丘哲、饶一梅、张作新、梁涤僧、廖介和等有识之士，以“教育会”名义向社会贤达、海外华侨广为募捐，筹措经费，在松口中山公园北面中心位置兴建新馆——松口图书馆，于翌年落成，同时在松口火船码头建造 10 间店铺作为馆产。新馆占地面积 6000 平方米，二层楼 487 平方米，设备齐全。馆舍四周绿草如茵，树木葱郁，立铁栅栏与公园相隔。

松口图书馆当时馆藏各类图书 1 万余册，杂志 30 多种，报纸 10 余种，另有古籍、名画、墨宝、挂图，免费向大众开放借阅，深受读者欢迎。图书馆平均每天接待读者 80 多人次，被人们誉为“自学的学校”、“休闲的好去处”。

松口图书馆采用“社会办馆”的运作模式，由社会贤达推选董事25人、馆长1人、干事1人、馆役1人，年经费1740元。松口图书馆第一任馆长为丘哲，第二任馆长为张作新。1936年，丘哲撰写了《松口图书馆新筑落成记》一文，刻碑立于馆前为志。

在随后的10余年中，松口图书馆没有遭受战火的破坏，新中国成立之初保存完好。松口图书馆坚持向社会开放，不断充实馆藏。1954年后，由于馆产店铺归镇政府所有，经费无来源且难以筹措，致使松口图书馆举步维艰，镇政府做出决定由松口中学接管图书馆。图书馆所藏4万多册图书，除少部分归松口中学外，其余全部拨给梅县图书馆，至此松口图书馆停办。

1958年，在“全民大炼钢铁”运动中，松口图书馆馆舍遭到严重损毁，围墙铁栅栏及铁窗被拆毁，馆内设备荡然无存。“新筑落成碑”也被砸碎，唯碑记拓本幸存。

1971年，梅县二轻局占用了松口图书馆馆舍及院落，作为松口铁木厂生产基地。20世纪80年代，《羊城晚报》发文，批评工厂占用松口图书馆，海外华侨亦撰文“为松口图书馆鸣冤叫屈”，后又有海内外知名人士97人强烈呼吁“复办松口图书馆”。

1985年，松口图书馆主楼被收回，接受社会捐款5万元，馆舍粉刷一新，添置书架和阅览桌椅，购置图书1440多册，订报10余份，接受社会捐书400余册。1987年，松口图书馆在中断30多年后重新向社会开放。

1990年，县财政拨款11万元作为铁木厂搬迁补偿，松口图书馆6000平方米地盘全部归还。1991年，县文化局发文将松口图书馆定为公共图书馆，再次重修，美化馆舍环境。香港裕华国货有限公司捐款30万元在主楼两侧加盖694平方米新楼，形成一主楼、两副楼“品”字形新格局，1991年8月竣工。至此，松口图书馆步入现代图书馆发展的黄金时期。

十九、中国最早的近代高校图书馆建筑
——清华大学图书馆

清华大学图书馆主馆建筑由三期建筑组成。一期建筑由美国著名建筑设计师墨菲（Henry Killam Murphy）设计，是中国近代高校第一座可以避火险的独立图书馆馆舍。

1908年，驻美公使梁诚极力促使美国同意将多收的庚子赔款逐年退还给中国，用于派遣中国留学生赴美留学，退款从1909年1月1日起实行。为此，清政府于1909年6月在北京设立了游美学务处，1909年7月10日颁布了《派遣游美学生办法大纲》，并计划在游美肄业馆内设立书库。1909年9月28日，外务部在呈给宣统皇帝的奏稿中，提出计划在清华园建造图书馆。

1909年底，奥地利人斐士承接了建筑游美肄业馆以及修复清华园原有建筑工字厅、古月堂，新建校门（现二校门）、一院（现清华学堂）等工程。1911年1月，学部批转将游美肄业馆改为清华学堂。1911年4月，清华学堂图书室开始创办，1912年8月20日正式对读者开放，清华大学图书馆至此成立。由于当时图书室规模尚小，藏书不多，且没有独立的馆舍，便被称为“临时图书室”，位于清华学堂礼堂东面果树处后面的平房内。

1914年6月，墨菲与美国建筑师丹纳（Richard Henry Dana）承接设计清华学堂图书馆、体育馆、大礼堂、科学馆四大单体建筑及二期校园规划的设计，于同年10月完成设计。图书馆新馆舍按当时欧美流行的近代图书馆的“T”形平面建筑格局进行设计，是我国按照图书闭架管理，将藏、借、阅明确分开设计的早期之例。

1916年4月新图书馆馆舍开工建设，1916年10月“清华学堂图书室”改称“清华学堂图书馆”，1919年3月图书移入新馆。

1928年，“清华学堂”正式命名为“国立清华大学”，“清华学堂图书馆”更名为“清华大学图书馆”。

二十、中国建造的最晚、规模最大的私人藏书楼——嘉业堂藏书楼

嘉业堂藏书楼位于浙江吴兴（今湖州）南浔镇，系刘镛[1]之孙刘承干于1920年所建，因清帝溥仪所赠“钦若嘉业”九龙金匾而得名。该楼规模宏大，藏书丰富，藏书楼与园林合为一体，以收藏古籍闻名，是中国近代著名的私家藏书楼之一。

“江南巨富”刘承干于1920年耗金12万，在家乡购地20亩建造藏书楼，1924年落成。嘉业堂藏书楼是一座中式建筑，坐北朝南，庭院为江南园林，亭台桥廊，假山湖池，花木扶疏，楼居园中，河道环绕。藏书楼是一座二层回字形回廊式建筑，砖木结构，建筑面积1936平方米，共有52间房屋。

藏书楼对防火、防潮、防虫蛀、通风等都有缜密的设计和精心构筑。书库地板坚固，书架两面均装有铁皮，双层玻璃窗。楼四周墙基约五六尺高，皆用花岗岩砌筑。藏书楼中间有一占地300多平方米的大天井，呈“口”字形，平铺方砖，不生杂草，供晒书之用。

藏书楼内的楹联书画均出自名家之手，大门门楣上“嘉业藏书楼”五个大字出自刘廷琛之手，装饰和屏风考究，家具精工细作。

刘承干为丰富藏书，广寻书籍20载，全盛时期，藏书达1.3万部18万册60万卷。嘉业堂除藏书外，还刊印书籍，专门辟出777平方米的空间进行雕版、印书、储藏书版以及编校人员工作用房和刻工起居室等。

南浔镇于1949年5月2日和平解放,周恩来同志很快致电南浔县委,要求保护浙江两大藏书楼——南浔的嘉业堂和宁波的天一阁。

1951年11月，刘承干致信浙江图书馆，“愿将书楼与四周空地并藏书、书版连同各项设备等，悉以捐献与贵馆永久保存”。浙江图书馆和嘉兴地区图书馆派干部接收。接收时，藏书约有11万册，其中存珍本《四库全书》1954册，杂志3000余册，红梨木书版3万余块。

嘉业堂藏书楼对我国图书馆事业的贡献主要体现在两个方面：一是保存了不少古籍善本，二是刊印了不少古籍。现在，嘉业堂藏书楼是国家级重点保护文物，也是别具特色的旅游景点。

值得一提的是,嘉业堂藏书楼历经90余年,曾经有幸躲过两劫——“日寇侵华”和十年“文革”。

抗日战争期间，南浔沦陷，日军纵火烧房，全镇一片废墟，然而嘉业堂藏书楼竟然安然无恙。原因有三：一说刘承干刻印古籍，乐于赠人，曾多次赠予日本汉学家松崎鹤雄。松崎之妻舅“牧少将”侵华前，松崎一再叮嘱，如到浙江南浔，务必保护嘉业堂藏书楼。“牧少将”作为驻南浔日军的司令官，特下令保护嘉业堂。二说刘承干深知日本人喜爱中国古籍但鄙薄残本，故在日寇到来前，将藏书每部抽去一至二册，造成残本，日军不屑一顾，未掠夺。三说刘承干在日寇到达南浔前，将大部分珍贵书籍运往上海租界住宅中，得以保存。此三说有待考证。

“文革”期间,红卫兵把藏书楼视为“封、资、修”的老窝,作为破“四旧”的主要目标。藏书楼管理员汤福璋（已故）在所有大理石屏风和书橱上都用红色颜料写上《毛主席语录》，红卫兵冲进藏书楼大厅，满目都是红色“语录”，瞠目结舌，无人敢砸语录，嘉业堂藏书楼绝处逢生，得以保存完好。

注释

[1] 刘镛（1825 年—1889 年），清代中晚期商人，名介康，字冠军，一字贯经，浙江湖州南浔人，祖籍绍兴上虞。其家境贫寒，从小学徒，20 岁开始创业，经营蚕丝、盐业、房地产等生意，成为晚清南浔首富。

二十一、中国规模最大的乡村图书馆——云南省腾冲县“和顺图书馆”

和顺图书馆是一座侨乡图书馆，位于云南西部保山市一座具有600多年历史的古镇——和顺。和顺因“沿河绕水”、“顺水而建”而取名“和顺”。和顺图书馆由华侨集资兴办，为中国传统的楼房建筑，前置花园，美观素雅，馆中藏书数万余册，其中尤以善本古籍最为珍贵，为中国最大的乡村图书馆。

1905年，同盟会会员、留日学子寸馥清回到家乡和顺，成立了具有读书会性质的团体——“咸新社”，购置了大量新知识的书籍，供咸新社内外人士借阅。这一做法在和顺这个偏僻小乡是开天辟地之举。

1924年，在“咸新社”藏书的基础上，和顺“青年会”成员寸仲猷、李清园、贾铸生、李秋农等人发起创办了“和顺阅书报社”。书报辗转从内地经水路运至缅甸，再由古老的西南丝道用马帮运到腾冲。“和顺阅书报社”在和顺十字路租借了一间小屋为阅读室，免费为民众提供书籍、报刊的借阅服务。1925年，“青年会”秉承“咸新会”的思想，改组为“崇新会”。

1928年4月，在海外华侨和乡人热情捐资赠书以及“崇新会”的推动下，“和顺阅书报社”改组为“和顺图书馆”，迁至现馆址。

1937年，和顺图书馆在成立10周年之际，在原址扩建新馆，一座“中西合璧”的五开间主馆于1938年落成。

1940年，和顺益群中学成立，留日归来的寸树声担任校长兼和顺图书馆馆长。他将和顺的中学、小学和图书馆办成三位一体的文化教育中心，三者相互支撑，共同推进和顺的文化教育事业。

1980年，和顺图书馆正式纳入公共图书馆建制。1993年，云南省人民政府将其定为“省级重点文物保护单位”。

1998年，在纪念和顺图书馆成立70周年之际，省、县各级领导大力支持，海外侨胞、旅台乡人热情捐助，一座钢混结构的仿古二层藏书楼落成，取名“藏珍楼”，用以珍藏该馆历年收藏的古籍珍善本、地方文献等。“藏珍楼”的艺术设计既含有古典风格，又具有时代色彩，受到众多参观者的一致赞许。一些外地、外省作家和学者纷纷赠书，如陈运和等。

1999年，在当地政府的关怀下，和顺图书馆占地面积扩展至5577.34平方米，2006年被定为“国家级重点文物保护单位”。

和顺图书馆大门为三叠水木构传统形式，仿光绪年间所建汉景殿牌楼样式，歇山顶，出挑深远，门悬和顺清代举人、书法家张砺书写的“和顺图书馆”匾额，蓝底白字，格外醒目。门额悬挂旅缅同乡会所赠“文化源泉”匾额，由云南书法家赵翼书写。入大门拾级而上的平台石栏上，镌刻着著名数学家熊庆来的题字“民智源泉”，寓意深远。沿阶而上是图书馆二门——仿苏州原东吴大学门面建造的三孔西式砖石铁门，门额悬挂胡适先生题写的“和顺图书馆”匾额，拱顶上部镶嵌原北京大学校长李煜瀛（李石曾）题写的“文化之津”石刻。穿过花园即图书馆主楼——五开间木结构二层楼房，在二、四开间处向正面前伸出两个半六角亭，外挑吊柱，整幢建筑均为玻璃隔窗，宽敞明亮。主楼门额悬挂廖承志题写的“和顺图书馆”匾额。

如今，和顺图书馆藏书10万余册，其中古本木刻线装书2万余册，如百衲本《廿四史》《武英殿聚珍丛刊》《云南通志》《九通全书》《续藏经》《四部丛刊》《万有文库》《汉魏丛书》《佩文韵府》等，胡适、艾思奇、廖承志等诸多名人的著作、手稿、字画，如著名的乡贤手稿《八十一株梅花馆诗古文词稿》《天地一庵诗钞》以及地方史料；设有电子阅览室，吸引众多读者到此查阅资料，了解外界的新生事物。和顺图书馆已经步入高科技信息化时代。

纵观和顺图书馆 90 多年的发展历程，它为中华民族的觉醒与振兴做出了积极的贡献。

1934 年，和顺人尹大典先生从缅甸带回一部收音机，捐赠给和顺图书馆。他与当地几位青年人每晚收听国内外要闻并详细记录下来，连夜刻印成《无线电三日刊》，分送至本县及邻近各县的机关、学校，宣传爱国主张，这是腾冲办报之始。1937 年“七七事变”后，和顺图书馆将《无线电三日刊》改为《每日要闻》，及时宣传抗日主张，报道抗战信息和国内外形势，直至 1938 年《腾越日报》创刊，《每日要闻》才停刊。

据段开家在其《试论腾冲县和顺图书馆的特点及发展对策》一文中写道：“据和顺镇统计，20 世纪 50—90 年代，和顺有 100 多人接受了大学本科、专科教育，另外有 10 多人留学美国、加拿大、缅甸，这是和顺教育水平的体现，也是图书馆开展文化教育活动的成果之一。”

2013 年 9 月 30 日，和顺图书馆在当地政府支持下，与云南师范大学图书馆签订了多层面合作发展项目——“合作共建，优势互补，共同发展”，内容包括支持和顺图书馆的数字化建设，实现资源共享，提升服务质量，开展人员交流，提高管理水平等。

二十二、中国第一座流通图书馆
——申报流通图书馆

1912 年中华民国建立初期，启蒙与救亡是这一时期中国社会的主题与特征。当时社会上的一批有识之士坚信，社会教育是提高国民素质、推动社会进步发展的重要途径及方法。1912 年 10 月，杰出的教育家、报业巨子史量才（1880 年—1934 年）购得《申报》版权。

在《申报》创刊 60 周年之际，在爱国主义人士李公朴先生的建议下，时任上海《申报》总经理的史量才先生创办了申报流通图书馆，这在当时是一种创举，具有教育救国的志向和魄力。1932 年 12 月，申报流通图书馆正式开馆，馆舍在上海南京路大陆商场内三楼，李公朴出任馆长。

史量才为申报流通图书馆制定了基本原则：借阅图书时，“对任何读者不收任何费用”，“不收押金”。关于图书馆的馆名，不少人建议用史量才的名字命名，但他坚决不同意。他说：“我创办图书馆的目的，决不是为了扬名。”他提出在申报和图书馆之间加入“流通”二字，以资区别。所谓“流通”，史量才的解释是：“好学深思之士，聚于斗室之中，想所不可能，则又俾读者得假之而归，流通之名，所由盼也。”申报流通图书馆在当时上海滩大小百十家图书馆行列里并不起眼，但它毕竟是一种创造，为中国近代图书馆史添上了重要一笔。

申报流通图书馆将普及民众教育作为创办该馆的重要目的之一，非常重视馆藏文献资源建设。图书馆职员会根据读者的实际情况，不断完善有利于读者的各项服务，积极了解读者需求，并切实予以满足。流通图书馆服务对象的定位主要是店员、学徒、工友、学生等社会民众，并由上海市内民众逐步向外扩展，读者遍及国内很多省份，国外远至朝鲜、日本等国。

加强读者阅读辅导、重视社会教育，是申报流通图书馆的主要特色。为培养大众的阅读兴趣，引导读者增加学识，图书馆专门成立了读者指导部，采取多种形式为读者提供阅读辅导服务。通过开辟“读书问答”专栏,创办《读书生活》杂志,组织“图书互助会”、“读者谈话会”、“演讲会”等丰富多彩的读书文化活动，与读者进行有效互动与沟通。在服务细节方面，图书馆从读者利益出发，最大限度地为读者提供全方位的服务。此外，图书馆还开展期刊和图书的出版业务，编辑出版了《申报流通图书馆第一周年纪念册》《申报流通图书馆第二年工作报告——纪念史量才先生》《读书问答集》等出版物，引导大众学会利用图书馆。

申报流通图书馆在李公朴主持下赢得了广大读者的衷心爱戴和信任，被进步青年视为良师益友，备受社会赞扬，开创了中国图书馆界的先例，做出了其他文化部门无法代替的贡献。

申报流通图书馆在为社会大众服务、为社会弱势群体提供有效的知识援助方面，发挥了重要的社会教育作用。尽管受当时社会环境、民众学识水平、通俗读物较少等诸多因素的影响，申报流通图书馆的读者服务工作受到了一定程度的影响和制约，但其服务社会大众的理念和阅读辅导以及知识援助的方式多样，对当今公共图书馆界拓展服务领域，构建公共文化服务体系，培养公众阅读兴趣等具有十分重要的借鉴意义。

1934 年 11 月，史量才不幸被国民党特务暗杀身亡。在李公朴馆长的建议下，“申报流通图书馆”更名为“史量才流通图书馆”，以纪念史量才先生为图书馆事业所做出的贡献。

二十三、中国第一所独立建制的少儿图书馆——天津“儿童图书馆”

1917 年 10 月，天津社会教育办事处创办了中国第一所独立建制的儿童图书馆，开创了我国儿童图书馆之先河。它的建立，标志着我国少年儿童图书馆事业终于迈出了可喜的第一步，在我国图书馆事业发展史上增添了重要的一页，成为我国儿童图书馆发展进程中的里程碑。

当时我国图书馆事业正处于从古代藏书楼到近代图书馆的大发展时期，天津社会教育办事处创办的儿童图书馆，使我国少儿图书馆建设融入图书馆事业的发展潮流之中，受到社会各界的关注，为推动儿童图书馆的大力发展起到了积极的推动作用。从 1917 年到 1927 年的 10 年间，全国独立建制的儿童图书馆猛增至 101 所，1930 年达到 113 所。

2010 年 5 月 31 日，我国国家图书馆成立少年儿童图书馆，这是国家图书馆自成立以来首次向未成年人开放，标志着世界首个国家级少儿图书馆诞生。

二十四、中国“首家开展电子图书外借服务”、“率先开通手机移动服务”的图书馆
——上海图书馆

上海图书馆（Shanghai Library）成立于1952年7月，1995年10月，上海图书馆与1958年成立的上海科学技术情报研究所合并为上海图书馆，成为国内第一个省（市）级图书情报联合体和综合性研究型公共图书馆及行业情报中心，同时也是全国文化信息资源共享工程上海市分中心、上海市中心图书馆总馆、上海市古籍保护中心、上海市软科学研究基地“前沿技术发展研究中心”和上海文化创意产业信息中心。

上海图书馆原址位于南京西路325号，后搬迁至新馆所在地——淮海中路1555号。上海图书馆新馆于1993年奠基动工，1996年12月20日正式对外开放，占地面积3.1公顷，建筑面积8.3万平方米。多维台阶式块体顶部造型如同自然生长的台阶，象征着文化的积淀和人类向知识高峰的不断攀登。

目前，上海图书馆建筑面积总计12.7万平方米，拥有设施完善的阅览室、研究室、展览厅、报告厅、学术会议室以及音乐欣赏室和影视观摩室。截至2015年底，馆藏中外文献5500余万册（件），其中古籍善本、碑帖尺牍、名人手稿、家谱方志、西文珍本、唱片乐谱、近代报刊及专利标准尤具特色。

上海图书馆率先开展电子书阅读器借阅等服务。2009年2月27日，上海图书馆正式推出“口袋里的图书馆”服务，允许读者将数字移动阅读器即“电子图书”借回家。这是全国首家图书馆提供此类高端服务。

这本黑色的“电子图书”长度、宽度都只有十几厘米，厚度仅 1.3 厘米，相当于一本小薄册子，十分便于携带。读者只需登录上海图书馆网址，就可从其馆藏的 10 余万种、24 万余册电子图书中任意选择下载阅读的内容。据介绍，首批有 100 名读者尝试“电子图书”外借服务。每人每次借书期限为 28 天，一次可下载两本电子书。

上海图书馆顺应现代技术发展，开拓新阅读体验和泛在知识服务，率先推出手机移动服务，包括问答咨询、文献请求、讲座预约、论文下载等服务，极大地拓展了服务范围，引领了服务模式的变革。

上海图书馆还率先推出新阅读体验、创新空间等特色阅览室；加强行业交流与社会合作，不断完善信息资源协作机制；推进馆际文献资源共建共享；为社会提供科技情报信息和咨询服务；拓展对外业务合作渠道。

上海图书馆每年举办形式多样的全民阅读活动，吸引数百万市民踊跃参加。上图讲座、上图展览、无障碍图书馆服务、网上联合知识导航站、“e 卡通”电子资源远程服务、“上海年华”数字资源库等特色服务，深受国内外公众欢迎。

上海图书馆注重发挥情报服务优势，为科研创新保驾护航，尤其关注科技情报工作前沿技术、新兴产业、大都市研究等重点领域，积极开展技术查新、专利分析、科技评估、竞争情报等服务，且在国内处于领先地位。

由上海市图书馆学会与上海图书馆合办的《图书馆杂志》《全国报刊索引》《上海文化年鉴》等刊物，在图书情报界享有盛誉，特别是《图书馆杂志》一直被《中文核心期刊要目总览》评为核心期刊。

二十五、中国第一个全国性民族专业图书馆——中国民族图书馆

中国民族图书馆（The China Ethnic Library）的前身叫民族文化宫图书馆，是全国唯一的国家级综合性民族专业中心图书馆，是专门收藏少数民族文献资料的公益性图书馆，也是弘扬和展示中华民族文化的重要场所，1959 年 10 月 6 日正式对外开放，位于北京民族文化宫主体建筑的北部，是北京民族文化宫的一个组成部分。

1958 年 11 月 21 日，国务院向全国发布了《关于搜集民族文化宫所需展品和图书的通知》，各地积极响应，一年时间便搜集各类图书 208217 册，其中少数民族文本 27119 册，并在正式开馆前完成了分类整理和编目上架。截至 1966 年初，馆藏增至 40 万册。

“文革”十年，图书馆幸免于难，藏书保存完好，但图书馆被迫关闭长达 14 年之久。粉碎“四人帮”后，图书馆经过 4 年的清理整顿，于 1980 年 7 月 1 日正式恢复对外开放，同时被中国图书馆学会接纳为会员。

1984 年 4 月 9 日，经国家民委批准，“民族文化宫图书馆”更名为“民族图书馆”，面向全国开放。这是我国第一个全国性民族专业图书馆，新华社特发专稿予以宣传。

1989 年 4 月 9 日，经国家民委和文化部批准，“民族图书馆”改称“中国民族图书馆”，面向国内外开放。

1997—1999 年，图书馆在民族文化宫大修改造期间进行同步改造，安装了中央空调及通风、消防、自动报警等设施，增设机房、购置缩微

阅读机、计算机、打印机、扫描仪、数码相机等设备，同时实现了计算机自动化管理，藏书环境和阅览环境大为改观。2009年6月，中国民族图书馆成为第二批全国古籍重点保护单位。

中国民族图书馆经过多年的藏书建设，形成自己独特的馆藏体系，文献的品种和数量极为丰富，被誉为“民族典籍之宫”。藏书以本国民族文献为主，外国文献为辅，少数民族文献种类达24种，外文语种达20种，藏书量60余万册，其中少数民族文字古籍18万余册，有不少国内外罕见的各民族文字写本、刻本、金石拓片、舆图以及菩提叶写本等珍稀文献，还收藏有汉文古籍文献地方志、史志、民族史志、年谱、传记等。

中国民族图书馆在民族问题领域一直进行全方位尝试，例如，主持召开“全国民族地区图书馆学术研讨会”10余届，完成各级各类科研项目数十项，接待各国来访代表团30余个，与国内民族地区600多个不同类型的图书馆建立了交流或合作关系，积极派员参加各类学术交流会议，面向全国民族地区及民族图书馆举办各类业务辅导和培训，举办“中国少数民族古籍珍品展”巡回展和各民族文献专题展数十次，参加古籍普查工作，复制出版大量古籍文献，编辑各类民族文献目录和管理工具书等，为我国民族文化事业的发展做出巨大贡献。

二十六、中国首座“取消办证工本费和图书磨损费”的县区公共图书馆、创建“智能化多功能流动图书馆”之第一馆
——河北“丰南图书馆”

丰南图书馆位于河北省唐山市丰南区风景秀丽的惠丰湖畔，是一座县区级图书馆，现为国家一级图书馆。

丰南图书馆前身为1942年创办的河头镇民众教育馆，1949年丰南设文化馆下辖图书组。1975年图书组接收唐山市三所撤销院校图书7万册，建起了丰南县城唯一的藏书楼。1976年，唐山大地震中藏书楼倒塌，经奋力抢救，大部分藏书保存完好。1978年，丰南图书馆挂牌成立，1985年迁入新建的图书馆大楼。

1994年和1998年，全国公共图书馆先后进行了两次评估，河北省丰南图书馆在省内率先被评为二级图书馆。2009年，丰南图书馆参加全国公共图书馆评估定级，定为一级。2012年，在创建全国文明城市活动中，丰南图书馆成为唯一市辖区“二级以上的图书馆”。

早在2006年，丰南图书馆藏书仅6万余册，每天入馆人数200余人，外借图书几十册。为了改变这种不景气的现状，提高图书馆的服务质量，增加入馆率和外借率，丰南图书馆于2007年7月率先于全国县区公共图书馆取消了办证工本费和图书磨损费，受到读者的热烈欢迎，读者入馆率和图书外借率明显提高。

2011年4月22日，位于丰南区文化产业集聚区内的图书馆新馆建成并对公众开放。图书馆建筑面积8000多平方米，座位800余个，现

有纸本藏书 20 余万册，其中古籍 4500 余册、报刊 400 余种，图书年增加 1.5 万余册。与此同时，丰南图书馆结合新馆智能化建设，在流动书车上增加自助借还设备，使之成为全国首台造价最低、智能化、多功能流动图书馆，并获得国家专利，打造了“书香丰南动车组”服务品牌，全年出车 100 多次。2012 年，丰南图书馆大幅增加流动服务次数，服务时间改为夏秋季晚间进社区、进广场，每周 4 次，冬春季集日进农村，读者人数不断增加。

丰南图书馆深入百姓、创新流动服务的举措，引领了全国区县公共图书馆服务创新的潮流，受到图书馆界的热切关注。2013 年，丰南图书馆获得中宣部、文化部、广电总局、新闻出版总署联合评选的“全国服务农民服务基层文化建设先进集体”称号。目前图书馆持证读者增至 1.5 万余人，平均每天接待读者 1000 人次，平均每天外借图书 900 余册，多次接待国家省市领导视察和各地同人参观。

丰南图书馆确定了打造“百姓书房，城市窗口”的服务理念和争创“河北前列、全国一流”的工作目标，努力彰显“免费、开放，人性、智能；文明、高效，多元、休闲”八大特色。图书馆下设十四个服务窗口：少儿借阅部、文献借阅部、文化共享工程电子阅览室、报刊阅览部、惠丰展窗、丰南讲堂、文化沙龙、古籍室、地方文献室、视障阅览室、读者自修室、文物展廊、总服务台和活动部；坚持开展名家讲座、展览、培训以及多种读书活动；坚持周末幼儿绘本故事会活动；坚持周末外教英语角活动；坚持周末家长沙龙活动；坚持入园讲座等，成为集文献借阅、信息交流、学术研究、社会教育、文化休闲、读者活动以及地域文献展藏一体化的公益文化场所。

二十七、海拔最高的大学图书馆
——西藏大学图书馆

西藏大学图书馆（Tibet University Library）是中国乃至世界海拔最高的大学图书馆，坐落于神奇而美丽的雪域高原拉萨河畔，海拔3600多米。1985年7月，西藏大学图书馆与西藏大学同时成立并正式开放，是一座散发着独特民族魅力的现代化大学图书馆。

为了展示西藏的发展历程，让师生能够更加形象地了解西藏历史与文化，图书馆于2009年打造了全国第一个15米巨幅环幕3D立体仿真数字阅览室——三维环幕数字阅览室。这个阅览室位于图书馆大楼的顶层，读者在这里可以真切地回顾历史，感受历史，仿佛身临其境。很多大型超长的图片都可以在宏大的环幕上播放，而且能够与读者互动。这个25米×15米立体仿真环幕数字阅览室工程是一个三通道的立体仿真环幕投影系统工程，也是国家西部重点工程项目。有专家指出，未来高校图书馆和城市图书馆已经突现大量采用环幕投影技术的趋势。

此前，西藏大学图书馆经历过若干时期：1951年—1965年期间先后为藏文干部训练班资料室、西藏军区干部学校资料室、西藏地方干部学校资料室、西藏行政干部学校资料室；1965年改为西藏师范学校图书馆；1975年改为西藏师范学院图书馆。2007年10月，西藏大学新校区图书馆建成并投入使用。

目前西藏大学图书馆由新校区、老校区、医学院、农学院、财经学院5个分馆组成，设有各类独立的文献阅览室13个，其中电子阅览室2个，藏学检索室和藏文阅览室各1个。

西藏大学图书馆长期坚持“藏汉文并重，以藏学为特色，多学科全面建设”的原则，均衡发展。经过60余年的持续建设，截至2016年9月，图书总藏量128万册，其中，藏文图书2万余册，藏文木刻本2400函，汉文图书71万余册，汉文古籍1.6万册，西文图书0.5万余册，报刊合订本1.9万余册，馆藏光盘1万余张，本地存储电子图书、学术论文、教学资源等各类镜像数据近30TB，馆藏规模和质量居于西藏自治区首位。此外，图书馆于2007年特别收藏了40余函1000多年前吐蕃时期（唐代）的藏文手抄善本《大般若波罗蜜多经》，成为镇馆之宝。该文献是“菩日文献”的一部分，是新中国成立以来在我国境内出土的年代最久远、藏量最多的藏文文献。从学术研究价值上讲，“菩日文献”可与《敦煌遗书》媲美。2010年，经国务院批准，“菩日文献”中的《大般若波罗蜜多经》入选第三批《国家珍贵古籍名录》。另外，图书馆还接收了中国国家图书馆指定收藏的《中华再造善本》1套。

西藏大学图书馆积极加入“中国高校人文社会科学文献中心”（CASHL）资源和服务体系，2011年牵头成立了中国高等教育文献保障系统（CALIS）西藏自治区文献信息服务中心和教育部大学数字图书馆国际合作计划（CADAL）服务中心西藏自治区分中心，2012年申请成立了“西藏自治区高等学校图书情报工作指导委员会”，并将秘书处设在西藏大学图书馆。

二十八、中国首家玩具图书馆
——六一玩具图书馆

1988 年 5 月 26 日，中国首家玩具图书馆——六一玩具图书馆在上海市静安区少年宫开馆。玩具图书馆的诞生，开启了我国图书馆家族中的一个新类型，也开创了一条依靠社会力量兴办图书馆事业的新路子。

六一玩具图书馆由上海市玩具研究所和静安区少年宫共同创建，经过半年多的筹措，上海市有 30 多家玩具厂为该馆提供了 1 万元现金和价值 3 万元的电子、电动、惯性和智力等玩具，共计 70 多个品种，近 5000 件玩具。该馆对外开放后，受到社会普遍热烈的欢迎。当时借用玩具需付与玩具等价的押金和每日 3% 的折旧费，但 30 张外借证在短短 2 小时内就被全部领完。此外，该馆还开放阅览室、举办专题讲座、放映录像、办理团体外借，力图以多种形式满足各方面的需要。

玩具图书馆在发达国家非常普及，国际上甚至还有玩具图书馆协会，可见玩具在促进儿童身心健康发展方面作用巨大。1935 年后，美国洛杉矶成立了第一家玩具租赁图书馆（Toy Lending Library）。1960 年，瑞典出现了玩具图书馆（Toy Library）。此后，玩具图书馆开始在发达国家兴起。

显然，我国玩具图书馆起步较晚，但作为特殊教育的手段，我国于 2000 年开始尝试。2000 年，重庆成立了“爱心儿童玩具图书馆”，这是高校与台湾民间力量合作的杰作，专门免费为社区及社区外的特殊儿童（主要是发展障碍型儿童）、有特殊教育需求的家长、从事特殊教育的人士提供开放服务。图书馆主要提供与特殊教育相关的玩具和专业图书资料的借阅，开展亲子教育辅导，不定期举行小型教育讲座以及各种宣传和联谊活动。虽然重庆“爱心儿童玩具图书馆”不是真正挂牌的玩具图书馆，但它对于特殊儿童的教育却起到了探索和启蒙的特殊意义。

2003 年 1 月，位于北京国子监内的北京少年儿童图书馆里的“绿娃玩具图书馆”正式对外开放。该馆由北京少年儿童图书馆创办，是以玩具代替书本传播知识的图书馆。该馆负责人说：“玩具是孩子们的第一本教科书。”“我们这里没有图书，只有玩具。‘玩’是这儿的主题，目的是让孩子们玩得开心，玩出水平。”该玩具图书馆面积 100 多平方米，是一座名副其实的玩具宝库。开放初期，有各式各样的玩具 170 多种，让第一批小“读者”乐不思蜀。各类毛绒小动物、甜美的洋娃娃、充满智慧的智力拼插、形象逼真的电动汽车、飞机和战舰等，在老师的耐心引导下，变成了一本本生动的教科书。孩子们在玩耍的同时，不经意间获得了知识，学会了方法，增长了能力。

二十九、中国首家获得国际图联会员资格的区县级图书馆、首家设立计算机化视障人阅览室的图书馆——北京市西城区第一图书馆

北京市西城区第一图书馆是西城区政府兴办的综合性公共图书馆，成立于1956年12月，前身为北京市立图书馆西单分馆，馆址在西华门大街35号。1956年北京市立图书馆迁址国子监，西单分馆于1957年底划入西单区，更名为西单区图书馆。1958年9月，西单、西四两区合并为西城区，原西单区图书馆和西四区图书馆于1959年初合并为“西城区图书馆”。1999年12月，西城区政府投资建立新馆，西城区图书馆搬迁到新址——西城区西直门内南小街后广平胡同26号。2010年，北京市西城区和宣武区合并为西城区，西城区图书馆于2013年6月正式更名为西城区第一图书馆,原宣武区图书馆更名为西城区第二图书馆，位于西城区教子胡同8号。

1998年，北京市西城区图书馆加入国际图联的申请获得批准，成为全国首家获得国际图联会员资格的区县级图书馆。

2002年，西城区图书馆率先在全国开办了第一个计算机化视障人阅览室，室内配有专供盲人使用的电脑[1]、放音设备以及打印机、茶具等。为了方便广大残障读者利用图书馆，图书馆进行了全方位的精心设计,进门处修建了无障碍坡道,馆内设置了约60公分高的超低服务窗口，修建了独立的无障碍专用卫生间，安装了语音电话，铺设了提示盲道等。从门口沿着无障碍坡道和盲道，便可到达位于一层大厅西南角的视障人图书馆。进门时可听到“这里是视障人阅览室”的语音提示。时任市长

王岐山在视察该馆工作后，对此给予了高度评价。

2002 年 10 月，西城区图书馆与歌德学院北京分院合作项目——“德语信息与德语自学中心”建成，成为德国在北京建立的第一个德语自学中心。该中心的开放，为国内赴德留学人员和德语爱好者开辟了自学渠道。由于良好的服务，该项目作为示范案例刊登在德国 2004 年《中德国家公报》上，开创了我国公共图书馆工作的先例。

2004 年，全国公共图书馆进行评估检查，西城区第一图书馆被评为一级图书馆；2009—2013 年连续五年被北京市文化局评为“全民阅读”先进单位和“全民阅读”活动组织奖；2011 年被中国图书馆学会授予“全民阅读示范基地”称号并多次获得“全国精神文明建设先进单位”等荣誉。

西城区图书馆坚持“读者第一，服务至上”的宗旨，实行“社会化、开放式”的办馆方针，为读者提供多层次、多形式的服务，最大限度地满足读者多元化的信息需求，全年 365 天开放，并按照相关规定实行免费服务。

馆内设旅游资料室、音乐资料室、古籍阅览室、地方文献室、参考资料室、报刊阅览室、个人借阅部、自习室、集体视听室、多媒体网络中心等服务厅室，还设有中瑞可持续发展信息中心[2]、德国信息与德语自学中心和视障人阅览室等特色厅室，为读者提供自助借还、自助文印、无线上网等服务，每年举办多种形式的公益讲座和展览等活动，开展各类阅读活动的总面积近 8000 平方米。

注释

[1] 盲人电脑：电脑主机装有明盲文转换软件、语音软件和盲文书籍文本文件，电脑键盘下接有高科技盲文点式显示器，可实现图书的电子化盲文阅读或语音阅读。视障读者参加培训后，能自如地使用电脑，掌握 Windows 操作、

Office 办公及上网浏览等基本技能，还可以上网冲浪。

[2] 中瑞可持续发展信息中心：是西城区图书馆与瑞典 LIFE 机构合作的一个服务项目。生命国际生态基金会主席——拉尔斯·海伦先生、瑞典 LIFE 机构信息技术部经理及协调部培训师等一些专家，与西城区图书馆就科研、培训、环保等方面达成了多项合作意向，以此拓展图书馆的服务范围，加强相互之间的交流与合作。

三十、中国最大的县级公共图书馆
——江苏省“昆山图书馆”

昆山图书馆2003年7月奠基，2005年1月28日落成，占地面积12000平方米，建筑面积18600平方米，楼高5层，耗资1亿多元，2005年2月20日正式开馆，是全国县级市中规模最大、投资最多的公共图书馆，也是全国最先进的公共图书馆之一。

昆山图书馆由澳大利亚著名建筑设计事务所MGT知名设计师哈罗德·盖达（Harold Guide）担纲设计。其设计风格独特新颖，独具匠心。外壁为大幅玻璃幕墙，室内宽敞明亮，环境优雅。馆内配有中央空调、电梯、消防与防盗系统以及电子导读、背景音乐等设施。

图书馆采用自动化集成管理系统和计算机公共网络系统，拥有信息点800个，全馆无线上网。图书馆设有总服务台（办证咨询处）、少儿部、报刊阅览室、综合借阅室、参考阅览室、古籍地方文献室、四库馆、电子阅览室（电脑270多台）、多功能厅、学术报告厅、自修室、培训中心等。该馆全年向所有读者开放，主要楼层馆藏全部开架，外借图书全部免费，提供全天候网络查询检索。

图书馆拥有各级专业技术人员80余人，70%以上工作人员拥有大专以上学历。

昆山图书馆馆藏丰富独特，拥有60余万册藏书，其中最具特色的是：昆山地方文献、古代典籍、近代文化名人手稿；四库全书存目丛书、四库全书补编、续修四库全书等3套大型丛书，合计4600余册；从意大利进口的世界上最大的名画册（此书重 32 公斤，定价 5 万元，中国仅 5 本）等，另有报纸和杂志 1800 种。

昆山图书馆拥有一流的建筑、一流的设施、一流的环境、丰富的资源、良好的服务、齐全的功能，不仅是昆山市文献信息收藏和服务中心，而且是社会教育、文化休闲、读者聚会、艺术交流的重要场所，是当地最引人注目的文化标志性建筑。

三十一、中国最大的专业图书馆——国家科学图书馆

国家科学图书馆，又名“中国科学院文献情报中心”、“中国科学院国家科学图书馆”，成立于2006年3月，由中国科学院所属的文献情报中心、资源环境科学信息中心、成都文献情报中心和武汉文献情报中心4个机构整合而成。国家科学图书馆是全国规模最大、集服务和教育等多种功能于一体的现代化复合型图书馆。

中国科学院国家科学图书馆的前身是1950年4月中国科学院设立的图书管理处；1951年2月正式定名为“中国科学院图书馆”；1955年编印了《中国科学院图书馆图书分类法简表》；1985年11月更名为“中国科学院文献情报中心”；同时保留“中国科学院图书馆”的名称；1986年成为图书馆学、科技情报学专业硕士学位授予点；1993年成为图书馆学专业博士学位授予点；1995年与南京大学联合获得科技情报学专业博士学位授予点；2012年获批图书馆学、情报学博士后科研流动站。国家科学图书馆是国际图书馆协会与机构联合会（IFLA）的重要成员，与美国、德国、韩国、俄罗斯等多个国家的文献情报机构建立了稳定的合作关系。

2006年3月，由4个中国科学院院级文献情报机构整合成立国家科学图书馆（筹），实行理事会领导下的馆长负责制。2014年3月19日，国家科学图书馆确定为“一个总馆和三个法人分馆”，总馆设在北京，即中国科学院文献情报中心，三个法人分馆分别为兰州文献情报中心、成都文献情报中心、武汉文献情报中心，并依托若干研究所（校）建立

特色分馆。

图书馆总馆建筑于 2002 年 6 月建成并投入使用，馆舍建筑面积 8 万平方米。截至 2015 年底，总分馆共藏书 1154 余万册（件）。

国家科学图书馆作为中国科学院在科技文献情报方面的国家级支撑机构，肩负着支撑科学研究、服务科技创新的使命。图书馆坚持“以满足科研用户需求、与中科院科技创新发展同行”的服务宗旨，坚持“用户在哪里，服务就指向哪里”的服务理念，于 2006 年建立了专职学科馆员队伍,推出了以“融入一线、嵌入过程”为特征的学科化服务。此后，学科服务在服务内容、服务方式、服务深度、服务手段等方面都发生了更多的变化，“融入”、“嵌入”成为学科服务的重要特征。为全面提升研究所一线的集成化、知识化服务能力，学科馆员的重要工作就是为研究所图书馆提供业务指导与咨询服务。

伴随数字化信息环境建设的发展,国家科学图书馆在深化学科服务、情报研究服务等知识服务的同时，进行了图书馆阵地服务的转型，经历了信息共享空间、学习共享空间、研究共享空间的发展过程，启动了国家科学数字图书馆建设项目，大力加强数字化文献资源建设，已完成了从传统图书馆向数字图书馆模式的转变，走上知识情报研究与知识服务中心的发展道路。

国家科学图书馆注重发挥自身科学出版业务和科技期刊发展战略研究的整体优势，在馆内设立了编辑出版中心，逐步形成在科技期刊出版领域的核心竞争力。总馆主办了《图书情报工作》《现代图书情报技术》《中国文献情报（英文版)》《化学进展》《中国生物工程杂志》《科学观察》《高科技与产业化》《电子政务》《中国数学文摘》9 种期刊。其中《图书情报工作》是中国图书馆学情报学领域核心期刊，是中国图书馆学情报学领域第一本半月刊；《现代图书情报技术》是中国图书馆学情报学领域唯一一份技术性核心期刊；《化学进展》被美国《科学引文索引》（SCI-E）收录，是全国中文核心期刊；《中国生物工程杂志》是中国生物工程学会会刊，全国生物学核心期刊；2008年创办的《中国文献情报（英文版）》是中国第一份图书馆学情报学领域的英文学术期刊。兰州分馆成立《地球科学进展》杂志社，下设4个特色科学期刊编辑部，即《地球科学进展》《遥感技术与应用》《天然气地球科学》和《黄金科学技术》，这些刊物属于地球科学与资源环境科学类基础性和应用性刊物，重点报道本学科前沿领域和相关技术，在国内相关领域已有一定的影响。成都分馆以情报研究为依托，主办《天然产物研究与开发》和《世界科技研究与发展》两种期刊。武汉分馆依托以长江流域资源生态环境和工程技术为重点的文献收藏，主办核心期刊《长江流域资源与环境》。全馆科学出版力量积极协作，开展科技期刊发展战略研究，承担了若干项国家和部委科技期刊研究项目，体现了改革开放以来中国文献情报界的迅速发展，体现了知识创新以来国家科学图书馆引领和推动全国文献情报事业发展的作用。

国家科学图书馆经过60年的发展与创新，已经成为全国最大的专业图书馆，是集文献信息服务、情报研究服务、科学文化传播服务和图书馆学情报学高级人才培养功能于一身的研究型国家科学图书馆，是科学院和国家知识创新工程重要的基础设施和科研工作者向往的智慧驿站和科学殿堂。目前，国家科学图书馆正在成为适应信息时代的情报研究与知识服务中心，在支撑科技自主创新、服务国家创新体系中发挥着日益重要的作用。

三十二、中国“率先免费进馆”、“率先全开架服务”、“率先采用无线射频技术”、“率先设置视障人阅览室”的图书馆
——深圳图书馆

深圳图书馆于1986年正式开馆，其前身是宝安县图书馆。2006年7月12日，深圳图书馆新馆在深圳市行政文化中心区内风景秀美的莲花山前落成并投入使用。新馆建筑之新颖、管理之高效、理念之先进，无不震撼国人，对我国公共图书馆建设具有强大的示范作用。

2006年底，深圳图书馆开始实行“全面开放、免费进馆、分层管理、一卡通行”的管理方式，在全国率先免费向所有公众开放，受到市民的热烈欢迎，在中国图书馆界引起极大反响。此后，杭州、浙江、南京等图书馆相继免费开放，及至2008年初中国国家图书馆全面减免收费项目，标志着我国图书馆开始走向免费服务。

深圳图书馆新馆占地29612平方米，建筑面积49589平方米，投资近8亿元，其建筑成为深圳市“图书馆城”的标志性建筑。新馆设计藏书容量400万册，读者座位2000个，网络节点3000个，日均可接待读者8000人次。

深圳图书馆注重新技术的应用，在全国率先使用DILAS[1]系统和RFID技术。DILAS（数字图书馆体系结构研究和应用平台开发项目）是国家计委下达的国家级重点科技项目，在深圳图书馆投入使用。RFID（无线射频技术）实现图书自助借还、自动分拣、自动整序排架、自助清点馆藏以及智能图书车和射频防盗报警等一系列自动化管理功

能，引起图书馆业务管理模式的全面变革，为读者高效利用图书馆以及图书防盗提供了强有力的技术保障。

深圳图书馆在全国率先为视障人设置了专用阅览室——视障人阅览室。该阅览室位于图书馆一楼，内有上千册盲文书籍供阅览。图书馆专门在电脑上安装了特殊的语音提示系统，视障读者可以通过语音提示使用电脑并上网。

此外，深圳图书馆作为深圳市图书文献收藏利用中心及文献信息资源开发中心，侧重高新技术、商贸、时装、法律等专题资源及深圳地方文献、港澳台文献资源等特色资源。该馆主页 2017 年 1 月显示：馆藏书刊 443 万余册，各类电子、网络文献近 388 万件，每年接待读者 400 余万人次。

深圳图书馆还与 6 个区图书馆及社区图书馆实行联网“一卡通”服务，馆与馆之间图书“通借通还”，同时为深圳的政府决策、经济发展、科技创新、学术研究等活动提供高层次的知识支撑和信息服务，实施深圳建设“图书馆之城”的文化战略，成为全市图书馆网络中心。

深圳图书馆积极发挥市文献信息中心和区域图书馆网络中心的职能，成为“集大众化、研究型及数字化于一身的大型现代化公共图书馆，达到国内一流图书馆的水平，位居世界先进图书馆的行列”。[2]

注释

[1] DILAS：全称“数字图书馆体系结构研究和应用平台开发项目”，由深圳图书馆主持研制、具有自主知识产权并被文化部评为重大科技成果推广项目，在全国拥有数千家用户。

[2] 引自深圳图书馆主页的申图概况。

三十三、中国第一家兼具高校图书馆和公共图书馆双重功能的新型图书馆
——深圳市科技图书馆

深圳市科技图书馆也叫深圳大学城图书馆，位于深圳大学城西校区的核心地带。2006 年 6 月，深圳市政府批准成立深圳市科技图书馆，原深圳市科技情报研究所整体并入。深圳市科技图书馆隶属深圳大学城管理办公室，与深圳大学城图书馆实行“两块牌子，一套人员”的管理模式，为市政府全额拨款的事业单位。

深圳市科技图书馆是大学城的标志性建筑，外观设计灵动、飘逸、流畅、现代，形同“如意”，由罗麦庄马香港有限公司（RMJM HongKong Ltd.）设计，总投资近 2.3 亿元。2005 年 1 月 1 日主体工程动工兴建，2006 年 10 月 15 日落成。2006 年 12 月 31 日，图书馆对大学城师生开放，2007 年 3 月 30 日对社会读者开放，成为国内第一家兼具高校图书馆和公共图书馆双重功能的图书馆。

深圳市科技图书馆作为北京大学、清华大学、哈尔滨工业大学深圳研究生院共同拥有的图书馆，以“一切为人的发展、为一切人的发展”为服务宗旨，以大学城师生、企业和科研人员以及深圳市民为服务对象，是一座专业性、研究型、数字化、全开放的新型图书馆，也是深圳市重要的科技文献资源保障基地、科技文献和科技信息服务中心、科学教育基地以及为市场、产业、研发提供社会化公共信息资源的交流服务平台。

深圳市科技图书馆建筑面积 4 万平方米，高 4 层，设计藏书容量 150 万册，内设近 2500 个阅览座位，网络节点 1700 个（全馆无线网络

覆盖），日可接待读者 8000 人次。按照读者流、文献流和业务流的划分采取网络化布局，实行大开间藏借阅和信息服务一体化；共设有综合服务台（2 个）、OPAC 检索区（80 台检索终端）、中文报刊阅览区、中文图书阅览区、多媒体阅览区、企业交流区（咖啡厅）、工商企业图书馆、外文阅览区、信息检索区（120 台计算机）、个人研究与小组讨论区（29 个独立房间）、学术交流与会议区（报告厅 258 个座位、展览厅 300 多平方米）、用户教育培训区（2 间教室）和业务工作区等 13 个功能区。

文献资源建设坚持实体馆藏与虚拟馆藏并重、纸本馆藏与数字化馆藏兼顾的原则。注重科技文献、外文文献和电子资源的入藏，初步建成以电子信息、化学、生物学、材料科学、物流工程与管理、城市与环境、先进制造为重点的种类与学科范围齐全的文献资源体系。据该馆主页显示，截至 2016 年底，收藏印本文献 88.8 万余种 /159.9 万余册；中外文报刊 3544 种。该馆电子资源也是深圳市最丰富的，可用数据库 282 个；电子期刊 59627 种；全文电子图书 200.6 万余种。此外，还入藏专利、标准、会议录、科技报告、年鉴、工商名录、行业报告、金融数据、预印本文献等。

三十四、世界上第一所“真人图书馆”——丹麦“活体图书馆”

“活体图书馆”（Living Library）理念是由丹麦青年罗尼 · 爱勃格（Ronnie Abergel）等 5 人于 1993 年提出的。他们在丹麦创立了“停止暴力”（Stop the Violence）非政府组织。2000 年 7 月，该组织受邀参加欧洲最大的夏季节日之一——哥本哈根的“丹麦罗斯基德音乐节”，罗尼等人组织了 75 本“活体图书”现场出借，与观众互动，其宗旨是通过“活体图书”与读者之间的对话，“反对暴力，鼓励对话，消除偏见”。现场观众积极参与活动，“活体图书馆”就此诞生。

“活体图书馆”“以人为书”，“阅书”即为“阅人”。在“丹麦罗斯基德音乐节”期间，“活体图书馆”第一次活动提供的目录是“人生经历”。读者在图书馆里首先阅览目录，选择自己想了解的“人生经历”。选定后，读者在讨论区与“活体图书”会面。在接下来的 30 分钟里，“活体图书”会从头到尾讲述自己的经历。“活体图书”是拥有非凡经历的任何人，如政客、商人、消防员、无家可归的人、移民、妓女、丧葬承办人、同性恋者甚至小孩子……

丹麦是欧盟成员国之一，拥有完善的社会福利制度。当不同的文化、宗教、种族的人来到丹麦时，当地人非常担心这种“入侵”。为了让当地人与那些不同文化、宗教、种族的人进行有效的沟通和交流，“活体图书馆”提供了一个有意义的平台，希望挑战偏见，改变刻板印象，增进彼此的了解和理解，将人们融合在一起。多年来，丹麦“活体图书馆”使用过各种主题鲜明的活动标签，诸如：“吉普赛童话”、“孤儿院男孩”、

"伊拉克战争老兵"、"大屠杀幸存儿童"、"奥林匹克运动员"、"肥胖女人"、"骑行恐旷症者"、"质疑基督教"……

此后数年，在欧洲理事会和北欧部长理事会两个组织的资助下，"活体图书馆"被传播到世界各地50多个国家，仅在欧洲每年就达几十次。2009年，美国在圣塔摩尼卡公共图书馆举办了美国第一个"活体图书馆"，倾诉者和倾听者都满足了自己的需要。

"活体图书馆"这股潮流由欧洲出发，经美洲、澳洲和日本、韩国，于2008年进入中国。美籍华裔图书馆学家曾蕾教授2008年4月25日在"图书馆2.0 中文论坛"上首次以The new library fad ：borrow a person为题，向国内同行介绍了"活体图书馆"，使这一概念首次进入中国图书馆界的视野。同年11月21日，曾蕾又以A Living Library and Living Books为题，倡议开展Living library实践活动。2008年12月16日，上海交通大学图书馆承办的"2008 数字图书馆前沿问题高级研讨班"，首次举办了 Living Library活动，15名图情专家作为"Living Books"被与会者"借阅"，议题涉及医学信息技术、元数据与技术标准、知识组织与实体分类语义互操作、图书馆系统、Web2.0、图书馆2.0、馆员素养、信息素养教育、学科服务、数字资源管理和保存、可视化技术等多个方面。2009年3月18日，上海交通大学举办了"薪火相传Living library"活动，亮相的4本"活体图书"都是在校大学生，分享的内容涉及科研竞赛、就业面试、出国留学等方面。

自2010年起，"活体图书馆"改名为"真人图书馆"(Human Library)，"活体图书"更名为"真人图书"。目前，国内图书馆界统一使用"真人图书馆"和"真人图书"，但也有媒体使用"人类图书馆"和"人类书籍"。2012 年4 月，重庆图书馆开展了一场"真人图书馆"活动，开创了中国公共图书馆开展这一活动的先例。此后，"真人图书馆"

在全国各地不断涌现。截至 2012 年底，北京、上海、广州、深圳、香港、长沙、济南、长春、重庆等地的高校图书馆、公共图书馆、书店、书吧、咖啡厅等都涌现出了“真人图书”。

“真人图书馆”的特点是：可以在世界的任何地方举办，只要有愿意倾诉故事和倾听故事的人即可。“真人图书馆”的目的在于：增进没有交集的各类人的相互了解和沟通；接受、回答各种难以解决的问题；从他人的经历中获取有益的东西；增强战胜自我和困难的勇气；在面对面的交谈中彰显生命的价值。

目前，世界上许多国家都在举办“真人图书馆”活动，有些图书馆甚至将其作为一种常态性活动而固定下来。英国“真人图书馆”中的一位“真人图书”称：“真人图书馆就如同用讲故事代替读书，我多姿多彩的生命拥有许多篇章，他人聆听我的叙述就好像翻阅一本书一样。”

值得注意的是，我国“真人图书馆”活动更倾向于传播知识、传承文化、启迪心智、弘扬正义、传递正能量，与西方国家举办的“真人图书馆”的活动目的不完全一样。

三十五、中国最后落成的省级图书馆——海南省图书馆

海南省图书馆位于海南省海口市琼山区国兴大道文化公园内，环境幽雅，于 2007 年 2 月 2 日正式挂牌，是中国最年轻的省级公共图书馆。该馆不仅是海南省重要的公共文化设施，也是全国文化信息资源共享工程海南省中心和海南省古籍保护中心。

2003 年 12 月 13 日，海南省图书馆动工兴建，框架五层，馆舍建筑面积 2.8 万平方米，总投资达 1.4 亿元，2007 年 10 月 28 日正式对外开放。2012 年该馆对空间升级改造并扩建，建筑面积达 3.5 万平方米。

图书馆阅览面积 1.4 万平方米，设有总服务区、社科图书区、自科图书区、文学图书区、综合图书区、报纸期刊区、地方文献区、古籍阅览区、公共电子阅览室、政府信息公开查询中心、视障阅览室、少儿借阅室、少儿公共电子阅览室、少儿情景体验区、少儿环保 DIY[1] 室、少儿艺术培训活动室、计算机教室、24 小时自助还书区、24 小时自助图书馆等读者服务区。2017 年 3 月，据该馆主页显示：馆藏文献资源 480 多万册（件），其中纸质图书 123 万多册，纸质报刊 3000 余种，视听文献 3500 多件，电子图书 370 多万种，电子期刊 17000 多种。图书馆配有普通阅览座席 1700 余个，读者用计算机 190 余台，拥有海量数字文献和先进的网络系统以及现代化的报告厅、展览厅、读者服务部、大型停车场等辅助设施。

注释

[1] DIY：是英文 Do It Yourself 的缩写，其含义是自己动手，没有性别、年龄和专业要求，每个人都可以自己做，即自己动手。DIY 是 20 世纪 60 年代起源于西方的概念，原本意指不依赖或聘用专业的工匠，利用适当工具与材料自己来进行居家住宅的修缮工作，后逐渐演变为一种生活方式。在少儿图书馆中则是自己动手或做手工的意思。

三十六、中国首家设立“自助图书馆”——广东省“东莞图书馆”

东莞图书馆是广东省下辖的地市级图书馆，其新馆位于城市中心广场内，总建筑面积为44654平方米，投资1.73亿元，是一个集文献借阅、信息咨询、培训教育、学术研究于一体的大型综合性现代化图书馆。新馆共6层，地上5层，地下1层，分为两大区域——图书馆功能区和购书中心区。新馆建筑形象简洁，俯视效果成“I”、“E”两个字母，集中体现图书馆作为高科技“e时代”信息中心的整体特征，是东莞标志性文化建筑设施之一。

东莞图书馆新馆定位以数字图书馆为基础，体现知识交互理念，使传统图书馆功能与东莞城市发展目标相适应，努力建设为集传统文献资源和现代网络资源为一体、信息资源和人才资源交融的城市中心图书馆。

东莞图书馆功能布局充分体现了服务至上的原则，一至五层依次为大众活动区、电子服务区、书刊借阅区、研究参考区和业务办公区，图书馆各业务流程及服务功能得到合理区分，书流、人流、物流、信息流有序流动。新馆采用开放灵活的藏、借、阅、查一体的新型服务模式，除特定的文献或特殊的文献外，藏书全部对读者开放。新馆设置了20多个读者服务窗口，如儿童天地、新报新刊阅览室、古籍阅览室、参考阅览室、电子服务区、图书借阅区、东莞书屋、台湾书屋、多功能报告厅等；专门设立了视障人士阅览室和残疾人服务区；设立了自助图书馆、漫画图书馆、衣食住行图书馆、粤剧图书馆；IT图书馆等10个馆中馆；

建立了购书中心、咖啡厅、餐厅等配套服务设施；积极开展通借通还、信息咨询、视听、会议服务、流动书车等服务；举办讲座、培训、展览、学术交流、读者沙龙等活动。此外，该馆积极拓展服务范围，送书到敬老院、监狱、社区等，举办盲人计算机培训班以及文艺表演等活动，让特殊人群平等地享受图书馆各种服务；开发了面向全体市民的开放式网上学习平台，向全体市民提供完全免费的多媒体网络教学服务，截至2006年底，已拥有各种网络课件1200余门。

2007年11月，东莞图书馆开办了国内第一家自助图书馆，研发国内首个图书馆ATM自助服务设备并投入使用。这种自助服务设备每台藏书500—1000册，可以放置在超市、车站、社区、企业等市民聚集的场所，利用RFID技术为读者提供24小时自助借还图书服务，极大地方便了广大市民借还图书。

东莞图书馆之所以能够率先开展自助服务，源于该馆的服务理念。馆长李东来曾经说过：图书馆不仅是文明城市的装饰品，也不仅仅是文明城市的营养品，图书馆应该成为文明城市的必需品。

2007年1月和2008年6月，东莞图书馆分别获得第二届文化部创新奖和美国图书馆协会的国际创新奖。这无疑是对东莞图书馆服务工作的充分肯定和鼓励。美国图书馆协会颁发的国际创新奖荣誉证书上这样写到："因为东莞图书馆打造了一个富有创造性、充满生机、以读者为中心、电子资源丰富的图书馆；因为东莞图书馆采取了特有的创新服务来满足读者的需要，包括设立'永不关闭的图书馆'和'图书馆ATM'供读者自助借还图书；因为东莞图书馆为市民创立了教育培训中心，通过围绕大家感兴趣的热门主题为大众开设固定的课堂和讲座；也因为东莞图书馆举办了东莞动漫节，其中2005年的东莞动漫节吸引了超过300名艺术家和2万多名读者的参与；更因为东莞图书馆还通过高质量的服务和丰富的资源每年吸引愈百万的读者走进图书馆。”

目前，东莞图书馆作为总馆，在全市构建起 52 个分馆、102 个图书流动车服务站，全市 32 个镇街 24 小时自助借阅服务全覆盖。实现了“一馆办证，多馆借书；一馆借书，多馆还书”的一体化服务；实现了图书馆在时间上 365 天每天 24 小时全天候服务，在空间上覆盖全市 32 个镇街的体系化服务。东莞图书馆举办的读书节、市民学堂、儿童礼仪之家等活动成为颇具影响的服务品牌，年接待读者 200 多万人次；开发的“Interlib 图书馆集群网络管理平台”，有 2600 多家不同级别的图书馆借鉴采用。

东莞图书馆以其卓越的创新能力和全新的服务理念，在图书馆界创造了多个第一：

1. 创建国内首家自助图书馆；

2. 创建国内首家粤剧图书馆；

3. 创建大陆首家漫画图书馆；

4. 研发国内首个 24 小时自助图书馆及首个图书馆 ATM，被国家文化部选为“国家文化创新工程”扶持项目；

5. 承担国家“公共电子阅览室建设计划”首批试点建设任务，被全国文化信息资源建设管理中心授予全国首个“公共数字文化体验区”；

6. 建成国内图书馆界首个博士后创新实践基地；

7. 成为国内首家获得政府质量奖的公共图书馆。

总之，东莞图书馆虽然为地市级公共图书馆，但却在图书馆领域发挥着引领作用。

三十七、中国第一个面向境外读者的阅览中心
——上海“虹桥国际图书馆”

虹桥国际图书馆由国务院新闻办公室和上海市政府联合主办，位于上海市长宁图书馆8楼，面积800余平方米，2008年12月6日正式对外开放。虹桥国际图书馆标志着国内首个面向境外读者的阅览中心、上海首个国际图书馆的诞生。

虹桥国际图书馆通过各种途径收藏了英、法、俄、日等10余个语种的大量外文原版图书，韩国国立中央图书馆与俄罗斯联邦国家图书馆等国际合作单位向该馆赠送了大量图书。图书馆设立了世博阅读专区，配备了外语专业人员和图书管理专业人员。图书馆除为外籍人士提供以外文图书为主的一站式图书查阅、借阅和订购服务外，还提供世博、外事、旅游、文化、体育、医疗、教育、交通等多方面的信息，其中最有特色的是集中展示中央和地方的对外宣传品。

虹桥国际图书馆之所以设在长宁图书馆，是因为该区是外国领事馆和外资企业集聚之地，三分之一的外国领事馆和50%的外交官邸在长宁，拥有浓郁的文化积淀、丰富的文化资源和独特的文化氛围。虹桥国际图书馆利用这一地缘优势，与各国驻华领事馆及其文化教育部门，以及上海翻译家协会、译林出版社等诸多从事文化传播与研究的机构合作，开展了一系列涉外文化活动，如读者沙龙、“世界眼”系列文学沙龙、双语志愿、图书漂流、大型读书征文等，着力提升高水平、高层次、专业化的读者服务和文化交流服务。仅2010—2013年，虹桥国际图书馆就组织了33场规格高、针对性强的多元文化活动，其中2013年11场。杨飞和陈君两位专业人士在《上海地区公共图书馆多元文化服务现状研究》

一文中对此进行了详尽论述并列出下表：

长宁图书馆 2013 年涉外多元文化活动一览表

时间	主办方	主讲嘉宾	具体内容
1 月 26 日	长宁图书馆、虹桥国际图书馆、译林出版社、上海书评	王安忆、孙甘露、小宝、小白、陈子善等	相遇毛姆——《毛姆短篇小说精选集》出版沙龙
3 月 1 日	土耳其驻沪领事馆、长宁图书馆、虹桥国际图书馆、上海翻译家协会	巴里希、吴刚	当我们谈论奇幻小说时，我们在谈论什么
3 月 6 日	以色列驻沪领事馆、少年儿童出版社、长宁图书馆、虹桥国际图书馆	阿尔玛戈	《艾维亚的夏天》读者见面会
3 月 30 日	长宁图书馆、虹桥国际图书馆、上海翻译家协会	郑克鲁	漫谈法国文学与翻译
5 月 28 日	长宁图书馆、虹桥国际图书馆	戴从容、陈子善、顾文豪	解读天书——漫谈《芬尼根守灵夜》
6 月 5 日	长宁图书馆、虹桥国际图书馆、上海翻译家协会	陆求实、孙明中、高培明	海上“结译”话三国
9 月 28 日	长宁图书馆、“海上女作家”文学研究会、中国图书进出口有限公司	沙美智、薛舒	从西天到海上——中印女作家文学面对面
11 月 2 日	长宁图书馆、译林出版社	依安 · 约翰逊、诸大建	2052：中国领导世界？——《2052》：未来中国的经济与环境
11 月 8 日	长宁图书馆、中国上海国际童书展主委会、上海市新闻出版局	康伦 · 麦肯纳、麦克 · 格雷涅茨、方素珍、桂文亚等	看得见风景的儿童文学——中外儿童文学作家作品诵读会
11 月 9 日	长宁图书馆、中国上海国际童书展主委会、上海市新闻出版局	勒克莱齐奥、许均	我眼中的儿童文学与阅读——勒克莱齐奥演讲会
12 月 1 日	长宁图书馆、上海翻译家协会	沈文忠、郑体武、袁莉、俞洛生等	译海听诗：梦——第 22 届金秋诗会

上海虹桥国际图书馆以真诚的服务，向国际友人开启了中外文化交流的大门，也为图书馆多元文化活动起到了引领作用。

三十八、世界首个国家级少儿图书馆
——中国“国家图书馆少年儿童图书馆暨少儿数字图书馆”

国家图书馆少年儿童图书馆位于北京市海淀区紫竹院公园旁的中国国家图书馆总馆内北区东侧，面积约1200平方米，为6—15岁儿童提供近年出版的普通少儿文献、数字资源和多媒体光盘阅读等全方位服务。

2010年5月31日，国家图书馆少年儿童图书馆正式对外开放，同时推出少儿数字图书馆网上服务，为少年儿童特别是那些不能亲自到国家图书馆来接受服务的全国少年儿童提供多层次的电子资源服务。这是国家图书馆成立百年来首次面向未成年人开放，此前国家图书馆限制16岁以下儿童入馆阅览。国家图书馆少年儿童图书馆暨少儿数字图书馆的对外开放，标志着世界首个国家级少儿图书馆的诞生，也是我国少儿图书馆发展史上里程碑式的创新。

国家图书馆少年儿童图书馆由一层亲子阅读区和二层青少年阅读区组成，提供约8万余册儿童读物，内设固定座位200余个，非固定座位约300个，设置数字资源用机16台，电子触摸屏2台，提供1个网上绿色阅读平台，提供数字资源总量10TB。

国家图书馆少年儿童图书馆根据少年儿童的特点，设置了书刊查询、小读者指南、书刊阅读、展览讲座、校外课堂、我爱动漫、才艺展示、网站导航等八个板块的多种服务，例如：依托国家图书馆丰富的馆藏数字化资源，采用视频、音频、多媒体动画等表现形式，提供普通中文书刊、动漫图书、连环画、各类文化展览、在线讲座、经典诗文赏析、中英文学习软件、音乐欣赏等多种少年儿童所喜闻乐见的资源内容；利用讲座、展览、专题活动、接待中小学生参观等多种形式，开展全方位、多层次的文化教育服务；通过活动播报、网站导航两个栏目，提供延伸服务，方便家长和孩子们了解最新活动安排,访问少儿阅读网站；同时为家长、儿童教育工作者和研究人员提供儿童教育及研究等方面的服务，并且借助数字图书馆的技术、方法以及建设成果，把国家图书馆的少儿服务延伸到全国少儿图书馆、公共图书馆、中小学校、社区和农村。

三十九、中国最早尝试服务外包的图书馆
——深圳市“南山图书馆”

南山图书馆是深圳市南山区政府投资兴建的区级公共图书馆，位于南山区中心路段，1994年奠基动工，1997年3月28日正式对外开放，占地面积13700平方米，建筑面积18770平方米，设计藏书60万册，阅览座位1340个。

南山图书馆一直坚持以“读者为本”、“服务第一”的理念，实行开放式服务，社会民众无须任何证件均可进馆阅览，所有书刊开架借阅。图书馆设有期刊、报纸、图书、少儿阅览、主题阅览、经典书屋、电子检索等服务窗口；自建“南山人文信息多媒体数据库”、“南山图库”、“专题文献”，开展旅游图书、精品光碟、家居装饰、精品书画等特色服务。全年365天开馆。每年接待读者超过100万人次，日均3000—4000人次，开展公益讲座、专题咨询、放映电影等各类活动上千场。

南山图书馆在图书馆界享有盛名的是最先尝试服务外包。2013年7月，南山图书馆通过区政府面向社会招标，将所有面对读者的阅览窗口以项目经费管理的模式外包给中标企业。图书馆向外包企业提出业务要求，并对业务开展和质量进行把关。

经过实践，图书馆服务外包显现出如下好处：

1. 降低管理成本。实行服务外包后，南山图书馆不再为临聘员工的管理花费精力，直接由外包企业对驻馆人员进行统一管理。外包企业根据图书馆提出的业务需求，向图书馆派遣合格员工。企业对员工实行绩效管理，业绩考核直接与收入挂钩。对不合格外包员工，图书馆可以

向外包企业提出换人，使人事管理对象单一。

2. 推进业务向深层次迈进。各服务窗口将主要精力投入到拓展业务范围、提高服务水平方面。仅 2015 年，开展各类读者活动 1039 场，参加活动人次 127100 人；其中公益讲座 84 场，大众电影 190 场，专题咨询 86 场。

第二部分

著名的图书馆人物

导言：

向图书馆事业的开拓者致敬

在图书馆历史发展的长河中，涌现出无数开拓者。他们孜孜不倦地在图书馆领域探索发现，推动图书馆事业的不断发展进步，带领图书馆人逐渐成为知识和信息海洋中的引领者和导航员，开创了数不清的图书馆先河。

唐朝名相魏征著书、集书、藏书，提出“书为所用”的先进理念；明末进士曹溶、满清贵族国英、清代名儒周永年等人痛斥当时藏书楼“秘不示人”、藏书“密藏不传”的弊端，倡导“藏书公开”的思想，是为图书物尽其用，也是对社会的贡献，让更多的人通过读书，获取知识，为国效力；清末思想家郑观应将兴建公共藏书楼（新型图书馆）提到了救国救民、兴盛国家的高度，他们的胆识与见解，远远超乎同时代藏书家之上。

前辈杜定友、沈祖荣、孙毓修、徐家麟、桂质柏以及被誉为“公共图书馆运动之父”的英国图书馆学家爱德华兹、“图书馆学五定律”提出者印度图书馆学家阮冈纳赞、“图书馆管理学之父”艾伯特等人，毕生为图书馆事业奔波操劳，奋斗不息。他们关于图书馆的思想、观念和主张，是对旧事物的一次次冲击和突破，他们以深刻的思想、敏锐的眼光、渊博的学识，推动并成就了图书馆事业，这也是他们梦寐以求的理想。

政界名人李大钊被誉为“中国现代图书馆之父”，中国近代维新派代表人物梁启超是中国图书馆事业主要的开拓者和近代图书馆学的主要奠基人。他们在从事政治活动的同时，以极大的热情和精力宣传、推广图书馆，在中国图书馆发展史上留下了深深的烙印。

在现代图书馆飞速发展的过程中，在美国图书馆界颇有影响的华人李华伟博士、北京大学图书馆老馆长庄守经先生、如今活跃在图书馆界的程焕文、沈固朝、崔慕岳、杨开荆等专家学者，为图书馆事业不断探索，成为图书馆领域的领军人物。

从这些名人身上，我们深切地感受到他们爱书、爱图书馆、爱图书馆事业的满腔热血，看到了他们勤奋、进取、钻研、忘我的敬业精神。他们之中有很多人饱尝无力购书的苦楚和对知识的渴望，这使得他们对图书馆感情至深，对图书馆的兴办、宣扬和发展倾注毕生之力，贡献巨大。

他们是图书馆事业的开拓者、倡导者和推行者，是图书馆界的先驱和主将。图书馆从古代藏书楼到近代图书馆、从现代图书馆到数字图书馆发展的历程，离不开他们的倾力奋斗，让我们向他们表示最崇高的敬意！

一、中国首位图书馆馆长
——老子

老子是道家学派创始人，也是学界普遍认为的有记载以来中国历史上最早的图书馆馆长。老子生于鲁襄公二年（公元前571年），老子的父亲李乾是周朝的下层官吏，这使老子在少年时期便有机会接受良好的教育。

司马迁《史记 · 老庄申韩列传》记载："老子者，苦楚县（今河南周口市鹿邑县，古楚之地）曲仁里人也。姓李氏名耳，字聃（dān），周守藏室之史也。""守藏室"是春秋时期的藏书之所，也是文献记载中最古老的正式藏书机构。"史"是一个官职，是专门管理文档之人。《礼记 · 曾子问》疏引《史记》云："老聃为周柱下史，或为守藏史。"《庄子 · 天道篇》说老子是负责藏书的征藏史。可见，征藏史、守藏史、柱下史可互称，均为掌管藏书之所文献的史官。"柱下史"至秦朝时改称为"御史"。

老子在职掌周王室的"守藏室"期间，始终竭尽全力征集、保管、钻研周王朝及诸侯国的典籍。主要做了以下事情：

一是整理文献。当时周王室所藏文献，内容包括远古以来各个时期的政治、经济、军事、治世、文化、民俗、教育等各方面的经典，记载在不同的载体上，如竹片、木条、布绢、甲骨、陶器和青铜器，需要逐一识别、分类，按年代先后和不同的内容进行编号、排列，以便查阅。由于种类繁多且年代久远，其中部分装订竹简、木简的皮绳或麻绳断开，板片脱落散乱，造成章页混乱和字句颠倒，必须重新推敲审度，理清顺序，用新的皮绳或麻绳装订好，放回原处。有些竹简、木简、甲骨、陶器上面的文字经多次磨损而消失，有些布绢或麻布上的文字因火烧或鼠咬虫蛀而缺页少行，凡此种种，需要重新刻写。然而，这些失掉或缺损的是什么字，需要翻阅大量的文献，查阅对正，核准无误后落刀下笔，一一补齐。这是一件非常烦琐和细致的工作，老子做得非常认真，一丝不苟。

二是大量研读。老子非常珍惜掌管藏书室的机会，在整理典籍的过程中，大量阅读文献，精益求精，常常废寝忘食。他阅读并研究了《黄帝四经》《黄帝铭》《黄帝君臣》《杂黄帝》《力牧》《伊尹》《辛甲》《周训》《太公》《育子》等书（这些书籍大部分已亡佚，史料中只能查到书名），特别是他所读的“诗”、“礼”、“书”、“史”、“乐”和“易”等诸种简牍、帛书，都是后人（如孔子）未删改的多卷繁本。老子尤其精心于伏羲氏的易经八卦《连山》和黄帝时期的易经《归藏》以及周文王推演的六十四卦易经《周易》，并从《三坟》《五典》《八索》《九丘》等大量典籍中吸取宇宙变化之理，不断思索和揣度，丰富了自己对事物的认知，为日后写下流传至今的《道德经》奠定了厚重的基础。

三是广为征集。老子经常到民间收集民歌、民谣和传说。一年夏天，老子听说在远离京都的一个小山村，住着一群失业的手工匠，其中有不少人会唱民歌。于是，他亲往寻访。途中突遇暴雨，他冒雨前行，不顾右脚扭伤，强忍疼痛，终于见到了那些工匠。老子与他们友善交谈，询问他们的难处，诚恳采集流传在他们中间的民歌。他们看到老子如此慈祥和善并富有同情心，将其当作朋友，一首接一首地把当地民歌唱给他听。随着时间的推移，老子的名气越来越大，比其年轻 20 岁的孔子专程前去请教。《史记》《庄子》等书对此均有记载。孔子非常敬佩老子的学问，后来他对弟子们说：“至于龙，吾不能知，其乘风云而上天，吾今日见老子，其犹龙乎？”意思是说老子的学问深不可测。

老子一直专注于研究宇宙万物的生息变化，致力于对天道人情的探讨。老子经历了东周数年之久的争夺王位内战，目睹了周日渐衰微，王室典籍被在争夺王位中失败的王子朝囊括到了楚国。诸侯国的势力愈来愈大，春秋五霸相继崛起。年老体衰的老子知道天意难违，自己无力回天，且无书可管，70 岁时辞官离周。他西出函谷关，受关令尹喜的恳求而著书。据《史记 · 老子韩非子列传》记载："老子修道德，其学以自隐无名为务。居周久之，见周衰微，乃遂去。至关，关令尹喜曰：'子将隐矣，强为我著书。'于是，老子乃著书上下篇，言道德之言五千余言而去，莫知其所终。"

因老子著书言道德之意，流传至今的《老子》一书又称《道德经》。洋洋洒洒五千字，深邃博大地构造出一个朴素、自然、豁达、飘逸的宇宙观、人生观、方法论的宏大框架，成为华夏民族的骨中之骨，肉中之肉。

注：国家图书馆研究馆员韩华曾在《中华文化论坛》2010 年第 4 期发表论文《老子非东周图书馆馆长之议——兼论〈道德经〉思想材料的来源》，对学术界普遍认为的"老子是图书馆的馆长或者是管理图书的小官的身份"提出了不同的看法及其依据，对于研究"老子的身份"非常有参考价值，作为学术争鸣，特注于此。

二、首次提出“藏用”概念的人
——唐朝秘书监魏征

魏征（580年—643年），字玄成，巨鹿郡（一说在今河北省巨鹿县，一说在今河北省馆陶县）人，唐朝政治家、思想家、文学家和史学家，因直言进谏，辅佐唐太宗李世民创建“贞观之治”大业，被后人称为“一代名相”。

唐朝为了进一步完善图书的管理机构和人员设置，设立了秘书省总理图书工作。当时秘书省人员较多，分工明确，各司其职，所设主事、典书、亭长、掌固、熟纸匠、笔匠等职官均前所未有。系统完善的职官体系，为唐朝官府藏书的搜集、整理、发展乃至利用提供了保证。

唐代自贞观元年（627年）至天宝十四年（755年）的100多年间，是图书搜集、整理、印藏最兴旺的时期。魏征、虞世南和颜师古等人相继任秘书监，唐太宗采纳他们的建议，多次下旨派人去全国各地寻访书籍，并命学士进行校订，前后达47年之久，规模极为宏大。

魏征在《隋书·经籍总序》中首次提出对典籍实行“藏用”的概念，即收藏与利用。由于受时代局限性的影响，这一概念并没有发展和运用，但却表达了“书为所用”的先进理念。

贞观十七年（643年），魏征病故。他著有《隋书·序论》《梁书》《陈书》《齐书》的总论等。其言论多见《贞观政要》，其中最著名并流传下来的是谏文表——《谏太宗十思疏》。

三、明确提出“藏书开放”主张第一人——曹溶

曹溶（1613年—1685年），字洁躬，亦作鉴躬，又字秋岳，号倦圃、鉏菜翁，浙江秀水（今浙江嘉兴）人，明末崇祯十年（1637年）考中进士，官至御史，清初又任户部侍郎和广东布政使等官职。他平生喜好宋元人的文集，收藏甚丰，有藏书楼“静惕堂”，是明末清初藏书家。他所写的《流通古书约》，第一次阐述了开放藏书的思想，从而成为我国文献收藏史上彪炳史册的人物之一。

曹溶曾与明末清初大藏书家——绛云楼主钱谦益有交。钱谦益丰富的收藏和渊博的图书知识，令曹溶钦佩不已，但也意识到他的偏狭之处：一是所收必是宋版、元版，不收藏近人刻本、钞本；二是“好自矜啬”，他人无有之书，片纸不肯借出。不幸的是，绛云楼一场大火，珍贵图书毁灭殆尽。曹溶闻之，惊骇不已，痛惜万分。这场突变对曹溶的“藏书开放”思想产生巨大影响。他分析了明末清初典籍大量散佚的原因，认为战争动乱、水火之灾只是造成典籍散佚的原因之一；一些藏书家对所得孤本、善本据为己有，秘不示人，以致稍有不慎便化为乌有，也是不可忽视的原因，随写出《流通古书约》。

在书中，曹溶痛斥当时藏书楼的弊端：“以独得为可矜，以公诸世为失策”的传统思想；一旦归于藏书家，就秘藏不传，永世不见天日；“稍不致慎，形踪永绝”。他提出了两个比较现实可行的办法：第一种办法，藏书家个人写出所缺图书的目录，在藏书家之间“有无相易”，然后再“精工缮写”，相互交换抄本。第二种办法，藏书家出资刊刻珍稀图书。前

者是针对财力不济的藏书家而言，后者是针对有财力的藏书家而言。他认为，只要藏书家们付诸实施，就会达到“古籍不亡”的目的。

《流通古书约》的中心内容是保障不使古书泯灭，“流通”仅“适用于藏书量大体相等的藏书家之间图书的流通”，其局限性非常明显，没有提到一般读书人的求书问题，也未对全国范围内的图书保存与流通进行只字论述，但就当时封建社会藏书楼“秘不示人”的陈规而言，却是大胆的新主张，在当时的历史条件下非常难能可贵。

四、“儒藏说”的提出者
——周永年

周永年（1730 年—1791 年），字书昌，山东历城（今属济南市）人，祖籍浙江余姚。清乾隆三十六年（1771 年）进士，藏书丰富，学识渊博，曾被征为翰林，参加《四库全书》的纂修和《四库全书总目》的编写，是当时的一代名儒。

周永年中进士之前，在家乡读书时便提出了“儒藏说”。后来，他在《儒藏说》一文中提出“天下万世共读之”的鲜明主张。

周永年认为，古往今来图书的散佚，原因皆在于“藏之一地不能藏于天下，藏之一时不能藏于后世”；佛、道二家的典籍之所以保存较好，在于建立了佛藏、道藏，“惟藏之有法，故历久不替”。因此，他欲仿效佛藏、道藏而建儒藏，提出“儒藏说”。

周永年“儒藏说”的实质不在于藏，而是倡导藏书公开。他认为藏书公开才是保护典籍的万全之策，通过建“儒藏”之举，使古今儒者的著述得以保存和流传，永不亡佚，以达到“人有存没而学不息，世有变故而书不亡”的目标。在保存古书的同时，使其得到利用，“变天下无用之学为有用之学”，“使奇文秘籍渐次流通”，这正是周永年超越同时代藏书家的过人之处。

周永年为“儒藏”的建立拟定了《儒藏条约三则》：第一，官方和民间携手同建儒藏；第二，儒藏建立在“山林闲旷之地”，以防火灾和其他灾害；第三，儒藏对四方读书之人开放，尤其要面对无力购书的贫寒之士。

周永年不仅积极阐述和宣传自己的思想，而且努力付诸实施，将藏书之所命名为“藉书园”，藉者借也，藉书园即公开借阅图书之所。

其实在周永年提出“儒藏说”之前,明末藏书家曹学佺就提出过“儒藏说”，但曹学佺的观点是以一人之力搜集历代儒家经典和解经著作汇为一处，与释、道两藏相媲美，未提到如何保存和流通这些藏书，而周永年的“儒藏说”则较为具体，便于实行。

吴晞在其《从藏书楼到图书馆》一书中是这样评价周永年的：“周永年是我国古代最重要的藏书家和思想家之一，其思想之深刻，见解之超群，论述之周密，行动之果敢，都称得上是我国文献收藏史上亘古第一人。”与周永年同时代的大学者章学诚曾多次高度评价周永年的观点和做法。然而，周永年的思想和做法却不为当时的世人所理解，反而被讥讽为迂腐。周永年死后，“藉书园”的藏书因天灾人祸，几经损失，最后化为乌有。

虽然“藉书园”的试验失败了，但周永年的“儒藏说”在我国文献收藏史上产生了重要的影响。来新夏等图书馆学专家在其撰写的《中国古代图书事业史》一书中这样评价道：“周永年是十八世纪中国图书馆事业的先驱者。他的思想和事业在中国古代图书事业史上具有重要地位。”

五、提出“图书馆学”第一人
——马丁·W. 施莱廷格

马丁·W. 施莱廷格（Martin W.Schrettinger），德国著名的图书馆学家，历史上有名的牧师。

1772 年 6 月 17 日，施莱廷格生于上普法伦茨，1793 年流亡到上弗郎克，1795 年任职当地的牧师，并于 1800 年在修道院图书馆做图书管理员。

1802 年，施莱廷格所在的修道院被拆除前夕，他前往慕尼黑的皇家图书馆工作。

作为图书馆管理员，施莱廷格对图书馆藏书及其相关工作进行了深入研究，于 1807 年第一次把“图书馆学”（Library Science）作为一门理论学科正式提出，这标志着“图书馆学”学科的正式诞生，“图书馆学”这一专有名词从此问世。

1808 年，施莱廷格出版了《图书馆学综合性试用教科书》，把图书馆学定义为：“图书馆是实施有目的的组织，并依所需要的理论准则概括组织内容。”他还提出把图书馆内的书籍按照学科类别进行分置，并提出了以字母排列为序的作者书目和地域书目，这是图书馆学史上的第一次全面探讨图书馆目录的编制原理。

施莱廷格对图书馆员的专门教育非常重视，认为图书馆管理是一门独特的专门学科。此后，在世界范围内，围绕着这门近代新学科的理论研究和学术探讨持续不断，代表人物有德国的艾伯特、丹麦的莫尔贝希、英国的帕尼齐和爱德华兹等。

1851 年 4 月 12 日，施莱廷格在慕尼黑逝世。

六、正式提出图书馆职业和教育问题第一人
——J. 杜里

图书馆专业人员的培养最早是从学徒制（即师傅带学徒）开始的，随着图书馆事业的发展，一些较大的图书馆开始尝试开设训练班，进行较有计划的培训。1650 年，曾任英国皇家图书馆馆长的 J. 杜里在《新式图书馆的管理者》一书中正式提出了图书馆职业和教育问题。他认为图书馆员是知识的向导和文化的传播者，应具有高深的学问。

100 多年后，德国著名图书馆学家马丁 · W. 施莱廷格（Martin W.Schrettinger）在其《图书馆学综合性试用教科书》（1808 年）和 F.A. 艾伯特的《图书馆员的教育》（1820 年）两书中，先后提出图书馆专门教育和训练问题。这种思想逐渐被社会所接受。

1874 年，德国一所大学图书馆馆长费 · 罗尔曼经过深入研究，在其撰写的《关于图书馆整理学和德国大学图书馆的专门研究》一文中提出，必须开办大学图书馆教育，并提出了一项为期 3 年的大学图书馆教育计划。

受此思想的影响，德国格丁根大学于 1886 年开始尝试开设图书馆学课程，开启了图书馆学教育之先河。当时著名的图书馆学家、该校图书馆馆长 K.F.O. 齐亚茨科被学校任命为图书馆学教授，其所授课程侧重于目录学、古文书学等文献研究领域，以培养研究型图书馆员为主，学术性较强。

七、“图书馆管理学之父”
——艾伯特

艾伯特（F.A.Ebert），全名弗里德里希·阿道夫·艾伯特（Friedrich Adolf Ebert，1791年—1834年），德国著名的图书馆学家，被世界图书馆界誉为“图书馆管理学之父”。

1820年，艾伯特出版了《图书馆员的教育》一书，提出图书馆学是“图书馆员执行图书馆工作任务所需要的一切知识和技巧的总和”。

1821年，艾伯特首次使用“图书馆管理学”（library economy）一词。他还撰有《论公共图书馆》，主张要合理安排图书馆内部的一切事务，图书馆应由受过专门教育的专业人员来管理。

图书馆管理学诞生以后，各国学者对此进行了不懈的研究和探索。

1839年，法国L.A.C海塞出版了《图书馆管理学》一书，认为图书馆学的宗旨是解决最有效地管理图书馆的问题。

1858年，英国学者E.爱德华兹对17—19世纪中期的图书馆管理经验进行了全面总结，出版了《图书馆回顾》第2卷，其中后半部专门对图书馆的管理经验进行了梳理。

19世纪末，图书馆管理研究的中心转移到美国。1887年，M.杜威创立了哥伦比亚大学图书馆管理学院，杜威图书馆管理思想的核心是关心时间和成本效益，把图书馆工作作为一种专门职业，提倡图书馆工作的标准化和规范化。同年，圣路易斯公共图书馆馆长F.M.克伦登撰文提出要运用企业管理方法管理图书馆。此后，企业、商业和行政管理的理论和方法逐步被应用到图书馆的管理中。

苏联在 20 世纪 50 年代以前，列宁撰写了大量关于图书馆事业的著作、书信及由他起草和签署的文件、决议、法令、电报等（见《列宁论图书馆工作》），代表了苏联的图书馆管理理论水平，另外，苏联学者 O.C. 丘巴良的《苏联图书馆事业组织原则》（1956 年）、И.М. 福鲁明的《图书馆的组织与管理》（1980 年）等是图书馆管理学方面的代表著作。

在中国，图书馆领域的学者也不断探索图书馆管理，发表了不少专著,例如：洪有丰的《图书馆组织与管理》(1926 年)、马宗荣的《现代图书馆经营论》、于鸣镝的《图书馆管理学纲要》(1986 年)、鲍林涛主编的《图书馆管理学》(1989 年)、王淑惠的《现代图书馆管理》(1989 年) 等。

八、“公共图书馆运动之父”
——爱德华·爱德华兹

爱德华·爱德华兹（Edward Edwards，1812 年—1886 年）是英国图书馆学家、图书馆史学家和传记学家。他积极投身于建立免费公共图书馆事业，推动了英国第一部《公共图书馆法》的产生，发表各类学术著作近 80 种，被誉为“公共图书馆运动之父”、“公共图书馆运动精神之父”、“英国图书馆学和公共图书馆运动的先驱者”。

1812 年 12 月 14 日，爱德华兹生于伦敦东区，家境贫穷，刚满 14 岁就跟随父亲开始建筑学徒生涯，一干就是 7 年。1839 年 2 月，他在不列颠博物馆担任临时编目员，协助编制一部目录，后被正式聘任为不列颠博物馆的编委助手。在工作中，他与部主任 A. 帕尼齐一起大力改进读者服务工作，成绩显著。

1847 年—1848 年，爱德华兹连续在刊物上发表专业论文，引起下议院议员威廉·尤尔特的注意。威廉·尤尔特提议成立了公共图书馆特别委员会。1849 年，威廉·尤尔特负责起草公共图书馆法，特邀爱德华兹参与起草工作、提供资料，在下议院小型特别委员会以“主证人”身份介绍欧洲大陆各国图书馆发展情况。“主证人”是英国议会中具有特殊身份的人，可以对增加条款提出自己的看法。

1850 年，英国议会通过了世界上第一部国家《公共图书馆法》（*The Public Libraries Art*）。1851 年，曼彻斯特市按照《公共图书馆法》建成第一座公共图书馆——曼彻斯特市立公共图书馆，爱德华兹为首任馆长。爱德华兹在任 7 年间，积极开展采编、阅览、流通各项业务，将曼彻斯特市立公共图书馆发展成英国最大的市立图书馆之一，成为当时英国各地公共图书馆仿效的榜样。人们高度赞扬爱德华兹的功绩，称其为“英国公共图书馆之父”。此后30年中，爱德华兹先后在牛津大学女王学院图书馆（1870年—1876年）和牛津大学博德利图书馆（1877年—1883年）任编目员。

爱德华兹的代表作《图书馆纪要》(*Memoirs of Libraries*，1859)一书，被誉为“对图书馆人不可缺少的著作”。《图书馆纪要》全书分为上下两册,上册为《图书馆史》,下册为《图书馆管理》(有的译为《图书馆经营》)。上册《图书馆史》分为五编五十六章，记录了古代、中世纪直至近代世界上一些主要的图书馆的历史，内容涉及各图书馆的起源，图书资料的收集、整理、利用、管理和服务的历史，图书馆的管理、经费、规章的历史，图书馆建筑的历史和图书馆运动的历史等诸多方面。下册《图书馆管理》分为三编，即第一编藏书理论，第二编图书馆建筑，第三编分类与目录。19世纪末，英国的“图书馆学”实际叫“图书馆经营学”（Library Economy），这个名词在英国一直沿用到20世纪。另外，爱德华兹还著有《图书馆回顾》，记述了图书馆的发展史和管理方法，首创科技图书分类法，探讨编制国家书目等问题，在英美图书馆界影响很大。

1886年2月7日，爱德华兹因心脏衰竭在怀特岛的奈顿去世。

爱德华兹一生的主要成就和学术思想：

1. 爱德华兹最大的成就是推动了英国《公共图书馆法》的诞生。在论述该法产生的经过时，他阐述了自己的图书馆学思想——公共图书馆理论的两个基本原则：图书馆不应受政党影响,图书馆是公益事业。他倡导依靠法律来支持建立免费的图书馆，这一思想为各国图书馆建设之先河。

2. 爱德华兹是一名图书馆管理学理论与实践完美结合的典范。爱德华兹所著《图书馆管理》一书一出版，就在国内外引起高度关注，许多报刊评价该书是“图书馆人不可缺少的”，认为此书收集资料的丰富和广泛是“空前绝后”的。爱德华兹的管理实践体现在：(1) 关于藏书，他提出了藏书原则、采购、国际交换、寄赠；(2) 关于图书馆建筑，他提出公共图书馆建筑的原则、采光、温度控制、设施等；(3) 关于分类与目录，他详细阐述了目录概论、分类组织、规则、索引等管理事项；(4) 关于内部组织与公共服务，他提出图书馆员工管理、内部管理、设立图书馆管理委员会、建立开架制度等问题并加以论述。

3. 爱德华兹对图书馆史学的研究有相当的深度。《图书馆纪要》中的《图书馆史》全面叙述了古代图书馆情况、中世纪图书馆的发展以及世界各国近代图书馆的概况，其中对英国近代图书馆史的叙述尤为详细，篇幅达600余页。

原不列颠博物馆馆长邦德评价爱德华兹说：“他的伟大才能和工作能力是显著的”，“在公共图书馆管理方面，我不知道其他具有如此广泛丰富见解的人。”原英国图书馆协会干事托马斯评价其一生时说：“他的名字不仅与图书馆史和图书馆管理，而且与发展图书馆的伟大运动——我们也许不能看到这个伟大运动的结果——一起永远为全世界的图书馆人所铭记。”

九、世界上最早倡导读者服务的人
——塞缪尔·斯威特·格林

塞缪尔·斯威特·格林（Samuel Swett Green，1837年—1918年）是美国图书馆学家、美国图书馆协会创始人和终身会员。1837年2月20日，他出生于美国马萨诸塞州伍斯特市，1858年毕业于哈佛大学，1864年毕业于哈佛神学院，1867年开始从事图书馆工作。

格林于1887年—1889年和1892年—1893年担任美国图书馆协会副主席，1893年在芝加哥主持召开了世界馆员大会，是美国公共图书馆运动中的异常活跃分子。

1867年—1871年，格林担任伍斯特免费公共图书馆（Worcester Free Public Library）理事会理事，提出理事会与馆长之间必须建立相互信任、相互依存的亲密关系，并提出了一系列具体要求和建议。

1871年—1909年，格林连续担任伍斯特免费公共图书馆（Worcester Free Public Library）馆长长达38年，一直活跃在美国图书馆界。他几乎参加了美国图书馆协会的所有会议，作了无数场学术报告，参加各种各样的讨论，持续不断地为《图书馆杂志》撰稿。

1876年，格林提出在图书馆开展参考咨询服务，时称“帮助读者”，这是世界上最早的“读者服务”倡议，因此他被美国图书馆界誉为“参考工作之父”（Father of Reference Work）。在这一思想的影响下，波士顿公共图书馆于1883年在世界上最先设置了专职参考咨询员和参考阅览室，开启了参考咨询服务作为图书馆核心业务的先河。此后的100多年间，参考馆员与读者面对面的咨询交流一直是图书馆开展参考咨询的主导模式。格林有强烈的读者服务意识，在其所在的图书馆积极推进周日开放，成为新英格兰地区第一所周日免费开放的大型公共图书馆。

1880 年 9 月，格林在美国社会科学协会（American Social Science Association）会议上宣读了自己的论文《公共图书馆与公共学校的关系》，阐述图书馆与教育机构保持紧密关系的重要意义。

1890 年—1909 年，格林担任马萨诸塞州免费公共图书馆委员会（Free Public Library Commission of Massachusetts）委员，开创了美国图书馆馆员担任州图书馆委员会委员的先例。

1909 年，格林从图书馆领域隐退，安心撰写美国图书馆事业的“回忆录”——《美国公共图书馆运动》。该书总结了美国图书馆事业的发展历程，真实记录了美国图书馆历史中的重大事件，对美国公共图书馆运动史上的风云人物进行了客观、中肯的评价。

1918 年 12 月 8 日（注：有的文献为 12 月 9 日），格林不幸逝世，享年 81 岁。

1951 年，美国图书馆协会成立 75 周年之际，格林入选美国图书馆协会“图书馆名人堂”（Library Hall of Fame），成为影响美国图书馆事业进程的 40 位杰出馆员之一。组委会用简短的话语概括了格林的一生：“他的伍斯特免费公共图书馆是新英格兰地区第一所在周日开放的大型图书馆。他鼓励工厂工人访问图书馆。1890 年，他被任命为新成立的州图书馆委员会委员，这是美国首个州图书馆委员会，他一干就是 19 年。”

十、捐建数千座图书馆的“钢铁大王”——安德鲁·卡内基

安德鲁·卡内基（Andrew Carnegie，1835年—1919年），美国钢铁大王，与洛克菲勒、摩根并立为当时美国经济界的三大巨头。卡内基钢铁公司数十年保持世界最大钢铁厂的地位，几乎垄断了美国钢铁市场，名垂美国工业史。卡内基从一名普通移民跃居到“钢铁大王”后，热心慈善事业，几乎将自己的全部财富无偿捐献给了社会，到他去世前，捐献总额已经超过3.3亿美元。其捐款数额之巨大，足以与死后设立诺贝尔奖的瑞典科学家、实业家诺贝尔相媲美，在美国慈善史上，写下永难磨灭的一页，成为美国人民心目中永远的英雄和个人奋斗的楷模。

1900年，功成名就的卡内基决定退休，用自己的巨额财富去做自己早已想做的事情。这一年，他在《财富的福音》一书中宣布：“我不再努力挣更多的财富”，并开始实施把财富奉献给社会的伟大计划。1901年，在卡内基引退后的第一年，他拿出500万美元为炼钢工人设立了救济和养老基金，以向帮助他取得事业成功的员工们表示感谢。

早在1881年，卡内基就捐建了第一座图书馆，在之后的16年里，他在纽约市捐款建立了68座图书馆，以帮助家境贫穷但立志高远的年轻人，之后又陆续在美国、加拿大、英国捐建了2500余座公共图书馆，一共捐资1200万美元，一生共兴建图书馆近3000座。

卡内基之所以捐建如此多的图书馆，源于他少年时期的经历。卡内基1835年11月25日出生于苏格兰丹佛姆林一个纺织工人家庭，父亲是织布工，母亲以缝鞋为副业。1848年，卡内基一家移居美国匹兹堡。

当时，他们家极为贫穷，他 13 岁便开始打工，进过棉纺厂，在电报公司当过邮递员，干过电报员。一天，卡内基听说，阿尔勒格尼有一位名叫詹姆士 · 安德森的上校出于慈善目的，将自己藏有 400 册图书的图书室向童工开放，给他们创造获取知识的条件，这使处于人生黄金时期的卡内基有了看书的机会。知识的大门在少年卡内基面前打开，每天他都如饥似渴地畅游在书中，与一个崭新的知识世界接触。这让他欣喜若狂，一天不看书，便感觉心神不宁，于是他把业余时间全部交给了从安德森上校图书室借来的图书。他曾在自传中写道："安德森上校的慷慨，达成了我读书的愿望。……数百万计的财富都不足与之交换。如果没有书，生活将变得不可容忍。""从此，我的生命仿佛打开了一扇窗，知识之光从那里透射进来，照耀着我。尽管每天工作辛劳，值班时长夜漫漫，但我的心却被书所照亮。每当想起周六又能借到新书，就觉得自己的未来光明无限……""没有什么比建立一座公共图书馆更能体现金钱的价值了。"当卡内基有所成就时，做的第一件事情就是为恩人安德森上校建立了一座纪念碑，表达他对安德森上校永远的感激之情。也许这可以解释，亿万富翁卡内基为何日后如此重视捐建公共图书馆。

卡内基之所以受到世人的尊敬，不仅仅因为他是一位成功的企业家，更重要的是因为他在事业成功之后，毫不犹豫地将自己庞大的财富几乎全部捐献给了社会公益事业。早在 33 岁那年，卡内基就在日记中写下这样一段话："对金钱执迷的人，是品格卑贱的人。如果我一直追求能赚钱的事业，有一天自己也一定会堕落下去。假使将来我能够获得某种程度的财富，就要把它用在社会福利上。"

1919 年卡内基去世后，他的"卡内基公司"仍在实施他的捐献计划，世界上许多地区的人们因此而受益。

十一、中国第一位系统提出新式图书馆思想的先驱——郑观应

郑观应（1842年—1922年），本名官应，字正翔，号陶斋，别号杞忧生，晚年自号罗浮偫鹤山人。祖籍广东香山县（今中山市）三乡镇雍陌村。他是中国近代改良主义先驱，是最早具有完整维新思想体系的理论家、启蒙思想家，也是实业家、教育家、文学家、慈善家和热忱的爱国者。

1858年（咸丰八年），郑观应到上海学商，先后在英商宝顺洋行、太古轮船公司任买办；历任上海电报局总办，轮船招商局帮办、总办，上海机器织布局总办等职，还创办过贸易、航运等企业。由于他长期接触“洋务”，对西方的事务较为了解，因而产生了许多卓越的见解。中法战争[1]时，他曾往暹罗、西贡、新加坡等地调查了解敌情，逐一绘图并文字注明。他曾隐居澳门近6年，撰成著名的《盛世危言》一书，1892年（光绪十八年）刊行。其中第四卷《藏书》系统地论述了他的社会图书馆思想，基本上包括了近代新型图书馆思想的主要精髓。具体内容为：

1. 详细介绍英、法、德、俄、日、意等西方国家的图书馆事业，赞扬这些国家政府投资建馆、向公众开放的做法，抨击中国藏书楼“私而不公”，“子孙未必能读，戚友无由借观，或鼠啮蠹蚀，厄于水火”的弊端，这也正是中国藏书楼与西方图书馆的本质性区别。郑观应是第一位从西方图书馆思想角度揭示私藏之弊病，阐释公藏之利益的中国士大夫。

2. 将兴建公共藏书楼即新型图书馆提到了救国救民的高度来加以

论述。他认为：中国广泛兴建西方式的图书馆，可使国家兴盛，对内可富国强兵，对外可自强称雄。

3. 参考西方图书馆的模式，对兴建中国式的公共藏书楼提出了具体措施，如以官办为主、向全社会开放、多渠道获取购书经费等。郑观应与周永年等人的藏书公开的主张不同，他以西方图书馆作为审视的尺度，重新认识和论述了中国的新式图书馆事业，使中国图书馆思想的形成产生了一次实质性的飞跃。

郑观应晚年政治表现落伍，拥护“立宪”，反对革命，但又对袁世凯称帝、张勋复辟和军阀混战不满。1922 年 5 月，郑观应病逝于上海招商公学宿舍。

注释

[1] 中法战争：又称清法战争，是由于法国侵略越南并进而侵略中国而引起的一次战争，时间为 1883 年 12 月至 1885 年 4 月（光绪九年十一月至十一年二月），共计 1 年零 4 个月。战争的第一阶段战场在越南北部；第二阶段扩大到中国东南沿海。受此次战争的影响，清廷在台湾设省，以刘铭传为巡抚大力推展现代化防务及新政，并积极筹建北洋水师。

十二、古来藏书家中第一位“与人共读者”——国英

国英是满清贵族，字鼎臣，满姓索卓络，道光年间曾任内阁中书。他的文化修养不算高，“仅习满汉文字”，但却酷爱典籍，“廉俸所余，独以购书”。他对藏书家“秘不示人”而寒儒苦无书可读的状况颇有感慨，曾与志同道合者共同建立了“崇正义塾”，专供贫寒士人读书。晚年，他辞官归里，在家族宗祠旁建造了一座藏书楼，名曰“共读楼”，将平生所藏图书2万余卷、法帖400余册，全部对士人开发。

国英认为，藏书公开不仅是为了图书物尽其用，而且也是对社会的一种贡献，可以让更多的人通过读书，获取知识，安定社会，为国效力。因此，共读楼主要收藏实用的图书，以供贫穷书生阅读之用。国英为藏书楼撰写了一篇《共读楼条约》，内容归纳为：藏书楼定期对外开放；楼内阅览，书不出楼；读书者需有相识亲友介绍，每次不超过20人；对藏书严加保护。

国英摒弃只重珍藏古书善本陈习、以实用和开放为目标的藏书思想，是超越同时代藏书家的一个有胆识的见解。与周永年“儒藏说”相比，他们有异曲同工之处，但在实践上，国英的做法却取得了相当的成功。共读楼虽然规模不大，但产生了不小的影响，时人称之为“寒儒之荒年谷”，称国英为古来藏书家中第一位“与人共读者”。

国英所处的时代正处于封建社会向近代社会跨越的时代，西方的改革浪潮不断敲击着中国古代藏书楼的大门，国英和共读楼身上，既有旧时代的烙印，也折射出新世纪的曙光。

十三、国际目录学会创始人——保罗·奥特莱

保罗·奥特莱（Paul Otlet，有的译为奥特雷特）是比利时目录学家和文献学家，年轻时曾是一名律师。

1891 年，保罗·奥特莱加入了不久前在布鲁塞尔成立的社会和政治研究会。该研究会的目录学小组由国际仲裁领域著名学者亨利·拉封丹（Henri La Fontaine，有的译为亨利·拉封登）负责，保罗·奥特莱协助其工作。在 1895 年—1925 年的 30 年里，亨利·拉封丹凭借自己的政治实力，在比利时参议院一直占有一席之地。他与保罗·奥特莱本就认识，比保罗·奥特莱年长 15 岁。1893 年，他们将目录学小组改名为国际社会学书目组织，并且在实践中不断摸索书目分类和书目标准化问题，积累了丰富的经验。

1895 年，保罗·奥特莱有幸得到了早在 1876 年问世的《杜威十进分类法》，他和亨利·拉封丹一致认为，这部分类法不仅对建立社科文献目录，而且对所有学科都适用。

1895 年秋季，保罗·奥特莱和亨利·拉封丹主持召集了国际目录学会第一届会议。这个会议的成功举办，得到了比利时政府的支持，得到了社会团体欧内斯特·索尔维协会以及一些工业家、社会理论家的资助。这次会议决定成立国际目录学会（Institute Internationale de Bibliographie，IIB），当时人们习惯称其国际书目处（IOB），总部设在布鲁塞尔。该学会的宗旨是对人类社会所创造的科学知识进行加工整理。比利时政府默许该学会为政府内部下属的一个半官方组织。国际书

目学会于 1897、1900、1908、1910 年分别召开了 4 届会议。

国际目录学会成立后，采取国际合作的方式，制作了大量的目录卡片，即《世界图书总目》（RUB），并进行了准确的分类排列。所使用的分类方法在《杜威十进分类法》的基础上不断改编，最后演变为闻名于世的《国际十进分类法》（UDC）。

《世界图书总目》发展迅速，1897 年有 150 万条款目，1912 年达到 900 万条，1930 年达到 1600 万条，包括作者文档和分类主题文档，另外还附有一个检索主要文档的附加文档。

1910 年，保罗 · 奥特莱和亨利 · 拉封丹召集了国际协会联合会的首届世界代表大会，保罗·奥特莱提出了“世界宫”计划，国际博物馆、国际书目处以及其他一些组织共同组成了“世界宫”并开始运行。20 世纪 20 年代初期，“世界宫”增设了一所国际大学。1934 年，比利时政府关闭了“世界宫”，只有国际书目处和国际协会联合会继续保留。

1931 年，国际书目学会更名为“国际文献学会”（International Federation of Documentation，IID），1937 年更名为“国际文献联合会”（FID），20 世纪 90 年代初，更名为“国际科学技术信息联合会”（International Council for Scientific and Technical Information，ICSIT）。

保罗 · 奥特莱一生为目录学的发展做出了极大的贡献，不仅成立了国际目录学会，而且为《国际十进分类法》的诞生进行了积极的探索。他和同事们建立了资料库检索系统——“记录卡片和卡片柜技术”，他认为卡片标准应为 3″ × 5″ 以及活页标准心度的发现。这两点对目录理论与实践的发展产生了整整 30 年的巨大影响。1906 年，他还提出使用标准化缩微平片这一新型载体。

十四、中国近代图书馆事业的主要开拓者和近代图书馆学的主要奠基人——梁启超

梁启超（1873 年—1929 年），广东省新会熊子乡人，字卓如、任甫，号任公，自称饮冰室主人、饮冰子、哀时客、中国之新民、自由斋主人，清朝光绪年间举人，中国近代思想家、政治家、教育家、史学家、文学家，戊戌变法（百日维新）领袖之一、中国近代维新派代表人物，还是中国近代图书馆事业的主要开拓者和近代图书馆学的主要奠基人。

梁启超家藏图书不多，读书面亦窄。1889 年（光绪十五年），梁启超 16 岁中举人，第二年就学于广州康有为创办的万木草堂，拜 31 岁的秀才康有为为师。万木草堂的“书藏”（图书馆）有丰富的图书资源，学生可以无保留地随意阅览，甚至由学生自行管理。梁启超在此阅读了大量图书，接受新思潮，学习治学方法。在读书中，他逐步形成了终身坚持的两个习惯：一是做读书笔记；二是读书讲究致用。这对后来他倾心图书馆事业、关注考订学和书目学大有影响。与此同时，他开始从事近代图书馆活动，为万木草堂征集捐书。他意识到，封建藏书楼的“重藏轻用”已不适应时代的发展，中国迫切需要引进西方面向民众开放的新型图书馆思想。1896 年，梁启超在其主编的《时务报》创刊号上，称“泰西教育人才之道，计有三事，曰学校，曰新闻馆，曰书籍馆”。书籍馆即图书馆，梁启超第一次使用来源于“日文”的“图书馆”一词。据《在辞典中出现的“图书馆”》一文所说，“图书馆”一词于 1877 年最早出现在日本的文献中，而最早在我国文献中出现，当推《教育世界》1894

年第62期中所刊出的《拟设简便图书馆说》一文。1903年，清政府在《奏定大学堂章程》中正式采用了“图书馆”一词。

梁启超对中国图书馆事业的贡献：

1. 提倡和支持开办各种图书馆。梁启超利用一切机会宣传建立图书馆，他与康有为共同发起成立了具有公共图书馆性质的“强书会”（即强学书局）。在强书会成立时，他提出该会应办五件大事，其中第三件就是“开大图书馆”；他在《莅北京大学校欢迎会演说词》中强调，不仅高等和中等学校应该设立图书馆，其他类型学校也应如此。

2. 创办松坡图书馆。1916年陆军上将蔡锷（字松坡）病逝，梁启超撰写悼文并在其公祭大会上亲自宣读。之后，他与友人在上海创办了纪念蔡锷将军的“松社”，并提议建立纪念性图书馆。1923年11月3日，“松坡图书馆”在政府的应允支持下正式成立。梁启超自任馆长，亲自撰写了《松坡图书馆记》《松坡图书馆劝捐启》。

3. 致力于中国图书馆事业。1925年，中国图书馆界第一个全国性学术团体——中华图书馆协会成立，他被推选为第一任董事长，次年国内最大的公共图书馆——北平图书馆成立，他又被任命为馆长，加上松坡图书馆馆长，梁启超一人身兼三职，创造了当时图书馆任职的最高纪录，也为他投身于图书馆事业提供了条件。

4. 培养图书馆专门人才。他在《中华图书馆协会成立演说词》中，提出协会的主要任务有两项：一是建设中国的图书馆学，二是培养管理图书馆的人才。他邀请自己的弟子参与图书馆的目录编纂工作，从实践中指导、培养人才，而他的弟子也确有成才者，比如谢国祯、姚名达等，后来都成为目录学家。

5. 积极办报和办刊。梁启超创办了一系列报纸杂志，如《万国公报》（1895年底更名为《中外纪闻》）、《时务报》（1896年）、《庸言》（1912年）、

《大中华》(1915年)。在日本期间，梁启超在东京创办了《清议报》和《新民丛报》等。

6. 开创捐书之先河。梁启超病重期间，多次给有关人员写信，商议筹措经费和撰写《图书馆小史》等事宜，并立下遗嘱，将毕生所藏图书全部无偿捐赠给国立北平图书馆，完成其一生对中国图书馆事业最后的贡献。1930年2月，其子女完成了他的遗愿，共捐出41089册图书、碑帖千余种以及手稿和书札等若干件珍贵物品。次年，国立北平图书馆新馆落成，专辟梁启超纪念室，并印制《饮冰室藏书目录》，在大厅供奉梁启超塑像以示纪念。梁启超的捐书义举，在当时我国图书馆界引起巨大震动。

十五、介绍外国图书分类法第一人及中国童话鼻祖——孙毓修

孙毓修（1871 年—1922 年），字星如，一字恂如，号留庵，自署小渌天主人，清末目录学家、藏书家、图书馆学家，中国童话鼻祖，1871 年生于江苏无锡城郊孙巷一个小知识分子家庭。

孙毓修 9 岁丧母，幼时深受塾师舅父崇尚书香的影响，养成爱读书、好买书、喜藏书的习惯。1895 年，孙毓修中秀才，随后考入清末江南著名学府——江阴南菁书院。他勤修经学及古文，并学习文章考据学和图书版本目录学，打下了很好的国学基础，后到苏州中西学堂任教。1902 年春，他向美国牧师赖昂女士学习英文，开始涉猎西方文化，逐渐历练成熟悉中西文化的博学者。他决心从事著译，并将学习心得写成《中英文字比较论》。

1907 年，孙毓修经无锡同乡沈缦云介绍，进入上海商务印书馆编译所工作，任高级编辑，主要编辑中小学教科书。其间，时任编译所负责人的张元济非常赏识孙毓修兼有中西学的造诣，委任其为商务印书馆筹建图书馆。其实早在 1904 年，商务印书馆编译所就有了自己的图书室，但收藏的书籍有限。孙毓修领命后，竭尽全力收集古籍，鉴别版本，兼购西文图书。1908 年，商务印书馆购得绍兴徐氏、太仓顾氏、长洲蒋氏的藏书，图书馆于次年建成，孙毓修为图书馆起名“涵芬楼”，寓意“含善本书香、知识芬芳”，孙毓修出任涵芬楼负责人。

1909 年，孙毓修撰写了长达 2 万余字的《图书馆》一文。这是一篇较早而系统地研究公共图书馆的著述，被誉为中国近代图书馆学的开

山之作。文中倡导图书馆应“注重平民教育，进行图书普及工作，以启迪民智，唤起民众”，比较详细地介绍了美国图书馆学家梅尔维尔·杜威（Melvil Dewey）编纂的《图书十进分类法》。孙毓修由此被誉为向国人“介绍外国图书分类法第一人”。该文在商务印书馆出版的《教育杂志》1909 年—1910 年连载数期。

1909 年，孙毓修调入国文部主编《童话》丛书。同年 3 月，他参照《泰西五十轶事》等西欧童话传说，编写了《无猫国》《大拇指》等儿童读物。同时，他发挥其广读英文书刊的优势，尝试对中西文化的评论。他先在《东方杂志》发表了《读欧美名家小说札记》，1913 年又在《小说月报》上连载《欧美小说丛谈》，对欧美诸多名著及著名作家进行评介。这些“丛谈”后来结集出版，是我国最早对欧美文学进行评论的专著，是文学翻译史上填补空白之力作。

与此同时，孙毓修陆续主编童话达 102 种，其中由他自己编写的有 77 种，其中《梦游：未来世界》抒发了他对祖国前途的憧憬，从而使儿童文学成为独立的图书类别。他的作品富有生活情趣，语言优美，图文并茂，深受当时少年儿童的喜爱。著名作家茅盾、张天翼、赵景深、陈伯吹等都曾身受感染，茅盾称他为“中国童话开山祖师”。

1915 年，孙毓修在商务印书馆涵芬楼从事善本古籍的搜集和鉴定。1919 年，孙毓修主持影印《四部丛刊》工作，先后出版了《四部丛刊初编》《四部丛刊续编》《四部丛刊三编》。为了搜集善本，他不辞劳苦，3 年间往来于南京江南图书馆及常熟铁琴铜剑楼不下 10 余次，撰成《江南阅书记》1 卷，详叙本末，以资考证。

孙毓修还是位藏书家，自家有“小渌天庵”藏书楼，收藏珍本数万卷，藏书多来自于明代安国和卢址的旧藏，且宋、明刊本颇多。他专门编撰了《小渌天孙氏鉴藏善本书目》，著录图书 482 种。他将收集所及，撰成《重印四部丛刊书录》，另著有《永乐大典考》4 卷、《事略》2 卷、《书目考》和被教育界用作教科书的《谦本图旅行记》。

1918 年，孙毓修出版了自己的专著《中国雕版源流考》，书中对中国古籍版本的发展源流进行了概述，是中国最早的雕版印刷史专著。

1922 年（有的文献为 1923 年）1 月 22 日，孙毓修逝世。

十六、中国在图书馆设立“读者指导部”第一人——史量才

史量才（1880 年—1934 年），名家修，江苏南京人，是杰出的商人、教育家和 20 世纪初中国最出色的报业巨子。作为上海的报业大王，史量才曾经说过很著名的一句话：“国有国格，报有报格，人有人格。”

1912 年，史量才任申报馆总经理，他主导创办了我国第一所流通图书馆——申报流通图书馆，聘任爱国人士李公朴为馆长。他要求李公朴强化读者宣传，为此，图书馆专门成立了读者指导部，这是我国图书馆首次设立这一部门。

读者指导部向附近的店员、学徒、工人广为宣传图书馆，散发“借书简章”，鼓励读书，免费借书，送书上门，开展“邮借”业务，每两周公布一次新书，每月编制新书目录，要求每个读者介绍 5 个以上的新读者参加流通阅读。这一系列的读者指导和宣传活动，使图书馆极具影响力。读者指导部起到了推动图书馆发挥社会教育职能的作用，开拓了图书馆从未有过的新业务，而且还定格为一项日常例行工作，是中国自有图书馆以来开先河之举。

作为报人，史量才坚持捍卫言论自由，不为国民党政权所摆布。据著名报人徐铸成在《报海旧闻》一书中记述：蒋介石对《申报》不大听话大为不满，让杜月笙随史量才来南京谈话。蒋介石沉下脸对史量才说：“不要把我惹火，我手下有一百万兵。”史量才冷冷地回答：“对不起，我手下也有一百万读者。”这句被认为是“敬酒不吃吃罚酒”的话，

也为他后来被枪杀埋下了伏笔。1934 年 10 月，史量才因胃病复发，前往其杭州的寓所秋水山庄疗养。11 月 13 日傍晚，他在返回上海途中惨遭国民党特务暗杀，时年 54 岁。

十七、“中国图书馆学教育之父”、赴美攻读图书馆学第一人
——沈祖荣

沈祖荣（1884 年—1977 年），字绍期，英文名 Samuel Tsu-Yung Seng，中国图书馆学家，一生为中国图书馆事业奋斗，被誉为“中国图书馆学教育之父”。

1884 年 9 月 11 日，沈祖荣生于湖北宜昌一个贫苦家庭，祖辈一直是长江上的纤夫。他的父亲后来在城区的江边开了一个小餐馆，少年沈祖荣在餐馆里帮忙打理。1899 年，15 岁的沈祖荣进入宜昌圣公会教堂做勤杂工。1901 年，他被推荐到武昌思文学校就读，1905 年毕业于武昌文华书院，留校任图书馆员。1907 年，沈祖荣被学校推荐到文华大学学习，1911 年 1 月获得文华大学首届学士学位，并就职于“文华公书林”。1914 年，沈祖荣受韦棣华女士资助，赴美国纽约攻读图书馆学，成为中国首位留洋攻读图书馆学的学子。1916 年，他获得哥伦比亚大学理学学士学位，成为获得图书馆学专业学位的第一位中国人，1917 年回国。

沈祖荣回国后继续在“文华公书林”工作。1917 年，他发起了席卷全国的新图书馆运动，出版了我国第一部中西混合制图书分类法《仿杜威书目十类法》；1920 年，他与韦棣华女士共同创办了我国第一个图书馆学教育机构——文华图书科，与韦棣华、胡庆生一道，除在图书馆工作外，还兼任教学工作。

1925 年，沈祖荣参与发起成立中华图书馆协会，并长期在其中担

任主要职务。

1929年，文华图书科发展成为独立的图书馆学教育机构——私立武昌文华图书馆学专科学校，沈祖荣任该校校长，为中国培养出一批批图书馆专业人才。他还创办了民国时期的三大图书馆学刊物之一——《文化图书馆学专科学校季刊》，并在这一年作为中华图书馆协会的唯一代表，参加了国际图书馆协会联合会（IFLA）第一次年会。

1941年，沈祖荣在文华图书馆专科学校创办档案管理科，此举开中国档案学教育之先河。1952年，文华图书馆专科学校并入武汉大学，更名为图书馆专修科，沈祖荣进入武汉大学任职。

沈祖荣担任“文华”校长近30年，从事图书馆工作42年，截至1957年，教授图书馆学超过40年，桃李满天下。在整个中国20世纪上半叶，大部分图书馆学的专门人才都是沈祖荣的学生。

“文化大革命”中，耄耋之年的沈祖荣受尽了非人的折磨和迫害，但他以顽强的毅力、坚强的意志和乐观的态度，面对“CC分子”[1]、“美蒋文化大特务”、“亲美洋奴”等数顶帽子的诬陷。

1977年2月3日，沈祖荣带着对图书馆事业的无限眷恋和希望，在江西庐山仙逝，享年94岁。

广州中山大学图书馆馆长程焕文曾撰文以纪念：“一代宗师沈祖荣先生明知‘图书馆员的生活是繁重的’、‘麻烦的’、‘艰难的’、‘清苦的’和‘使人灰心的’，但仍然犹如泰山一般坚定而毫不动摇地信仰中国图书馆事业，与中国图书馆事业同呼吸共命运，为中国图书馆事业鞠躬尽瘁。其崇高的图书馆精神可谓是惊天地、泣鬼神，令人仰止。”

注释

[1] “CC 分子”：是指“CC 系”的成员。“CC 系”是指 1927 年 9 月在上海成立的“中央俱乐部”（Central Club 的简称），是一个政治派系，其实力主要分布在国民党中央党务部门，如组织部、中统局、地方各级党部和教育系统，尤其是大学。也有称“CC 系”中的 CC 是中统创始人陈立夫和陈果夫姓氏的第一个字母，但其二人数十年来一直否认“CC 系”的存在，其骨干分子亦大多缄口不谈。

十八、中国阅读敦煌卷子第一人
——陈垣

陈垣（1880 年—1971 年），字援庵，又字圆庵，广东新会人，出身药商家庭，是我国历史学家、宗教史学家和教育家。1926—1952 年，他任辅仁大学校长；1952—1971 年任北京师范大学校长。1949 年以前，他曾担任京师图书馆馆长、故宫博物院图书馆馆长和由京师图书馆改名的北平图书馆的馆长，即国家图书馆馆长。1949 年后，他曾任中国科学院历史研究所第二所所长，历任第一、二、三届全国人民代表大会常务委员会委员。

1922 年春，陈垣在教育部次长任上兼任京师图书馆馆长。其间，他对被英法掠夺后所剩余的 8000 敦煌经卷进行了彻底梳理。他日阅百卷，历时 3 个月，终于尽数读完。他是中国阅读敦煌卷子的第一人，也是对这些当时还不为人们注重的敦煌卷子做出了高度评价的大学者，1948 年 3 月当选中央研究院院士。

1951 年 11 月，全国政协召开一届三次会议。会后，毛泽东主席在怀仁堂举行国宴，与陈垣同席。毛泽东主席向大家介绍说："这是陈垣，读书很多，是我们国家的国宝。"

陈垣在政治上始终与时俱进，青年时代便投身反清斗争。1959 年，79 岁高龄的陈垣加入了中国共产党，实现了自己政治上的追求。

陈垣一生钻研学问，笔耕不辍，具有丰富的历史知识，在宗教史、校勘学、文献学和元史等方面均有卓越的研究成果，著作等身。"文化大革命"时期，他被软禁，1971 年 6 月饮恨以殁。

陈垣的主要著述有《元西域人华化考》《校勘学释例》《史讳举例》及《通鉴胡注表微》等，另有《陈垣学术论文集》刊行。他的许多著作成为史学领域的经典，有些被翻译成英文、日文，在美国、德国、日本出版。

陈垣在学界的声誉很高,他与陈寅恪并称“史学二陈”。陈垣的《元西域人华化考》公开发表之后，在中外学术界引起巨大的轰动，蔡元培称此书为“石破天惊”之作。1922 年胡适曾断言 ：“南方史学勤苦而太信古，北方史学能疑古而学问太简陋，将来中国的新史学须有北方的疑古精神和南方的勤学工夫。能够融南北之长而去其短者，首推王国维与陈垣。”

十九、“汉字号码索引法”发明人
——林语堂

林语堂（1895 年—1976 年），原名和乐，后改名玉堂，又改名语堂，中国现代著名作家、学者、翻译家、语言学家，新道家代表人物。1895 年 10 月 3 日，他出生于福建漳州平和县坂仔镇一个基督教牧师家庭；1912 年入上海圣约翰大学；1919 年秋赴美哈佛大学文学系留学；1922 年获文学硕士学位；1923 年在德国莱比锡大学获语言学博士学位。回国后，他在清华大学、北京大学、厦门大学任教，曾任联合国教科文组织美术与文学主任、国际笔会副会长等职。

1924 年，林语堂创制了别树一帜的“汉字号码索引法”，提出“首末笔画在字外围，不可跟字母笔顺入于中部”，并认定“凡一字必须有四个号码以定其位置”。同年，又在《中国图书馆协会专刊》刊登创制的“国音新韵检字”。鉴于他对目录学索引的创意和贡献，未满而立之年的林语堂当选为中国图书馆协会索引委员会会长。

林语堂于 1940 年和 1950 年先后两度获得诺贝尔文学奖提名，曾创办《论语》《人世间》《宇宙风》等刊物，作品包括：小说《京华烟云》《啼笑皆非》《红牡丹》，散文和杂文文集《人生的盛宴》《生活的艺术》以及译著《东坡诗文选》《浮生六记》等。

1966 年，林语堂定居台湾，1976 年 3 月 26 日在香港逝世，享年 80 岁。

二十、创建近代中国图书馆学体系第一人
——杜定友

杜定友，原籍广东南海，1898 年 1 月 7 日生于上海，1967 年 3 月 13 日卒于广州。他是中国著名的图书馆学家，一生致力于图书馆学的研究，对中国图书馆事业的发展贡献巨大，受到图书馆界的尊敬和爱戴，被誉为“我国近代图书馆事业和近代图书馆学的奠基人之一”、“我国图书馆学史乃至世界图书馆学史上屈指可数的理论大家之一”。

杜定友 21 岁被上海交大附中保送到菲律宾大学留学，是该校图书馆学系的第一位中国留学生。菲律宾大学创办于 1908 年，为美国政府所设，其管理与课程均效仿美国大学制度，图书馆学专业由美国教授亲执教鞭。经过 3 年的勤奋学习，杜定友于 1921 年毕业，获得图书馆学、教育学、文学三个学士学位和中学教师资格证书，然后欣然回国，报效祖国。

1922 年，杜定友在广州创办“广东省图书馆管理员养成所”；1923 年受聘复旦大学图书馆主任；1924 年出版被称为民国时期四大分类法之一的《世界图书分类法》；1925 年任上海交通大学图书馆馆长，同年创办上海国民大学图书馆学系，在上海发起创办中华图书馆协会，发表《汉字排字法》，出版《图书馆学通论》；1926 年任中山大学图书馆馆长；1927 年出版《图书馆学概论》；1930 年发表《校雠新义》；1956 年编制《中小型图书馆图书分类法草案》；1963 年创办我国建国后第一个图书馆学会——广东图书馆学会。

杜定友一生共撰写著作 86 种，其中正式出版或刊行 55 种，撰写论

文 512 篇，其中正式发表 320 篇，共约 600 余万字，这是我国近现代图书馆学史上所仅见的。他的学术成就主要体现在图书馆学理论、图书分类学、汉字排检法、地方文献研究、图书馆建筑和设备等诸多方面，而以图书馆学理论和图书分类学最为精达。他将东西方图书馆学融为一体，形成了具有中国特色的图书馆学理论，在中国图书馆学史上留下了光辉的一页。

1926 年，杜定友在《图书馆学的内容和方法》一文中指出，图书馆学与其他专门学一样包括两个内容："第一是原理，第二是应用，而应用是根据于原理而来的。图书馆学若是只有目录分类方法、书籍排列方法那种机械的事——在一般人的眼光看来，图书馆只有干这些事——那么当然不值得研究；只能称为技艺，不能称为科学。但图书馆学所以能成为科学，是因为图书馆现在已成为一种活的教育机关。"杜定友此处的表述与阮冈纳赞关于"图书馆是一个发展的有机体"的认识有相似之处。

1927 年，杜定友在《图书馆学概论》中明确提出，图书馆有积极保存、科学处理和活用益人等功能，并创造性地将图书馆的发展划分为保守、被动、自动三个时期。

1928 年，杜定友在《研究图书馆学的心得》一文中认为，图书馆就如同人的大脑，其功用"就是社会上一切人的记忆，实际上就是社会上一切人的公共脑子。图书馆学则是专门研究人类学问记载的产生、保存与应用的"，这种认识又类似巴特勒的观点。

1932 年，杜定友发表《图书馆管理方法新观点》一文，指出图书馆事业的理论基础可称为"三位一体"，三位者，一为"书"（包括图书等一切文化记载），二为"人"（即阅览者），三为"法"（包括图书馆的设备、管理方法、管理人才等），三者是"三位一体"的关系。这就是著名的“三要素说”，它堪称杜定友图书馆学理论的精华。

图书分类学是杜定友偏爱的一个领域，这点与阮冈纳赞一样。他回国后，多次修改1935年定型的、当时极有影响的《杜氏图书分类法》。1950年，杜定友首倡新中国图书分类法应以马列主义、毛泽东思想关于科学分类的理论为指导思想，表明了杜定友在历经战乱后思想认识的升华。1962年，他发表《图书分类法的路向》一文，将自己在图书分类领域的精深造诣和远见卓识体现得淋漓尽致。

杜定友对中国图书馆事业的贡献是全方位的，除上述贡献外，还有两点在中国图书馆历史中留下深刻的印记：

1．提出“读者至上”、“一切为了读者”等口号。

杜定友在办馆过程中，始终把读者需要放在首位，提出了“读者至上”、“一切为了读者”等口号。他将国外先进的管理理念和服务模式引入中国，融汇在实际工作中，积极推进开架阅览和图书外借，这些做法一直沿用至今。

2．杜定友一生致力于图书馆事业，不仅在图书馆理论与实践中有颇多论述和研究，还善于发明创造，最有影响的就是创造了一个多音字“圕”。

1924年，杜定友认为“图书馆”三字笔画繁多，书写不便，当时我国还是繁体字，于是发明了一个新字“圕”，读音为“图书馆”，是一个多音字。1926年，他赴日本旅游，与日本图书馆界同人谈及此字，受到颇多赞赏。当时，日本图书馆界正计划创办一份图书馆杂志，于是采用了“圕”为刊名。后来，杜定友收到了《圕》创刊号，他统计了一下，在40页的刊物中，共使用“圕”字436次。

1929年，中华图书馆协会在南京金陵大学召开第一次年会，大会共收到170余件提案，杜定友提出的“采用‘圕’新字案”最终被行政组决议通过。同年7月，中华图书馆协会致函各图书馆指导工作，其中要求各馆广泛使用“圕”字，函中所言：“‘圕’字为图书馆三字之缩写，于图书馆界同人事务上至为经济便利，已经大会决议通过，亦望广为应用。”该公文中凡“图书馆”三字均由“圕”代替。

上海《申报》1929年2月2日报道中华图书馆协会第一次年会消息时，稿件中已使用“圕”。从此，“圕”在文化学术界开始流行，并被多部字典收录。现在中山大学图书馆馆徽采纳了该字的设计。关于图书馆学理论，杜定友1925年出版的《图书馆通论》一书将图书馆置于社会大系统中进行思考，认为图书馆事业发展的因素主要包括人才、书籍、财力和时势四个方面，这种认识冲破了传统的图书馆学理论。

1988年，书目文献出版社出版了《杜定友图书馆学论文选集》，以纪念他为中国图书馆事业所做出的卓越贡献。

二十一、中国图书馆学博士第一人
——桂质柏

桂质柏（1900 年—1969 年），曾用名桂竹安，1900 年 8 月生于湖北江夏，4 岁读私塾，7 岁开始接触中学课本，熟读“四书五经”、唐诗、古文。1918 年，桂质柏以优异的理科成绩考入武昌文华大学。1920 年 3 月，文华图书科创办，桂质柏以大学二年级资格攻读图书馆学，成为文华图书科的首批学员，1922 年获得文学学士学位和图书馆学学士学位。1923 年至 1925 年，桂质柏在山东齐鲁大学图书馆工作，担任书目检索、图书采编、文献典藏等部门的负责人，同时在该校讲授中外文学发展史、英语基础课等。

1926 年，桂质柏收到美国纽约哥伦比亚大学攻读硕士学位的邀请函赴美留学。在留学期间，他半工半读，勤奋学习，1928 年获得该校图书馆管理学院硕士学位。之后，他到加拿大麦基尔大学从事图书馆学、图书馆分类学的研究并授课。

1929 年，桂质柏考取美国芝加哥大学图书馆研究学院图书馆学博士，1931 年通过了博士论文《中文图书经营法》的答辩，成为中国第一个图书馆学博士，也是该校 1928 年开办图书馆研究学院以来授予的第二个图书馆学博士。

1931 年 6 月，桂质柏经中华图书馆协会介绍，受时任东北大学校长张学良先生的邀请，回国在东北大学担任该校图书馆馆长兼外国文学系教授。1932 年 8 月，桂质柏被南京中央大学罗家伦校长聘请为图书馆主任。

1935 年，桂质柏担任中华图书馆协会执行委员会执行委员，同年 8 月被四川大学校长任鸿隽聘请为四川大学图书馆馆长。在任职期间，他把传统藏书楼式的图书馆改造成现代美式新型图书馆，不仅采用书名、著者、分类等卡片式目录，而且创建了主题目录。1938 年，四川大学委任桂质柏为川军抗战史料收集整理委员会委员。

1940 年 5 月，桂质柏被乐山武汉大学校长王星拱聘请为武汉大学图书馆馆长兼文学院教授。

1956 年，桂质柏受中国科学院中南分院谢文生院长的请求，由武汉大学调任中国科学院武汉分院图书馆馆长。1956 年 8 月至 1971 年 3 月，他积极筹建新馆舍，配备各种干部和专业人员，拟定各种规章制度，收集文献资料，开展参考咨询，初步建成以自然科学文献为主体的藏书体系和目录体系。

桂质柏先生一生致力于图书馆工作、图书馆学教育与研究工作，治学严谨，注重实践，是驰名海内外的图书馆学家，为我国图书馆事业和图书馆学研究做出了重要贡献。其贡献主要表现在六个方面：

1. 组织管理。桂质柏提出图书馆要从“以图书为中心”转为“以知识和信息为中心”、书目管理要向传递方法过渡、图书馆岗位要从什么人都能干转为人员专业化、文献采集避免重复、多渠道满足师生需求、建立健全各工作环节的规章制度等多种管理理念。

2. 编制图书分类法。桂质柏一直致力于分类法的研究，编制了两部分类法：第一部《杜威书目十类法》，1925 年由齐鲁大学图书馆印行；第二部《分类大全》，1935 年由国立中央大学图书馆出版。这两部图书分类法对我国编制分类法起到了先导作用，对打破“中西并行制”起到了一定的作用。

3. 对西文图书编目的研究。20 世纪 50 年代，桂质柏结合自己多年的研究，撰写了《西文图书编目条例》一书，共分为16章，分别阐述了编目工作的注意事项、书名片、主题片、参照片、编者片、辑者片、译者片、合著者片、丛书著录与丛书片、附注项、新增版本著录、附片的著录以及团体名称的著录等问题，并编制条例70余条。该书是我国解放后较早的一部《西方图书编目条例》。

4. 注重参考咨询。桂质柏非常关注科研人员利用科技文献可能遇到的问题，多次撰文介绍《科学研究上的几种西文重要书刊》，提出根据定题提供文献资料，甚至深入科研一线及读者之间调查研究，了解需求，不断改进服务方式，如为科研人员提供相关的目录卡片，送书刊上门，对未入藏文献设法外借或复制，千方百计满足读者需求，深得科研人员的欢迎。

5. 重视选购外文科技期刊。桂质柏提出图书馆工作要以科研需要为出发点。根据他的意见，武汉分院图书馆一直将外文科技期刊作为收藏重点，外文期刊占中外文期刊入藏量的80.5%。

6. 培养干部。桂质柏非常注重培养干部，编写专业教材《图书馆学大纲》《实用英语》《参考书使用法》等，经常举办培训班、进修班和学术讲座，亲自授课，认真讲解。

1969年6月18日，桂质柏因病医治无效，与世长辞。

二十二、“图书馆学五定律”提出者
——阮冈纳赞

阮冈纳赞（Ranganathan，Shiyali Ramamrita），印度著名图书馆学家，1892 年生于印度马德拉斯邦（今泰米尔纳德邦），早年攻读并教授数学，一生从事图书馆工作，1972 年逝世。

1924 年，阮冈纳赞任马德拉斯大学图书馆馆长后，前往英国伦敦大学图书馆学院进修。在这期间，他考察了近百个图书馆。1925 年，他回国继续担任马德拉斯大学图书馆馆长，直至 1944 年。1945 年—1947 年，他任巴纳拉斯印度大学图书馆馆长兼图书馆学教授，1947 年—1954 年任德里大学图书馆学教授。

阮冈纳赞在印度图书馆界和国际图书馆界中享有较高声誉。在国内，他曾担任马德拉斯图书馆协会的秘书长（1928 年—1953 年）、副主席（1948 年—1957 年）、主席（1958 年—1967 年），印度图书馆协会主席（1944 年—1953 年），印度文献标准化工作委员会主席（1947 年—1966 年）。在国际上，他曾担任国际文献联合会的常务秘书（1953 年—1956 年）、副主席（1958 年—1961 年），是该联合会的名誉会员，并先后在该联合会下属的分类法研究委员会、分类法理论委员会、综合分类法委员会中任主席、名誉主席，也曾经是英国图书馆协会的名誉副主席。

阮冈纳赞善于借鉴数学和自然科学的研究方法，潜心探索图书馆工作的规律和方法，成果显著。他一生共发表专著 62 部，有关文献工作的标准、规程 23 件，撰写论文 1500 余篇，内容涉及图书馆学和情报学中的多个领域。最能反映其学术思想的著作有《图书馆学五定律》(*The Five Laws of Library Science*)《冒号分类法》《图书馆与分类理论》等，其中享誉世界的图书馆学名著《图书馆学五定律》于1931年问世，被国际图书馆界誉为“我们职业最简明的表述”。以后，该书被译成多国文字在世界各国图书馆界广为流传。

印度政府为了表彰阮冈纳赞的成就和功绩，于1965年授予他“印度国家研究教授”称号。1970年，美国图书馆协会向他颁发了玛格丽特曼编目与分类奖。阮冈纳赞逝世后，国际文献联合会的分类法研究委员会专门为他设立了“阮冈纳赞分类研究奖”。

《图书馆学五定律》的基本内容：

第一定律：书是为了用的（Books are for use）。

第二定律：每位读者有其书（Every reader his book）。

第三定律：每本书有其读者（Every book its reader）。

第四定律：节省读者的时间（Save the time of the reader）。

第五定律： 图书馆是一个生长着的有机体（A library is a growing organism）。

不少世界著名图书馆学家和许多图书馆界学者对阮冈纳赞的“五定律”给予了高度评价和深入研究，认为“五定律”看似通俗，实际内涵深刻。

第一定律“书是为了用的”，是图书馆学的基本定律，即图书馆的主要职能不是收藏和保存图书，而是使图书得到充分利用。阮冈纳赞在书中详细论述了图书馆贯彻第一定律应采取的对策和措施。例如：(1）打破传统保存图书习惯的限制，使图书藏以致用。(2）从便于读者利用藏书的角度来选择馆址。(3）规范和延长开馆时间。(4）图书馆设备的添置和安装应有利于读者有效地利用藏书。(5）提高图书馆员的专业水

二十三、“中国理论图书馆学先行者”、向国人介绍美国芝加哥学派第一人
——徐家麟

徐家麟（1904 年—1975 年），又名徐行，湖北沙市人，知名教授，中国图书馆学奠基人之一，将美国“芝加哥学派”（Chicago School）[1]介绍给国内学者第一人，被誉为“中国理论图书馆学先行者”，开创显微图书微缩技术。

徐家麟幼年在沙市读私塾，1914 年到长沙读小学，1919 年升入武昌文华中学，1922 年升入武昌华中大学文华图书科，1926 年任北平中华教育改进社图书馆主任、清华大学图书馆中文编目员、燕京大学图书馆中文编目主任。1929 年，我国第一所图书馆学的专门学校——武昌文华图书馆专科学校建立，校长沈祖荣亲自发函邀请徐家麟来校任教。徐家麟先后任讲师、副教授、教务主任，讲授《图书分类法》《图书经营法》《英文参考书》等课程。

1935 年 9 月，徐家麟赴美国哈佛大学、哥伦比亚大学留学，1937 年 8 月获硕士学位。之后，他入职哈佛大学中日文图书馆，1939 年 9 月回国。他先后在已迁至重庆的文华图书馆学专科学校和璧山的苏州社会教育学院图书馆博物馆学系任教授。1950 年，他出任武昌华中大学（后并入华中师范学院）图书馆馆长，1955 年后一直在武汉大学图书馆学系任教授，兼任系主任。

徐家麟毕生从事图书馆学的研究与教育，第一个将美国芝加哥学派介绍给国内学者，竭诚呼吁以科学、理性、会通的态度和方法研究图书

馆学，堪称“中国理论图书馆学先行者”。

徐家麟发表的主要著作和论文有《中文编目论略之论略》《显微摄影制书术的器材与影法图书》《关于图书馆学的认识几点观察》《十五年来我国图书馆干部培养工作》《试论科学图书馆在职干部培养提高工作中的若干问题》等。

1975年，徐家麟去世前留下遗言，将自己收藏的所有图书资料和1万元存款全部捐献给武汉大学图书馆学系。

注释

[1] 芝加哥学派：是指源自于美国芝加哥大学或芝加哥市的许多不同学科学派的统称。芝加哥学派包括芝加哥经济学派、芝加哥社会学派、芝加哥建筑学派、芝加哥传播学派、芝加哥数学分析学派 、芝加哥气象学派等，其中最著名的当属芝加哥经济学派和芝加哥社会学派。

二十四、美籍华人担任美国大学图书馆馆长第一人——李华伟

李华伟（Hwa-wei Lee），美籍华人，享誉世界的杰出图书馆学家，祖籍中国福建省福州市，曾担任美国图书馆学会理事、俄亥俄州图书馆学会理事、华美图书馆员学会会长及理事、国际图联大学及研究图书馆委员会委员等职务。

李华伟1931年1月生于广州，在七兄妹中排行第三；1949年随家人移居台湾，进入台湾省立台中一中读高三；1950年考入台湾省立台湾师范学院教育系，1954年毕业获得教育学士。1957年，他被美国匹兹堡大学录取，获得该校奖学金，赴美攻读教育行政学硕士，最终获得教育硕士、图书馆学硕士，主修教育的哲学博士学位。留学期间，李华伟在匹兹堡大学图书馆打工，负责书库上架，1959年被图书馆正式聘用。1962年，他被匹兹堡城的都肯大学图书馆聘为采访部主任兼该馆非洲特藏部主任，主管书籍的采购和编目。

1965年，李华伟被宾州的爱丁堡州立学院聘为图书馆副馆长兼图书馆系助理教授，次年升为馆长及副教授，成为美国第一位华人高校图书馆馆长，在此期间还一度兼任图书馆学系系主任一职。

1968年，美国国际发展总署向宾州爱丁堡州立学院借调李华伟，派往泰国的亚洲理工学院担任该院首任图书馆及信息中心主任。其间，他应泰国朱拉隆功大学图书馆学系之邀，在该系讲授“图书馆自动化”课程。除此之外，他还多次担任联合国教科文组织、发展计划署和世界粮农组织以及加拿大国际发展及研究中心等机构有关图书馆发展项目的

顾问。

1975 年，李华伟回到美国，应聘担任科罗拉多州立大学图书馆教授级副馆长；1978 年—1999 年任俄亥俄大学图书馆院长级馆长。俄亥俄州图书馆学会特别授予他终身荣誉馆员的称号（Ohio Hall of Fame Librarian）。

1982 年，李华伟博士以外国专家身份第一次回到久别的祖国，受到许多图书馆界同行的敬重。他在国际图书馆界的名望和成就很快引起许多高校的关注和兴趣，几乎每年都有不少院校邀请他回国讲学。他先后受聘于北京大学、清华大学、北京师范大学、北京邮电大学、西安交通大学、南开大学、武汉大学、四川联合大学、东北师范大学、天津理工学院等为客座教授，同时，担任中国科学院武汉文献信息中心、兰州文献信息中心以及中国国家图书馆顾问。

李华伟利用自己的影响，在联合国教科文组织的赞助下，设立了国际图书馆员培训计划，先后有来自世界各地 160 多位学员完成培训，其中近百人来自中国大陆。他们都是图书馆馆长、副馆长及部门主任。这一培训计划成为国会图书馆国际合作的典范。

在李华伟博士的倡导下，首届中美图书馆合作会议于 1996 年在北京举行，两国近百位图书馆馆长和专家学者就“全球的信息存取——挑战与机遇”展开热烈讨论。会议取得圆满成功，中美图书馆界的合作从此开始。李华伟博士做了大量牵线搭桥的工作，被誉为“经纬枢纽，华美桥梁”。

1999 年 9 月，李华伟退休。俄亥俄大学董事会为了表彰李华伟先生对俄亥俄大学图书馆做出的贡献，破例将一座新建的图书馆分馆命名为“李华伟图书馆分馆”，他成为第一位有幸被美国大学图书馆命名的馆长。除此之外，该校还特别将总馆的第一层楼重新装修，命名为“李华伟国际藏书中心”。2000 年—2002 年，李华伟任 OCLC（联机计算机图书馆中心）[1] 杰出访问学者。

2003 年，李华伟退而复出，担任美国国会图书馆亚洲部主任，这是美国国会图书馆亚洲部自 1928 年成立以来的第一位华裔主任。

注释

[1] OCLC：即联机计算机图书馆中心（Online Computer Library Center，Inc.），总部设在美国的俄亥俄州。详细内容参见本书“世界上最大的图书馆网络——OCLC”。

二十五、“信息检索”概念的创始人
——C.N. 莫尔斯

C.N. 莫尔斯（Calvin Northrup Mooers，1919 年—1994 年），美国著名科学家，在信息获取领域和 TRAC 编程语言方面成绩显赫，1978 年获得美国信息科学协会颁发的贡献奖。

莫尔斯率先提出了“信息检索”这一概念。1950 年，他告诫人们：“在信息检索中，接受者而非发送者才是活跃的一方。”提醒人们，就图书情报工作而言，对读者的研究更为重要。

莫尔斯“信息检索”概念的提出以及在信息活动中“读者才是活跃的一方”的观点，推动了图书馆信息服务的开展，对图书馆读者服务工作产生了积极的影响，即在服务内容上，更加关注信息的获取；在服务理念上，更加侧重对读者的重视与研究。

二十六、“信息素质”概念的提出者——波尔

波尔，全名波尔·泽可斯基（Paul Zurkowski），美国信息产业协会主席。1974年，波尔向全美图书馆学和信息学委员会提交了一份报告，其中首次使用了“信息素质”一词。他提出，在未来10年内，要在全美实现普及信息素质教育的目标。他将“信息素质”解释为“利用大量的信息工具及主要信息源使问题得到解决的技术和技能”。

信息素质的提出引起图书馆界和信息领域的关注，很多专业人士给出不同的解释，但总体认为信息素质是指“人们在解决问题时利用信息的技能”。1979年，全美信息产业协会对信息素质提供了官方的解释，他们认为，具备信息素质的人是指“掌握了利用信息工具的知识与技能，并应用于解决实际问题”的人。1989年，美国图书馆协会信息素质全国委员会在该年度的年终报告中对信息素质的解释是：具有信息素质的人应该知道何时需要信息，并具有寻找、评价和有效利用所需信息的能力。

信息素质的提出，也使信息素质的培养与教育这一重任自然而然地落在了图书馆的肩头。国内外图书馆界开始探讨、研究信息素质的理论，同时摸索实现信息素质教育的方式方法，这与信息技术的发展形成了相辅相成的同步进展。作为图书馆员，信息素质是必须具备的条件之一。

二十七、“中国现代图书馆之父”
——李大钊

李大钊，字守常，1889 年 10 月 29 日出生于河北乐亭，是中国共产主义的先驱，伟大的马克思主义者、杰出的无产阶级革命家、中国共产党的主要创始人之一，也是学识渊博、勇于开拓的著名学者，1927 年 4 月 28 日英勇就义，年仅 38 岁。

中国在 20 世纪初废除了实行 1000 多年的科举制度，兴办了一些洋学堂，李大钊是新学堂的第一代学生。之后，李大钊又成为第一批留学日本的学生。李大钊 1918 年 1 月至 1922 年 12 月被当时的北京大学校长蔡元培聘为北京大学图书馆主任。

李大钊对中国图书馆事业的贡献是多方面的。

1. 倡导图书馆要发挥社会教育职能。李大钊在北京大学图书馆任职 5 年，正值五四运动前后，也是中国共产党筹建、初创时期。他多次提倡图书馆要在学校教育和社会教育方面发挥作用，并提出了许多改进措施和建议，如通过购入进步书刊传播马克思主义。李大钊在北大图书馆任职期间，北大图书馆订购了大批国内外进步书刊，如《新青年》《劳动者》《先驱》、*Soviet Rusia*、*The New Rusia*、*Communist* 等 10 余种期刊，《共产党宣言》《资本论》《马克思传》等 40 余种马列著作及介绍十月革命经验的外文图书。李大钊利用《北京大学日刊》推介这些进步书刊，指导阅读，在图书馆开辟专题阅览室，让更多的读者了解马克思主义和十月革命。

1920 年 3 月，李大钊在北京大学发起成立了秘密组织——“北京大学马克思学说研究会”，向蔡元培校长申请到了两间房屋作为专门的活动场所，一间为办公室，一间为图书馆。图书馆定名为“亢慕艺斋”，即英文单词“communism”的中文译音，收藏德、英、法、俄、日等文种的马恩列主要代表著作60余种，会员之间相互传阅。李大钊还组织会员进行翻译。1920年10月和1920年12月，北京共产主义小组和北京大学社会主义研究会在“亢慕艺斋”相继成立。邓中夏、高君宇、罗章龙、刘仁静等许多进步青年都将北大图书馆作为学习马克思主义的课堂并在这里迅速成长。毛泽东在回忆他在北大图书馆工作时的情形时说：“我在李大钊手下，在国立北京大学当图书馆管理员的时候，就迅速地朝着马克思主义的方向发展。”李大钊自己也是在任北大图书馆主任期间完成了由民主主义者向共产主义者的转变。

2. 注重对现代图书馆理论与实践的研究。李大钊在北大图书馆期间，先后发表了《在北京高等师范学校图书馆2周年纪念会上的演讲》《关于图书馆的研究》《美国图书馆员之训练》等多篇论文，在图书馆理论研究建设方面的研究与造诣令人叹服，他的许多见解对我国图书馆事业百年来的发展具有深刻的指导意义。

李大钊指出了现代图书馆与藏书楼的根本区别：现代图书馆的特点是既保存图书，又研究图书，要使书籍发挥更大的效用——教育作用，管理员也是研究员；而藏书楼的特点是保存图书不损失，管理员只是守书人。

李大钊还指出现代图书馆与藏书楼的服务对象不同：现代图书馆的服务对象是社会一般民众，而藏书楼的服务对象是统治阶层。

李大钊积极倡导对图书馆专业人才的培养，提高图书馆工作人员的素质。他在《在北京高等师范学校图书馆2周年纪念会上的演讲》中和在北京女子高等师范学校的演讲中，多次提出要在学校增设图书馆专科或图书馆讲习科。

李大钊在《关于图书馆的研究》一文中，以精练的语言详细论述了图书馆采、分、编、典、阅、借等各项主要业务工作。此外，李大钊还非常注意掌握国外图书馆的信息和先进的管理经验。

3. 注重推进馆内各项业务工作，提高全馆业务工作水平。李大钊上任后，推进了若干项措施：

一是制定并实施了一系列规章制度，如《修正图书馆借书规则》《北京大学总务处图书部试行条例》，使图书馆的管理逐步步入规范化、正规化的轨道。1919 年 12 月，由李大钊倡议的"北京大学图书委员会"成立，委员多由各系教授中有名望的学者组成，图书馆主任也是委员。

二是依据《北京大学总务处图书部试行条例》，对机构设置进行了重大调整，成立了登录、购书、编目、典书等 4 个业务课，明确了每个课的具体职能，另设装订室及打字室，使北大图书馆初步呈现现代图书馆的雏形。

三是狠抓工作人员的专业化，带领他们先后到清华大学图书馆、北京高等师范学校图书馆等单位参观学习；在《北京大学日刊》上公开招聘新职员，经考试合格择优录用；为图书馆增聘助教 6 名，由他们根据教学需要，整理加工馆藏，解答咨询，指导阅读，开展学术讲座，举办书刊专题展阅和陈列等学术性工作。

四是将藏书建设落在实处，学校图书委员会第一次会议上做出了"预算案内之添购图书费应定为每年六万元"的决议，使原本波动极大的购书经费逐步趋于稳定，保障藏书建设稳步推进。具体做法是：每年需购置的图书采取由各系报书单至图书馆，再由图书馆提交学校图书委员会审议，通过后方可购买。如教授急需，图书馆可即刻购买，但事后需提交学校图书委员会审议追认。对于期刊的订购，图书馆专门聘请了

2位专家进行审核，其目的是保证书刊的质量和适用性，提高书刊利用率，避免重购及盲目性。

五是着手编制卡片式目录，从1918年10月起，李大钊就编制目录的原则做出决定：根据馆藏情况，参考《杜威十进分类法》，略有变通。截至1923年，完成了书名、著者、分类三套新式西文“简片目录”。中文图书虽仍按经史子集分类，但增设了地理、丛书、类书、科学几类，并计划编制书名、著者、分类三套卡片目录。

六是改变藏书楼积习，加强和改善读者服务工作。李大钊十分推崇开架借阅方式，指出这是“图书馆的新趋势”。他曾尝试开架阅览、建立咨询制度、根据教学需要调整补充馆藏、增加图书复本量、增设第六阅览室（教员阅览室），延长开馆时间每周达80.5小时、暑假期间增加开馆时间，使北大图书馆从封闭式的藏书楼向开放式的现代图书馆转变。他所采取的上述措施对我国大学图书馆工作起到了积极的引领作用。

4. 大力推动图书馆工作的社会化。李大钊非常重视图书馆工作的社会化，在北京女子高等师范学校国文部开设了“图书馆教育”讲座课。1920年暑期，北京高等师范学校举办了“暑期图书馆讲座”，他亲临现场讲授“图书馆教育”，开创了图书馆教育之先河，为社会大众接受、认识、利用、研究图书馆学起到了抛砖引玉的作用。当时的《晨报》称讲习会“每日开讲，座为之满，洵吾国图书馆教育发展之一新纪元也”。

李大钊还积极倡导各图书馆之间要加强联系，进行图书馆业务的研究和学术交流。他与私立北京汇仁大学图书馆主任高罗题共同发起成立了北京地区图书馆协作组织——北京图书馆协会，李大钊当选为中文书记。协会宗旨为“图谋北京各图书馆之间协助互益”。协会章程的条款中明确提出了“馆际互借”与“互换出版物”的规定。北京图书馆协会作为我国图书馆界第一个倡导资源共享思想的组织，在我国图书馆事业的发展进程中“起到了发轫和开先河的历史作用”。

刘群在其《李大钊与中国现代图书馆》一文中对李大钊在北大图书馆的 5 年工作进行了全面概括的总结：李大钊在北大图书馆任职 5 年，“把图书馆由半封闭状态转变为开放式图书馆；由被动的借阅图书转变为主动宣传新思想、新文化的坚强阵地；由与社会隔绝到成为传播、研究马克思主义的革命中心。李大钊的图书馆理论与实践，在北大图书馆转轨变形的关键时期起了决定性的作用，也为中国现代图书馆事业起到了披荆斩棘、开辟未来的奠基作用。”

李大钊先进的图书馆学思想，赢得了世界图书馆界的美誉，定格在美国的百科全书中。1980 年，美国出版了《ALA 世界图书馆和信息服务百科全书》(*ALA World Encyclopedia of Library and Information Services*)，称李大钊为“中国现代图书馆之父”。李大钊 1919 年《在北京高等师范学校图书馆 2 周年纪念会上的演说》词，被图书馆界专家评选为“中国 100 年图书馆学最值得读的文献”之一。该演说词刊载于《平民教育》1919 年第 10 号上。

二十八、中国图书馆界最早引入阅读疗法概念之人——陈信春

福建建筑工程专科学校图书馆陈信春在《图书馆杂志》1991 年第 2 期上发表《文献治疗——读者服务工作内容之一》，被称为我国图书馆界最早引入阅读疗法同义概念的人。他在文章中提出，文献疗法有书籍疗法、诗歌疗法、音乐疗法、喜剧疗法等；文献疗法最早出自医院图书馆，比如德国的许多医院图书馆采用此法对病人进行辅助治疗。

陈信春的文章没有使用“阅读疗法”这一词汇，而用了“文献疗法”，但其已经包含“阅读疗法”的含义。该文简要论述了文献对于解除病人的烦恼、顾虑以及减轻疾病的痛苦具有一定的作用，并认为图书馆应该将文献疗法作为读者服务工作的内容之一，这是一个具有建设性的观点。

此后至 1997 年，沈固朝、杨兵、凌珊等作者引进并介绍了以美国为代表的西方国家关于阅读疗法的涵义、作用和机制，其中沈固朝的文章影响力最大，被研究者多次引用，沈固朝本人也被图书馆界称为“中国阅读疗法之父”。

二十九、中国阅读疗法之父
——沈固朝

沈固朝，大学教授，1953 年 5 月 13 日出生，1981 年南京大学图书馆学专科毕业；1986 年获得纽约州立大学图书馆学硕士学位；1997 年获得南京大学史学博士学位。

1969 年冬，沈固朝在江苏泗阳县下放劳动；1975—1978 年在南京印铁制罐厂工作；1981—1984 年、1986 年在南京大学图书馆西文图书采购组、咨询部工作；1987 年至今，在南京大学任信息管理系情报学教授、博士生导师、系主任，兼任中国科技情报学会第六届理事会常务理事、江苏省图书馆学会第五届理事会副理事长、继续教育委员会主任，武汉大学信息资源研究中心兼职研究员。

沈固朝多年从事市场信息和竞争情报、信息用户与信息服务以及阅读疗法等方面的研究，并在南京大学中国社会科学研究评价中心研究期刊评价。

20 世纪 90 年代初，国内图书馆界和医学界主要以介绍引进国外阅读疗法的研究应用情况为主，有学者介绍了苏联的做法，也有学者对美国的阅读疗法进行了介绍。1991 年，福建建筑工程专科学校图书馆陈信春在《图书馆杂志》1991 年第 2 期上发表《文献治疗——读者服务工作内容之一》，首次向国人引入阅读疗法同义概念，但该文只是简要提出文献疗法应该成为读者服务的内容之一，并没有进行详尽的论述。1994 年，南京大学沈固朝发表了《图书，也能治病》一文，标志着我国阅读疗法系统研究的开始。此后，国内图书馆界开始对阅读疗法展开研究，故沈固朝被图书馆界誉为我国阅读疗法之父。

1995年，中国药科大学的凌珊等人将阅读疗法作为一种治疗情感障碍性疾病的辅助疗法推荐给了精神病学界；1999年，浙江大学图书馆的黄菊屏提出了在高校图书馆开展阅读疗法的设想，并给出了一些实施阅读疗法的具体建议。泰山医学院图书馆宫梅玲2000年确立了“大学生心理问题阅读疗法研究”课题，设立阅读治疗阅览室，成立了阅读治疗研究小组，编制了心理书刊专题目录等，并就大学生进行阅读疗法辅导前后进行效果评估，成为这一时期阅读疗法实证研究的先行者。

2003年7月，世界图书出版公司出版了台湾学者王万青的专著《读书治病》，该书作为“学校心理辅导丛书”，受到中国心理学会学校心理专业委员会和中国教育学会学校心理辅导专业委员会联合推荐。

2007年6月，海洋出版社出版了北京大学王波的专著《阅读疗法》。该书对我国从先秦到明清的阅读疗法思想和案例进行了系统梳理，成功地勾勒出阅读疗法在中国的发展简史；系统论述了阅读疗法的原理、概念、书目及类型，发展和完善了阅读疗法的理论体系。王波成为这一时期阅读疗法的领军人物。

三十、中国内地获得美国华人图书馆员协会“杰出服务奖”第一人
——庄守经

庄守经，北京人，图书馆学家，北京大学图书馆老馆长。

1947 年，庄守经加入中国共产党，1948 年考入燕京大学化工系，未毕业便担任燕京大学团委副书记。1952 年，他出任北大总务长助理、总务处党总支书记、机关党总支书记、党委宣传部副部长；1979 年担任北京大学图书馆副馆长兼党总支书记；1981 年—1982 年任北京大学图书馆学系主任；1981 年—1984 年任高校图工委主任兼秘书长；1983 年—1993 年任北京大学图书馆馆长兼党总支书记。庄守经历任副研究员、研究员，中国图书馆学会第一、二、三、四届副理事长，教育部高等学校图书馆工作委员会副主任、秘书长。

庄守经本人经过不懈的努力和钻研，逐步从燕京大学的进步学生成长为图书馆领域的专家，是全国高校图工委的主要创始人，主要从事高校图书馆的整体化建设，致力于创建和领导高校图工委工作。他的名字印证了他的人生：庄守经——庄严地守护经籍。他一生最大的功绩是发起建立高校图工委，把各个单枪匹马的高校图书馆组织起来，形成信息互通、资源共享的协作联盟。

此外，庄守经主持起草了《中华人民共和国高等学校图书馆工作条例》，1987 年该条例修订更名为《普通高等学校图书馆规程》。他编辑创办了《大学图书馆学报》前身《大学图书馆动态》，编辑出版《藏书建设译文集》《用户培训文集》《中国高校图书馆简介》等 10 多种专业

图书，主编《中文核心期刊要目总览》（1992 年），即《中文核心期刊要目总览》第一版。

1995 年，美国华人图书馆员协会授予庄守经“杰出服务奖”，使之成为中国大陆图书馆界获此殊荣的第一人。这是国际图书馆界对他的职业成就给予的高度赞赏和评价。2002 年，南开大学来新夏教授凭借自己对图书馆事业杰出的贡献，与该奖再次结缘。

三十一、国产图书馆学第一后
——杨开荆

杨开荆，中国自己培养的第一位图书馆、情报和档案管理专业博士后。2005 年 12 月 22 日，中国科学技术信息研究所对外发布信息：来自澳门的学者杨开荆女士顺利通过博士后论文答辩，成为全国首位图书馆、情报与档案管理博士后。12 月 24 日，《澳门日报》发表一则醒目的本地文化新闻：澳门学者杨开荆女士成为澳门第一位、也是中国第一位图书馆、情报与档案管理专业的博士后，同时还兼任澳门江门同乡会副理事长和副会长。对于她取得的学术成就，旅居澳门的江门乡亲倍感自豪，奔走相告。

对于杨开荆博士后的求学之路以及她取得的“中国第一”，熟悉她的人既感到意外又觉得在情理之中。感到意外的是，她 30 多年身处花花世界澳门——亚洲的拉斯维加斯，竟然能够抛却繁华，一心钻研学术，这需要极大的定力、意志和毅力！但是更多的人认为杨开荆的人生选择是必然的，因为杨开荆是个爱读书、会读书、能读书的人，书就是她的一切，学问就是她的生命。

杨开荆出生在广州，自幼在一个单亲家庭成长，其父亲杨杰早年毕业于华南师范大学体育系，是中学教师，“文革”期间不幸英年早逝。20 世纪 80 年代初，杨开荆随母亲陈宜颂移居澳门。

初到澳门两手空空从零开始，刚刚初中毕业的杨开荆便在澳门开始了“日工夜读”的生涯，即白天打工，晚上学习。1983 年，杨开荆进入澳门中华总商会商训夜中学学习英文专科高中课程，1987 年获得高中文凭。

毕业之后，杨开荆进入澳门东亚大学（后改名澳门大学）图书馆工作。她边工作边学习，经过 4 年努力，于 1992 年获得澳门东亚大学公开学院资讯系统专业本科学历。

杨开荆本科毕业后，开始攻读澳洲查尔斯特大学[1]与香港大学合办的图书馆与资讯管理学硕士学位，经过两年半的挑灯夜读，最终获得图书馆学硕士学位。

通过对图书馆专业的了解不断深入，杨开荆认识到图书馆学尚有广阔的学术领域等待开拓，她立志要为澳门的图书文献学添砖加瓦。她再接再厉考上北京大学信息管理系，又是 3 年的日工夜读，不断地往返于澳门工作与北大学习。2002 年，杨开荆获得北京大学信息管理系图书馆专业博士学位。

2003 年底，杨开荆正式进入博士后科研工作站，开始了两年时间的图书馆、情报与档案管理博士后研究之旅。她拿下了中国科技信息研究所博士后，成为国产图书馆学第一后。著有《澳门特色文献资源研究》一书，并参与了《图书馆英语》编辑。

注释

[1] 查尔斯特大学：Charles Sturt University，简称 CSU，创建于 1989 年，以探险家 Charles Sturt 船长的名字命名。该校是澳大利亚提供专业教育的大学，将“培养能够迎接当今世界各种挑战的高级工业和商业人才”作为自己的使命，并在远程教育方面处于领先地位，通过校园、远程教育和课程提供机构等方式在全世界进行授课，超越了国家之间的界限。

三十二、论述图书馆精神第一人及提出中国图书馆学四代人概念者
——程焕文

程焕文，博士，中山大学资讯管理学院教授，图书馆学专业与历史文献学专业博士生导师，中山大学图书馆馆长，兼任教育部高等学校图书情报工作指导委员会副主任委员，教育部高等学校图书馆学学科教学指导委员会副主任委员，国务院学位委员会、全国图书情报专业学位研究生教育指导委员会委员等学术职务。

1979年9月，程焕文考入武汉大学信息管理学院，1983年7月图书馆学专业本科毕业并获文学学士学位；1983年9月进入武汉大学信息管理学院攻读图书馆学专业研究生，1986年7月毕业并获文学硕士学位；1994年9月考入中山大学历史系，2003年9月中国近现代史专业研究生毕业并获历史学博士学位。1992年10月至1993年10月，程焕文前往美国加州大学洛杉矶分校（UCLA）图书馆学信息科学研究生院做访问学者，1998年8月至1999年1月在美国伊利诺大学（UIUC）图书馆学信息科学研究生院做访问学者，2001年10月至2002年1月在美国哈佛大学哈佛燕京图书馆和哈佛燕京学社做访问学者。

程焕文独立完成和主编学术著作30余种，参与编写多部教材，在美国、英国、法国、德国、荷兰、新西兰、马来西亚、中国（港澳台）发表中、英、法文学术论文150多篇，入选教育部“新世纪优秀人才支持

计划”，获“享受国务院政府特殊津贴专家”、“南粤优秀教师”等各级教学和科研奖励 30 余项。其主要学术著作：《中国图书论集》（商务印书馆）、《中国图书文化导论》（中山大学出版社）、《中国图书馆学教育之父——沈祖荣评传》（台湾学生书局）、《信息高速公路》（广东高等教育出版社）、《裘开明图书馆学论文选集》（广西师范大学出版社）、《广东图书馆学会 40 年》（中山大学出版社）、《晚清图书馆学术思想史》（北京图书馆出版社）、《世界图书馆学教育进展》（北京图书馆出版社）、《信息资源共享》（高等教育出版社）、《邹鲁校长治校文集》（中山大学出版社）、《图书馆精神》（北京图书馆出版社）等。

2007 年，程焕文出版了自己的论文集《图书馆精神》，详细论述了图书馆精神的概念和内涵，将图书馆精神总结为爱国、爱馆、爱书、爱人。这部论文集对图书馆界的影响巨大，其中的许多观点被界内人士广为引用。

程焕文对图书馆学的研究深入且详尽，在图书馆界享有很好的声誉和影响力。他在研究图书馆人才的特征时，将图书馆历代引领者进行了充分的分析研究，于 1988 年在《广东图书馆学刊》上发表了题为《论图书馆人才的特征——关于“图书馆四代人”的探讨》一文。他在文中谈到：“所谓图书馆人才，就是指那些在图书馆活动中，具有一定的专业知识、较高的图书馆工作技能和能力，能够以自己的创造性劳动，对图书馆学术的发展或图书馆事业的进步做出较大贡献的人。”根据图书馆历代人才所处的时代，他将图书馆学的引领者分为四代人，并对四代人的概念和特征进行了详细论述。这是我国图书馆界第一次将近百年来图书馆领域人才辈出的历史进行详尽的梳理，对于研究图书馆学的历史具有重要的参考价值。

程焕文总结的“图书馆四代人”具体内容如下：

第一代是图书馆事业开创与奠基的一代，其特征：清一色留美，见识丰富，大器早成，创造力非凡，贡献卓越。沈祖荣、胡庆生、洪有丰、戴志骞、袁同礼、李小缘、李燕亭、刘国钧、杨昭晰等均留学美国，杜定友虽毕业于菲律宾大学，但当时菲律宾是美国殖民地，其所学图书馆学课程完全是美式的，他们都获得了图书馆学士学位。

第二代是承上启下的一代，其特征：“国产化”，大器早成，注重实务，成就丰富，敢于应变，谨慎谦逊，德高望重。一部分是受过国内专业教育的人才，如皮高品、周连宽、吕绍虞、张遵俭、严文郁、毛坤、查修、汪应文、汪长炳、钱亚新等，一部分是未受过专业教育的图书馆实干家，如柳诒徵、万国鼎、王云五、陈训慈、王重民、王献唐、张秀民等，也有留美人才桂质柏、裘开明和留日人才马宗荣等。

第三代是开拓与中坚的一代，其特征：尊崇苏联，勇于开拓，成果卓著，中流砥柱，大器晚成，创伤深重。留苏的有佟曾功、彭斐章、赵世良、鲍振西、吕济民、郑莉莉、赵琦等；留美的有孙云畴、陈誉等。

第四代是探索与发展的一代，其特征：多渠道，视野广阔，思维敏捷，咄咄逼人，怀才不遇。但程焕文未列举人名。

程焕文在其《百年沧桑世纪华章——20 世纪中国图书馆事业回顾与展望（续）》一文中，再次描述了图书馆界的四代学人，并将比较著名的学人列出：

“留美”的一代：沈祖荣、胡庆生、杜定友、洪有丰、戴志骞、袁同礼、刘国钧、李小缘。

“文华”的一代：裘开明、桂质柏、查修、王文山、冯汉骥、田洪都、皮高品、严文郁、徐家麟、汪长炳、钱亚新、毛坤、周连宽、李仲履、吕绍虞、童世纲、于镜宇、汪应文、彭明江、岳良木、蓝乾章（台湾）、张遵俭、喻友信、邓衍林、程长源、沈宝环（台湾）、吴元清、汪长柄、顾家杰、徐家璧、李芳馥、曾宪三、房兆楹、徐亮、张葆箴、黄星辉等。

“留苏”的一代：包括留苏回国与国内培养两类学人。留苏学人：佟曾功、彭斐章、鲍振西、赵世良、吕济民、郑莉莉、赵琦。国内培养：周文骏、黄宗忠、来新夏、朱天俊、谢灼华、阎立中、白国应、张琪玉、冀淑英、谭祥金、黄俊贵、刘湘生、孙蓓欣、辛希孟、孟广均、徐引篪、李致忠、肖自力、吴慰慈、陈光祚、金恩晖、詹德优、张树华、倪波等。国内培养的这些佼佼者，当时接受的更多的是苏联模式的图书馆学思想，故统称为“留苏”的一代。

“开放”的一代：即改革开放后出现的一代，如倪晓建、乔好勤、张厚生、曹之、吴建中、张晓林、柯平、范并思、陈传夫、王世伟、李国新、汪东波、戴维民、徐雁、王余光、王大可、肖希明等。

第三部分　图书馆学教育

导言：

了解图书馆学教育的发展进程

图书馆学教育是图书馆建设和图书馆职业稳定发展的支撑，是图书馆学事业发展的重要基石。

国外在图书馆学教育方面起步早于我国很多年。德国格丁根大学于1886年开设了图书馆学课程，美国哥伦比亚大学于1887年1月建立了世界上第一所正规的图书馆学校——哥伦比亚大学图书馆管理学院，美国芝加哥大学图书馆学研究院于1891年向攻读图书馆学的学生授予博士学位，成为世界上首所授予图书馆学博士学位的学校。

我国第一所独立的高等图书馆学专科学校——武昌私立文华图书馆学专科学校（简称“文华图专”），1920年3月正式成立于武汉，开创了我国现代图书馆学教育的先河。1953年9月1日，“文华图专”并入武汉大学图书馆学专修科，后来发展为武汉大学图书馆学系，之后又发展为武汉大学图书情报学院直至今天的武汉大学信息管理学院。因此，武汉大学也被公认为中国图书馆学的发源地。

自20世纪90年代以来，中国图书馆学正规教育已逐步形成“三个层次、七个级别”的教育体系，具体见下表：

层次	级别	教育方式
高等专门教育	博士研究生教育	在职教育和成人教育
	硕士研究生教育	
	研究生班教育	

续表

层次	级别	教育方式
普通高等教育	双学位教育	
	大学本科教育	
	大专教育	
中等专业教育	中专教育	

2009 年 6 月，我国成立了自己的图书馆学博士后工作站——国家图书馆博士后科研工作站，标志着我国图书馆学教育跟上了世界图书馆学教育的发展进程。

一、世界上首次开设图书馆学课程的大学
——德国格丁根大学

德国格丁根大学于1886年首次开设图书馆学课程，著名图书馆学家、该校图书馆馆长K.F.O.齐亚茨科被任命为图书馆学教授。所授课程侧重文献研究领域，如目录学、古文书学等，重点培养研究型图书馆员，强化学术性。

格丁根大学之所以率先开设图书馆学课程，可以说是图书馆学发展到一定时期的必然结果。

1650年，曾任英国皇家图书馆馆长的J.杜里在《新式图书馆的管理者》一书中正式提出图书馆职业和教育问题。他认为图书馆员是学问的向导和文化的传播者，应具有高深的学问。

1808年和1820年，德国图书馆学家M.施莱廷格和F.A.艾伯特先后出版了《图书馆学综合性试用教科书》和《图书馆员的教育》两部专业著作，他们在书中论述了图书馆专门教育和训练问题。1874年，德国一所大学图书馆馆长费·罗尔曼在其《关于图书馆整理学和德国大学图书馆的专门研究》一文中提出，必须开办大学图书馆教育，并提出了一项为期三年的大学图书馆教育计划。

在这些思想的影响下，德国格丁根大学认识到开设图书馆学课程的重要性和必要性，于是在1886年开设了图书馆学课程。

二、世界上第一所正规图书馆学校
——哥伦比亚大学图书馆管理学院

1887 年 1 月，美国著名的图书馆学家、哥伦比亚大学图书馆馆长麦维尔 · 杜威（M.Dewey，1851 年—1931 年）创立了哥伦比亚大学图书馆管理学院，该学院成为世界上第一所图书馆学专业学校。哥伦比亚大学图书馆管理学院的成立，标志着图书馆学专业成为正规教育的组成部分，为培养图书馆学的专门人才进行了卓有成效的探索。

早在 1879 年，麦维尔 · 杜威馆长就撰文强调：图书馆工作是一种独立的职业，应该建立专门的图书馆学校。

哥伦比亚大学图书馆管理学院成立之初，仅有 7 名兼职教师，20 名学生，其中 17 名女生。专业科目侧重于图书馆经营、图书保管、图书分类、目录著录、参考咨询和图书馆管理等，主要培养公共图书馆馆员，专业性和技术性均较强。

1923 年，曾任美国专业图书馆协会主席的 C.C. 威廉逊在其研究报告《图书馆业务训练》中建议，图书馆学院应该明确图书馆业务分为事务性工作和专业性工作两部分，学院只教授后者；学院应设在大学里；应为这类学院及其师生提供更多的资助；学制应为两年，一年学习综合原理，一年学习专门业务；应采用全国证书制；学院应得到认可。

该报告发表后，美国图书馆协会在 1924 年正式设立了图书馆学教育委员会，后改名为认可委员会。1925 年，该委员会制定了美国图书馆学院标准（后于 1933 年、1951 年、1972 年修订），并对当时所有的学院进行审核。1928 年，美国芝加哥大学图书馆学研究院率先设立世界上第一个图书馆学博士学位。

与美国相比，英国直到 1919 年才在伦敦大学设立图书馆学院，到 1986 年共有 17 所图书馆学院。这些学院的课程中既有学术性较强的科目，也有专门技术科目。

在苏联，图书馆学家 Л．Б．哈芙金娜于 1913 年首次在莫斯科的沙尼雅夫斯基大学开设图书馆学课程。此后，苏联相继建立了莫斯科国立莫洛托夫图书馆学院（1930 年）、国立哈尔科夫图书馆学院（1935 年）和列宁格勒国立克鲁普斯卡娅图书馆学院（1941 年）。这三所学院都设有图书馆学系、目录学系和少年儿童图书馆学系，学制均为 4 年。20 世纪 80 年代中期，苏联有各种图书馆学校 170 多所，其中 139 所是中等专业学校，占总数的 80%，在高等院校设立图书馆专业教育点的有 28 个，设立硕士教育点的有 5 个。

在印度，著名图书馆学家 S.R. 阮冈纳赞在 1929 年创办了印度第一所正规的图书馆学院。1981 年印度共有图书馆学院 42 所，其中可授予硕士和博士学位的各为 9 所。

在中国，美籍图书馆学专家、中国人民的好朋友韦棣华女士和留美专攻图书馆学归国的沈祖荣、胡庆生等人于 1920 年 3 月创办了中国第一所高等图书馆专科学校——武昌文华大学图书科，开启了中国正规图书馆学专业教育的先河。20 世纪 80 年代以来，中国图书馆学和情报学专业教育有较大的发展，培养出一批批图书馆专业人员。

三、世界首所授予图书馆学博士学位的学校
——美国芝加哥大学图书馆学研究院

美国芝加哥大学创立于 1891 年，是美国著名的高等学府，1928 年成立图书馆学研究院（Graduate Library School）。该学院一直位居专业学院的首位，并是世界上最早授予图书馆学博士学位的大学。因此，早期其他各大学的图书馆学系主任和教授大都出自芝加哥大学。

芝加哥大学一向以独立思考和注重理论研究而著称，图书馆学研究院的课程安排和教学也受到校风的影响。研究院所教授的课程注重高深理论的研究，其目的是训练学生能够解决所遇到的各种各样的问题以及适应图书馆不断发展变化的形势。例如，研究院最早采用统计学的方法，分析图书馆各种业务及其流程；20 世纪 40 年代曾采用社会科学的方法，开设研究文献内容的课程；50 年代开始推进新技术在图书馆的应用，比如使用缩微技术保存文献、借助计算器管理图书馆的相关业务和信息等；60 年代之后偏重教授计算机的应用。其中很多教学方法及内容均开大学教育之先河。

20 世纪 50 年代初，美国开始实行图书馆学硕士学位为第一专业学位制，通常大学毕业生才有资格进入图书馆学院攻读硕士和博士学位。

20 世纪 60 年代是美国图书馆学教育的兴旺时期，学校和学生数量以及资金数额等都大大增加，不少社区大学开始开办图书馆技术人员教育，还出现了 6 年制的硕士后教育计划。由于情报学的兴起，20 世纪 70 年代以后大约三分之二的学院在校名中增加了“情报学”或“情报研究”字样，或用其直接取代较为传统的“图书馆学”、“图书馆服务”等。

1985 年 10 月，经美国图书馆协会认可委员会认可的大学图书馆学情报学研究院有 56 所，其中兼授博士学位的有 21 所。

伴随芝加哥大学教学调整及新专业的设立，学校的课程与图书馆学研究院的课程出现重叠的现象日益增多，于是图书馆学研究院于 1994 年不再招收新生并停办。这不仅是芝加哥大学校史的一大憾事，也是图书馆学教育的一大憾事。

四、中国第一所培养图书馆专门人才的高等专门学校——武昌私立文华图书馆学专科学校

武昌私立文华图书馆学专科学校（The Boone Library School）以下简称“文华图专”，是我国第一所独立的高等图书馆学专科学校，创办于 1920 年 3 月。“文华图专”为我国培养了不少从事图书馆工作和图书馆学教育的专门人才。

1920 年 3 月，美籍图书馆学专家、文华公书林创始人、中国人民的好朋友韦棣华女士（Mary Elizabeth Wood）和留美专攻图书馆学归国的沈祖荣、胡庆生等人在武昌文华大学创办图书科。这是我国第一个图书馆学教育机构，在我国首开通过学校教育系统培养图书馆学专门人才之先河，标志着我国现代高等图书馆学教育的正式兴起。

韦棣华女士此前创办了文华公书林——文华大学图书馆，她担任第一任馆长。当时，文华公书林不仅是当时优秀的公共图书馆，还成为文华大学图书科办学的依托和教学实验基地。

文华大学图书科最初是从大二以上的学生中招收兼修图书馆学课程的学生,学制两年,教学模式、教授课程完全是美式的。学生本科毕业时，同时被授予文学学士学位和图书馆学专科毕业证书。文华大学图书科为中国培养出第一批现代图书馆专业人员。

1925 年，文华大学改组为华中大学，原属文华大学的图书科，随后更名为华中大学文华图书科。1927 年夏，华中大学停办，文华图书科则坚持单独办学。在此期间，韦棣华、沈祖荣等人以坚强的毅力和非凡的胆识带领全体师生克服重重困难，继续开展教学活动。

1929 年 8 月，经当时的教育部批准，文华图书科以私立武昌文华图书馆专科学校立案，1930 年 12 月正式启用“武昌私立文华图书馆学专科学校”印章，沈祖荣担任校长。从 1931 年起，它正式脱离文华大学，成为我国第一所、也是唯一的一所培养图书馆学专业的高等学府，被誉为中国图书馆学正规大学教育的开端。

武昌私立文华图书馆学专科学校位于武昌崇福山街 1 号，招收大学肄业 2 年以上的学生及大学毕业生，授以两年以上的专业课程。学校依照美国图书馆学家 M．杜威（Melvil Dewey）创办的美国纽约公共图书馆学校的制度办学，课程设置参照美国的模式，结合中国图书馆工作的实际，主要有：中国目录学、中文参考书举要、西文书籍选读、图书馆经济学、现代史料、中文书籍编目学、西文书籍编目学、中文书籍分类法、西文书籍分类法、中国图书馆史略、西洋图书馆史略、图书馆行政学、各国图书馆之研究、图书馆建筑学、西文打字法、各种字体书写法、特别演讲以及实习等。

抗日战争爆发后，1938 年，战事逼近武昌，“文华图专”从武昌迁至四川重庆，借曾家岩求精中学为临时校舍。1939 年夏，“文华图专”呈请湖北省教育厅开办档案管理讲习班，获批后于 1940 年正式成立档案管理科，成为我国第一个开办档案教育的学校。1941 年，“文华图专”临时校舍被炸，片瓦无存，于同年 10 月迁至江北唐家街廖家花园，自建校舍。1946 年 3 月，“文华图专”返回武昌复校，校长仍为沈祖荣，直至武昌解放。

1951 年 8 月，中央文化部正式接管私立武昌文华图书馆学专科学校，该校被正式定名为“武昌文华图书馆学专科学校”，并参加了中华人民共和国成立后的首届全国高等学校统一招生考试。

1953 年 9 月 1 日，因全国高等学校进行院系大调整，“文华图专”

并入武汉大学图书馆学专修科。

从 1920 年文华大学图书科创办到 1953 年全国院校合并，“文华图专”共办了 33 年。武汉大学图书馆学专修科后又发展成为武汉大学图书馆学系，并由之再发展成武汉大学图书情报学院直至今天的武汉大学信息管理学院。

五、中国图书馆学的发源地
——武汉大学

武汉大学是中国近代最早建立的国立大学之一。1893年11月29日，湖广总督张之洞向清朝光绪皇帝上奏《设立自强学堂片》，提出创办培养外交人才、通晓外语的学堂，起名“自强学堂”，即“盖闻经国以自强为本”、“自强之道，以教育人才为先”，故取“自强”二字。奏折获准，“自强学堂”成立，成为中国近代教育史上第一所真正由中国人自行创办和管理的新式高等专门学堂，位于湖北武昌。

“自强学堂”历经传承演变，多次更名：1913年更名为“国立武昌高等师范学校”；1923年更名为“国立武昌师范大学”；1924年更名为“国立武昌大学”；1926年，国立武昌大学与国立武昌商科大学、湖北省立医科大学、湖北省立法科大学、湖北省立文科大学、私立武昌中华大学等合并为“国立武昌中山大学”；1928年更名为“国立武汉大学”；1949年新中国成立后更名为“武汉大学”并沿用至今。

武汉大学图书馆学系的前身是“文华图专”，即“武昌私立文华图书馆学专科学校”，是我国第一所独立的高等图书馆学专科学校，于1920年3月在武汉成立，开创了我国现代图书馆学教育的先河。

1951年8月，“文华图专”被正式定名为“武昌文华图书馆学专科学校”，并参加了中华人民共和国成立后的首届全国高等学校统一招生考试。1953年9月1日，“文华图专”并入武汉大学图书馆学专修科。

“文华图专”从1920年创办到1953年全国院校合并，共办33年。武汉大学图书馆学专修科后来发展为武汉大学图书馆学系，并由之又发展为武汉大学图书情报学院直至今天的武汉大学信息管理学院。因此说，武汉大学是中国图书馆学的发源地。

注：请参考本书“中国第一所培养图书馆专门人才的高等专门学校——武昌私立文华图书馆学专科学校”。

六、中国首届少数民族地区馆长进修班
——全国少数民族地区图书馆馆长进修班

民族地区图书馆事业是我国图书馆事业的重要组成部分。为了提高少数民族地区图书馆工作的管理水平，发展民族地区图书馆事业，满足我国各民族人民对各类信息及文化知识的迫切需要，改变我国民族地区图书馆工作人员知识结构偏低、专业人员偏少、文化水平不高的现状，1985 年 4 月 23 日至 7 月 10 日，中央国家机关和科学研究系统图书馆学会受国家民委文化宣传司的委托，在北京举办了首届全国少数民族地区图书馆馆长进修班。

进修班的授课教师均为中央国家机关各领导部门的有关负责同志和图书馆界的专家和学者。参加进修班的 70 名学员来自全国 16 个省、自治区的 11 个民族，其中三分之二是地（市）、县图书馆馆长。学员们学习目的明确，态度端正，勤奋努力，善于思考。通过进修班学习，学员们开阔了眼界，增强了事业心和责任感，认识到图书馆工作的重要性。绝大部分学员完成了学习计划，考试成绩优秀，完成了结业论文或调查报告的撰写，多篇论文发表在中央和省级图书情报专业刊物上。

首届全国少数民族地区图书馆馆长进修班是落实中央领导同志关于尊重知识、尊重人才、支援边疆、支援民族地区经济和文化建设指示的具体体现，是首都科学、文化界为民族地区建设做贡献的实际表现。教学过程中还产生了一批调查研究成果，对于扩大地（市）、县公共图书馆的影响意义重大。

此后，中国民族图书馆在北京有计划地举办了若干次全国少数民族

地区图书馆馆长及业务骨干培训班。参加培训者如今已经成为民族地区图书馆的骨干力量。各自治区图书馆学会也根据各民族语言文字的特殊性，举办各类图书馆专业培训班，采用本地民族语言进行业务培训，推动了全国民族地区图书馆各项工作的快速发展。

七、中国首家在图书馆设立的博士后科研工作站
——中国国家图书馆博士后科研工作站

2009 年 6 月 19 日，国家图书馆博士后科研工作站在国家图书馆总馆南区文津厅正式揭牌成立。这是中国首家在图书馆设立的博士后科研工作站，也是培养图书馆专业人才的最高平台。由此，国家图书馆成为目前我国图书馆中唯一一家设站单位。

国家图书馆博士后科研工作站面向国内外公开招聘相关专业博士进站开展科学研究，研究领域涉及图书馆事业发展战略、文献信息组织、数字图书馆个性化服务及新媒体服务、图书馆展览、古籍题跋整理与研究、古典文献学研究和善本书志与古籍保护等诸多方面，力求实现理论与实践的互动创新发展，推动图书馆学理论研究与实践的紧密结合。

该站自成立以来，一直坚持以学术交流促进学术研究的工作思路。博士后开题、中期考核等学术活动的各个环节均邀请国家图书馆、高等院校及科研院所的专家参与，对博士后的研究工作进行全方位指导。

国家图书馆文献资源丰富，科研环境良好，是博士后人员开展科学研究的理想场所。截至 2015 年底，先后有 24 名博士后研究人员进站从事科研工作，且有 18 位已经出站；共承担各类科研课题 20 余项，在核心期刊上发表论文 50 余篇，出版学术专著 10 余部。

2012 年 5 月，经国家博士后管理委员会批准，国家图书馆博士后科研工作站开始单独招收博士后研究人员。目前，博士后工作站共有合作导师 10 人。

国家图书馆博士后科研工作站的成立，开启了我国在图书馆设立博士后科研工作站的先河，对推动我国图书馆事业的发展意义重大，在我国图书馆发展史上留下了显著印记。

八、中国首家公共图书馆研究院
——公共图书馆研究院

2009 年 11 月 16 日，国内首家公共图书馆研究院在深圳正式成立。该院是由文化部社会文化司、中国图书馆学会、深圳市文体旅游局任指导单位，深圳图书馆、深圳图书情报学会主办的、国内第一家以公共图书馆为研究对象、面向全国并具有国际视野的非营利学术研究机构。其宗旨：书山求道，学海寻舟，舟船相济，宏图可期。

该研究院将广邀大陆、台港澳以及国际图书馆界及相关领域的知名专家，参与相关课题研究，建立广泛的学术网络；围绕公共图书馆及其相关议题，以“前沿、创新、分享”为研究方针，以公共图书馆理论与实践为研究主导，立足中国、放眼世界，努力打造学术研究和交流平台，提升学术水平，促进科研成果的转化与应用，共同推进我国公共图书馆事业的发展；通过提出并完成相关科研课题、举办学术会议及高峰论坛等方式，围绕国内外公共图书馆发展中的重大理论和实践问题进行研究，及时向政府及社会公布研究成果，提交发展研究报告，发表学术论著，为政府决策和法律法规制定提供研究依据，及时有效应用研究成果，向全社会宣扬公共图书馆行业价值，提升行业影响力。

该研究院每年召开一次全体会议，决定重大事项和重要研究课题；设立 5 人组成的“院务委员会”，其中主任 1 人，委员 4 人，另设有“执行院长”1 人，秘书长和副秘书长各 1 人，任期 2 年，可连选连任；聘任研究员数十名。“院务委员会”负责休会期间较为重大的院务决策。

第四部分　图书馆法律法规

导言：

图书馆立法历程之点滴

图书馆法是由国家立法机关制定或认可的有关图书馆事业和图书馆活动的专门法规，是建立与管理图书馆、制定图书馆行政法规和规章制度的总依据，是调节国家与图书馆之间、图书馆与其他组织之间以及图书馆与读者之间在图书馆活动中所产生的各种关系的法律规范，对规范和发展图书馆事业极为重要。

回顾图书馆立法的历史，国外图书馆立法早于我国。1848 年，世界上第一部公共图书馆法——在波士顿市建立公共图书馆法案出现，标志着图书馆立法拉开帷幕。此后，一些国家图书馆开始陆续立法，比如英国于 1850 年颁布了《英国图书馆法》，其中首次提出图书馆经费立法条款；1917 年美国出台了《美国馆际互借法》，推进了全国范围内馆际互借的开展。当然，与图书馆相关的一些法律出现得更早，如 1623 年颁布的《1623 年垄断法》，1710 年颁布的世界上第一部著作权法——《安妮法》。

中国官方最早的图书馆章程——《京师图书馆及各省图书馆通行章程》颁布于 1910 年，比世界上第一部公共图书馆法晚了 60 多年，但意义深远，不仅结束了中国数千年传统藏书楼的历史并以新型“图书馆”取而代之，而且开启了中国图书馆立法的新阶段。此后，中国第一部省级图书馆章程——《湖南图书馆暂定章程》于 1904 年问世。

新中国成立后，中国政府积极推进图书馆事业的发展，先后颁布了与图书馆相关的各种法规，如中国第一份文献资源共享全国性文件——

《全国图书协调方案》（1957年）、中国第一部由有立法权的地方人民代表大会常务委员会指定的图书馆法——《深圳经济特区公共图书馆条例（试行）》（1997年）、中国第一部针对网络版权的专门条例——《信息网络传播权保护条例》（2006年）。

尽管目前中国还没有全国性的图书馆法，但图书馆人一直在为立法不懈地努力，期望在不久的将来能够看到中国图书馆法的颁布实施。

一、现代意义的知识产权法律制度建立的标志
——《1623 年垄断法》

英国作为资本主义市场经济最早发展起来的国家，于 1623 年颁布了《垄断法》(即专利法)。最初，《垄断法》与现实意义的专利法无关，只是当时新兴资产阶级限制王权的诸多立法之一。早在 16 世纪中后期，英国以其自身占有的大西洋航运中心的地域优势和良好的工商业基础，使得商业贸易和工场手工业在全国迅速发展。新型工商业资产阶级不断向国王申请开发和引进新产业和新技术的专营特权，通过垄断专利获得高额利润。资产阶级这一要求，得到了英国王室的回应。1558 年，英国女王伊丽莎白即位后，积极推进垄断政策，通过垄断授权激励工商业主引进和开发新产品，刺激经济发展，同时增加王室收入，扩大王室势力。

在推行垄断政策的过程中，滥用垄断授权的情况日益严重，从最初的促进经济发展逐步演变成掠夺社会财富的尚方宝剑。与此同时，资产阶级的势力不断扩大，不再需要借助国王恩赐的授权与行会和地方势力对抗，王室垄断反而成为阻碍资本主义自由发展的障碍。

英国资产阶级反对王室垄断的做法，是通过国会下议院限制王室专利垄断的法案和普通法院否定垄断专利合法性的司法活动进行的。经过数十年的斗争，英国终于出台了《1623 年关于垄断、刑法上的处置及其罚没的法案》(*An Act concerning Monopolies and Dispensations with Penal Laws and the Forfeitures there of* 1623)。1948 年，英国《成文法修正法案》将上述法案缩写成《1623 年垄断法》(*Statute of Monopolies* 1623)。

《1623 年垄断法》明确规定，一切垄断与特权非法、所有垄断授权都必须接受法院的裁决、所有团体和个人不得从事垄断或类似垄断的活动以及因为垄断和特权受到危害的补救制度等。

从 19 世纪中期开始，伴随国际范围内知识产权制度的迅速发展，人们开始从立法上探索知识产权的根基。国内学者普遍认为，该法表明“英国专利法的制定”，“反映了现代专利法的基本内容”，“是世界上第一部具有现代意义的专利法”。英国颁布的《1623 年垄断法》将发明垄断作为“一切垄断非法”的例外予以规定，间接地促进了现代专利制度的发展。在专利法领域，该“垄断法”被认为是专利法的起源。

自从数字图书馆的出现，版权问题不断困扰着图书馆，因而，知识产权问题成为图书馆界研究的内容之一。为此，许多相关论文和学术著作不断问世。

二、世界第一部著作权法
——《安妮法》

1710年，英国议会通过了《安妮法》(*The Statute of Anne*)，又称《安娜法令》或《安娜女王法令》，全称《于法定期间授予被印图书原稿之作者或购买者复制原稿权以促进知识之法》。长期以来，《安妮法》一直被视为“世界上第一部版权法”，这是后人将自己的版权观念强加给了《安妮法》。其实，当时社会还不存在“版权”概念，作为版权保护对象——“作品”的概念尚未出现，“版权”一词尚未定型。易健雄在其《“世界上第一部版权法”之反思——重读〈安妮法〉》一文中，将《安妮法》真正的目的概括为“遏制书商公会垄断地位，规范图书交易秩序；保护作者，鼓励创作，促进知识；协调各方利益，维持社会稳定”。但是，《安妮法》中作者的亮相、促进知识的提出等，仍是版权史上的重大事件。

《安妮法》的标题历经多次修改才最后敲定。一读时的议案名为“促进知识、保护图书原稿之正当所有者的财产权”。从标题看，“促进知识”、保护图书原稿的“正当所有者”的“财产权”，是此法案的两个目的，但并未明确“正当所有者”的实际内涵——“作者和书商”。二读后，议案标题被修改为“授予被印图书原稿之作者或购买者复制原稿权以促进知识”，明确了“作者”和“购买者”，删除了“财产权”，改为“复制原稿权”。“保护”已被“授予”替换。议案三读后，在协调各方利益的基础上，《安妮法》全称最终形成。

确切地说，《安妮法》是各种利益妥协的结果。这使得《安妮法》

具有足够的包容性，能够协调各方利益，维持局面的稳定，但妥协就必须付出代价，其结果是：《安妮法》用语模糊，逻辑矛盾，整个法律充满了不确定性。可以说，1710 年问世的这部《安妮法》被认为是一部令人不够满意的法律。

三、世界第一部公共图书馆法
——在波士顿市建立公共图书馆法案

1848 年，美国马萨诸塞州议会通过了在波士顿建立公共图书馆的法案，该法案被学界认为是世界上第一部公共图书馆法。依据该法案，波士顿公共图书馆于 1854 年建成并正式对外开放。

美国是世界上图书馆事业最发达的国家之一。美国的图书馆最早出现于 19 世纪上半叶东部的一些大城市。1849 年，也就是世界第一部公共图书馆法案通过的第二年，新罕布什尔州通过了美国第一个州图书馆法。该法授予州内各市镇征收图书馆税（直接税），以建立公共图书馆并维持其发展，从而建立起公共图书馆行政制度。此后，东部各州先后颁布了公共图书馆法。19 世纪中期，随着西部开发，图书馆事业在西部各州快速发展，西部各州也相继颁布了图书馆法。美国最终实现了州州都有图书馆法。

如今，美国已形成包括联邦法、州法、专门法、相关法在内的完备的图书馆法律体系。美国图书馆事业的高度发展离不开其完善的法律支持。世界第一部公共图书馆法案的出现，不仅推进了美国图书馆事业的发展，也推进了世界各国图书馆立法的进程。1850 年，英国颁布了《公共图书馆法》，这是世界上第一部国家图书馆法，由此揭开了世界图书馆立法的序幕。

四、世界第一部全国性图书馆法
——英国《公共图书馆法》

1850 年 8 月 14 日，世界上第一部全国性图书馆法——英国《公共图书馆法》颁布实施，由此揭开了世界图书馆立法的序幕。据余贵忠、杨琴在 2009 年发表的《对中国图书馆立法的思考》一文中所说：“据统计，从 1850 年英国颁布世界上第一部全国性《公共图书馆法》至今，已有 60 多个国家颁布 250 多部图书馆法。”

关于制定英国《公共图书馆法》的议案于 1850 年获得批准。这一议案由下议院议员威廉 · 尤尔特（Willam Ewart）提出，下议院议员乔 · 布拉（J.Brotherten）和大英博物馆图书馆员爱德华 · 爱德华兹(Edward Edwards) [1] 积极协作，尤其是爱德华兹在其中起到了非常重要的作用。

《公共图书馆法》体现了图书馆不受私人捐赠所控制、采集书刊不为政治、宗教所左右的原则，明确规定地区每 5000 人应拥有一座图书馆，特别是首次明确规定，经费由地方税收维持，并授权地方议会为图书馆的设备征税，确定了英国图书馆的管理主体是图书馆委员会。关于税收，法案规定由地方税收中抽取一定比例作为公共图书馆经费。每英镑税收中提取 0.5 便士，提取税率要有本地区三分之二以上的纳税人投票赞成方可实施。

1853 年，爱尔兰、苏格兰试用公共图书馆法。1854 年苏格兰对该法进行了修改。由于出现了提高税收为每英镑 1 便士的呼声，1855 年苏格兰和威尔士的图书馆法依照苏格兰法进行补订，仍是威廉 · 尤尔特主持。该法规定税收不仅用于图书馆和博物馆的实体建筑，而且可以用于购买图书、地图或标本，更重要的一点是，该法适用于 5000 人以上的农村区域，而不是旧法规定的 1 万人以上的城市。

确切地说，1850 年的英国《公共图书馆法》的出台具有先导意义，对英国图书馆立法乃至全世界图书馆事业的发展影响颇远，特别是图书馆的经费由国家财政税收拨款，确定了图书馆的经费来源。因此，英国《公共图书馆法》也是世界上首次提出图书馆经费立法条款的图书馆法。

注释

[1] 爱德华・爱德华兹（Edward Edwards）：被誉为“公共图书馆运动之父”，可参见本书“‘公共图书馆运动之父’——爱德华兹”。

五、中国官方最早的图书馆章程
——《京师图书馆及各省图书馆通行章程》

1903年，清政府向全国颁发了《奏定大学堂章程》，中国历史上第一次在正式文件中出现“图书馆”一词。《奏定大学堂章程》颁布后，原京师大学堂藏书楼更名为京师大学堂图书馆，但人们仍习惯于旧称，“图书馆”一词并未引起世人注意。1904年湖南图书馆、湖北图书馆和福建图书馆相继成立，“图书馆”一词才逐渐在社会上通行，随后各地的新型藏书处所逐渐冠以“图书馆”之名，江苏、山东、陕西、浙江、河北等省都建立了公共图书馆。

1905年，致力于民族经济和兴办学堂的张謇上书朝廷设立图书馆，1909年朝廷批准设立京师图书馆，1910年京师图书馆建成。1910年初，学部上奏《拟定京师及各省图书馆通行章程折》，1910年1月27日（宣统元年十二月十七日），《京师图书馆及各省图书馆通行章程》颁布实施，以下简称《章程》，从此，“图书馆”的名称在我国最终确立并广为使用。

该《章程》是中国颁布的管理全国图书馆的第一部图书馆章程，也是中国第一部国家性质的图书馆立法，内容详尽，涉及图书馆宗旨、设置范围、人员配备、环境要求、业务工作、规章制度、经费来源以及奖励办馆措施等。

该《章程》值得肯定的有五点：

第一，确立了图书馆的宗旨：“图书馆之设，所以保存国粹，造就通才，以备硕学专家研究学艺，学生士人检阅考证之用，以广征博采供人浏览为宗旨。”《章程》详细阐述了将图书馆收藏的图书分为两类，“保存之类”和“观览之类”，并对两者进行了界定：凡内府秘籍、海内孤本、宋元旧椠、精钞之本，皆在应保存之类，并且要设专室收藏，每月择定时间开放，入室者需持专门的“券据”；其余图书，由图书馆影写、刊印、钞录，编入观览之类，供人随意浏览；凡中国通行图书、海外各国图书，皆在观览之类。观览者可领取翻阅，不得污损剪裁及携出馆外。

第二，用法律文件监督、约束各行政机构发展图书馆事业。除京师设京师图书馆外，各省、府、厅、州、县均得设馆，并规定了所设图书馆的名称。关于筹建图书馆及其命名，《章程》做出详细规定：京师及各直省省治，应先设图书馆一所，各府厅州县治，应各依筹备年限一次设立。京师所设图书馆，定名为京师图书馆；各省治所设者，名曰某省图书馆；各府厅州县治所设者，曰某府厅州县图书馆。此次以立法的强制约束力，保证图书馆事业推展到全国县级机构。

第三，将管理体制、人员配备及经费来源等纳入事业机制，实行二级为主的垂直管理。《章程》规定：京师图书馆应设监督一员、提调一员，其余各员，量事之繁简酌量设置；京师图书馆呈由学部核定，各省图书馆呈由提学使司转详督抚核定。各府厅州县图书馆呈由提学使司核定。很显然，学部是中央图书馆的最高管理机构。经费来源：京师图书馆经费由学部核定筹拨，各省图书馆经费由提学使司核定筹拨，各府厅州县图书馆经费由地方公款内筹拨，均须撙节开支。该《章程》将图书馆建设作为文化事业，纳入事业机制进行管理，形成了从中央到地方县级的垂直管理体制。

第四，对建设图书馆的地点、要求等诸多环节进行了详细规定。例如：地址以远市避嚣为宜，室内要求受光、通气、防潮湿霉蚀；设藏书室、阅览室、办事室、京师和各省图书馆得附设排印所、刊印所……凡此等等，详细列出，对图书馆所有业务环节均一一规定到位。

第五，允许及奖励私人办馆，鼓励捐助。在中国图书馆兴办初期，经费、图书等诸多方面均面临着困难，政府难以大包大揽，因此《章程》允许私人办馆，将书籍目录、办馆章程等呈交地方官报学部立案。善本较多者，学部派员核查，酌情奏请颁给御书匾额或颁赏书籍以示鼓励。对于海内外藏书者，如愿意将书籍交给图书馆供人阅读，图书馆将清点造目次，所有者需取回时，可根据目次领回。图书馆向私人借书刻印，也照此办理。应该说，这种方法对图书馆事业的发展起到了积极的作用。

当然，该《章程》也有其局限性，比如重收藏、轻利用。《章程》规定：图书馆地址以远市避嚣为合宜，建筑外观不得美观；阅览之人为“硕学专家”和“学生士人”；“观览之书”不得带出馆外；凭卷入馆阅览等。这些规定对图书馆的发展有一定的消极影响。

显然，《章程》有明显的时代印记，尚不够完善，但对近代中国图书馆建设的推动，仍起到了重要的积极作用：

1. 开启了按国、省、县行政系统建立公共图书馆系统之先河。

2. 结束了数千年传统藏书楼的历史，由新型图书馆取而代之。

3. 虽然 1903 年清政府向全国颁发的《奏定大学堂章程》在中国历史上第一次在正式文件中出现“图书馆”一词，但社会各界仍习惯用“藏书楼”而非“图书馆”，《章程》使“图书馆”的名称在我国最终确立并广为使用。

4.《章程》成为相关法律的依据，1915 年颁布的《通俗图书馆规程》和《图书馆规程》两项规程均在《章程》的基础上得以进一步完善。

5. 将图书馆建设和管理纳入事业机制，进行规范管理，沿自此《章程》，对发展文化事业意义深远。

总之，《京师图书馆及各省图书馆通行章程》对于我国图书馆发展起到了推进作用。

六、中国第一部省级图书馆章程
——《湖南图书馆暂定章程》

湖南省图书馆是中国第一个明确以“图书馆”命名并制定较为详尽章程的省级公立图书馆。湖南省图书馆1904年创办，图书馆监督议定了图书馆暂行章程，报请巡抚庞鸿书审。1905年，时任湖南巡抚的端方、庞鸿书先后增拨银两，扩建馆舍，派人采办图书，10月将图书馆定名为湖南图书馆，1906年10月20日正式开馆。

《湖南图书馆暂定章程》是中国第一部由省级官署订立并报经中央批准的图书馆法规，开宗名义：“本馆以保存国粹，输入文明，开通智识，使藏书不多及旅居未曾携带书籍者，得资博览。”该章程共九章四十四条，对图书馆名称、设置地址、宗旨、职员、开闭时间以及阅览章程、书楼章程、捐助章程和补遗等，都有明确规定。

由于湖南省图书馆是中国最早的省级公立图书馆，所以其章程对后来影响甚大，比如1909年奏设的云南图书馆章程共计三十六条，内容整体沿袭了《湖南图书馆暂定章程》。

七、美国最早的一份馆际互借法
——《美国馆际互借法》

美国是全世界图书馆事业最发达的国家。美国国会图书馆在政府的支持下，1901 年开始与其他图书馆开展馆际互借业务，逐步建立和完善了《全国联合目录》，并且向 400 余家图书馆提供印刷型目录卡片，建立了馆际互借成员馆之间的协作机制，增强了读者利用馆际互借获得所需文献的灵便性。

为了规范全国图书馆的馆际互借业务，协调借出馆和借入馆的关系，美国图书馆协会于 1917 年正式制定颁布了第一部馆际互借法——《美国馆际互借法》(*Interlibrary Loan Code for the United States*)。在此后的实践和运用中，美国图书馆协会在 1940 年、1952 年、1968 年、1980 年、1993 年、2001 年等数次对该法进行修改完善。

1993 年，美国图书馆协会在此基础上制定了《美国国家馆际互借法》，2001 年对该法进行了修订，更名《美国馆际互借法（2001 年修订本)》。该法在导言中提出“国家馆际互借系统的效率取决于各类型各规模图书馆的共同参与”，即鼓励各馆参与馆际互借。

计算机网络技术的不断发展以及在图书馆领域的广泛应用，为馆际互借业务的开展提供了便捷的平台，使这项业务逐步走向成熟。

相比于美国，其他国家的图书馆也在积极推进馆际互借业务。例如德国、日本和英国。

德国为了打破联邦制国家各州文化高度自治的界限，实现全国范围内文献资源共享，图书馆大力推进“馆际互借”模式。1993 年，德国图书馆协会联邦联合会编辑出版了《德国图书馆1993年规划》，为各级各类图书馆制定了具体的工作方针，并使各级图书馆之间形成了比较完整的合作体系，明确了馆际互借职责、义务和互惠原则，建立了集合各州的全国性机读联合目录和期刊数据库。完善的目录体系为各图书馆之间资源共享奠定了基础，一些相关的业务平台相继问世，提高了馆际互借的自动化程度，读者能够简便、快捷、全面地搜索所需文献信息。

日本图书馆界馆际互借业务起步较晚，于1992年才开始推行馆际互借服务模式。但在先进的技术支持下和雄厚的经济投入下，日本图书馆界建立了为读者提供馆际互借服务的主要应用系统——ILL Subsystem。该系统汇集了日本各图书馆的期刊数据，具有查询申请、整合和传递信息等功能，可以扩大查询范围，缩短查询时间，减少查询环节。日本在全国范围内对图书馆联合目录的建设和馆际互借的开展实行统一领导，使整个馆际互借流程全部实现了自动化。

英国图书馆馆际互借服务发展较为成熟，在国际上享有很高的声誉。1973年，图书馆界根据议会法案组建了不列颠图书馆文献供应中心，利用自身的资源和技术优势，面向全国提供信息传递服务，担负着全国馆际互借任务。近几年来，地区图书馆联盟开始建立地区性网络互借模式，如JANET和CURT，对不列颠图书馆文献供应中心的完全集中型馆际互借模式进行有益补充。两者协作产生的高质量高效率的信息服务赢得了国际图书情报界的青睐。目前，已有许多国外图书馆与英国建立了馆际互借业务关系。

八、中国近代馆际互借制度的出现
——《上海图书馆协会章程》

1926年，《上海图书馆协会章程》率先将馆际互借写入章程之中，开中国近代图书馆馆际互借之先河。此后，国立北平图书馆在1927年建立了馆际互借制度。1929年，中华图书馆协会第一次会议通过了推广馆际互借的决议，但实施者不多。

新中国成立后，图书馆事业稳步发展，馆际互借业务起步于20世纪50年代。1957年，国务院批准实施了《全国图书协调方案》，批准建立全国和地方的中心图书馆委员会和编制全国书刊目录两项计划。但受通讯条件限制和条块分割管理模式的限制，馆际互借仅限于本地区或本系统内协作。由于历史原因，此项协作服务还中断了若干年。

20世纪80年代，一些省市开始探索建立馆际互借网，使这项工作更加规范。进入90年代，由于计算机技术和网络技术在图书馆的应用，一些硬件条件较好的图书馆开始利用网络开展馆际互借服务。1999年1月，北京图书馆（国家图书馆前身）召集全国公共图书馆、高校图书馆、国家行政机关图书馆以及科研院所图书馆等122个单位参加全国文献信息共建共享协作会议，签署了《全国图书馆馆际互借公约》。从此，合作开发、资源共享的馆际互借模式取得了较大进展，馆际互借业务进入跨系统、跨行业的合作新时期，受到广大读者的欢迎。

目前，我国已形成了三个具有代表性的大型馆际互借系统，即中国科学院文献保障系统、中国高等学校人文社会科学文献中心及中国高等教育文献保障系统的馆际互借与文献传递系统。

中国科学院文献保障系统，包括“中国科学院国家科学数字图书馆”（Chinese National Science Digital Library，简称 CSDL）、“国家科技图书文献中心”（National Science and Technology Library，简称 NSTL）和“中国科学院文献情报中心”（Library of Chinese Academy of Sciences，简称 LCAS）三个机构下设的馆际互借与文献传递服务系统。

中国高等学校人文社会科学文献中心（China Academic Humanities and Social Sciences Library，简称 CASHL）的馆际互借与文献传递服务系统，是国家教育部“哲学社会科学繁荣计划”的重点项目之一。

中国高等教育文献保障系统（China Academic Library & Information System，简称 CALIS）的馆际互借与文献传递系统，是 CALIS 公共服务软件系统的重要组成部分。目前，该系统已经实现了与 OPAC 系统、CCC 西文期刊篇名目次数据库综合服务系统、CALIS 统一检索系统、CALIS 文科外刊检索系统、CALIS 资源调度系统的集成。读者可以直接通过网络提交馆际互借申请，并且可以实时查询申请处理情况。

九、中国第一份文献资源共享全国性文件
——《全国图书协调方案》

1957年9月6日，国务院全体会议第57次会议批准通过了科学规划委员会制定的《全国图书协调方案》，决定在国务院科学规划委员会下设“图书小组”，由文化部、高等教育部、中国科学院、卫生部、地质部和北京图书馆的代表以及若干图书馆专家组成，负责全国为科学研究服务的图书工作的全面规划和统筹安排。这是中国第一份文献资源建设共享的全国性文件。

之所以出台这样一个文件，是因为中共中央于1956年1月14日至20日在北京召开了关于知识分子问题会议。在会上，毛泽东主席作了重要讲话，他号召全党努力学习科学知识，同党外知识分子团结一致，为迅速赶上世界科学先进水平而奋斗。周恩来总理作了《关于知识分子问题的报告》，提出制定1956年到1967年科学发展远景规划的任务，向全国人民发出了向现代科学进军的伟大号召。

为了改善图书馆的条件，整体推进全国图书馆事业的发展，解决存在的诸多问题，如未整理的图书积压严重、多余的复本图书和不合理的收藏有待交换和调拨、外文书刊和古旧书籍的采购存在盲目性、专题联合书目和新书通报编制迟缓、复制工作没有广泛开展等。为了全面规划、统筹安排图书馆工作，科学规划委员会制定了《全国图书协调方案》，1957年国务院公布实施。

《全国图书协调方案》提出了当前首要的工作，一是建立中心图书馆，二是编制全国图书联合目录，并就中心馆的组成、任务以及编制全

国联合目录的要求和任务等诸多问题提出了具体要求。

《全国图书协调方案》的公布实施，使全国各地图书馆的协同活动风生水起，工作面貌焕然一新。全国性中心图书馆成立后，武汉、沈阳、南京、广州、成都、西安、兰州、天津、哈尔滨等地相继设置了 9 个地区性中心馆。大量的联合目录编制完成，从 1957 年到 1963 年，共编制出版全国性和地区性联合目录 162 种，其中综合性联合目录 56 种，哲学社会科学类联合目录 27 种，自然科学技术类联合目录 79 种。对全国 300 多所科学、专业图书馆的藏书以及地区藏书分布进行了调查，摸清了全国藏书的总体情况。提高了目录工作的质量和效率，1958 年在北京先后成立了“中文”、“俄文”、“西文”三个图书卡片联合编辑组，共分编图书 25 万多种，发行卡片 6000 多万张，全国 6000 多个图书情报单位订购使用了统一卡片。

总之，《全国图书协调方案》推进了印本时代全国图书馆大规模的协同活动，使图书馆工作迈上了一个崭新的台阶，成为那一时代的标志，永远留在中国图书馆事业的史册中。

十、中国第一次将发展图书馆事业列入宪法的文件——《中华人民共和国宪法修改草案》

1982 年，全国人大常委会公布了《中华人民共和国宪法修改草案》，第一章总纲第二十条："国家有计划地发展社会主义的教育事业、科学事业、卫生体育事业、文艺事业、出版发行事业、新闻广播电视事业、图书馆博物馆文化馆事业和其他文化事业。"这是新中国成立以来，国家第一次在宪法条文中明文规定国家有计划地发展社会主义的图书馆事业，说明政府对发展图书馆事业的重视程度已经上升到法律层面。

十一、中国第一部由有立法权的地方人大常委会指定的图书馆法
——《深圳经济特区公共图书馆条例(试行)》

1997 年，深圳市人民代表大会常务委员会第 16 次会议通过了《深圳经济特区公共图书馆条例（试行)》。

在此前，我国一些省市也出台过本辖区的图书馆法规、管理办法等文件。例如：上海市人民政府于 1987 年 9 月 26 日批准了《上海市区县图书馆管理办法》，该办法由上海市文化局颁布，自 1987 年 10 月 1 日起施行。1996 年 11 月 28 日，上海市人民政府又发布了《上海市公共图书馆管理办法》，自 1997 年 1 月 1 日起施行，同时废止了 1987 年 9 月 26 日上海市人民政府批准的《上海市区县图书馆管理办法》。

《深圳经济特区公共图书馆条例（试行)》的颁布实施，开启了我国图书馆立法由有立法权的地方人大常委会审批通过的一个新时代，也带动了全国其他省市的相关立法规范化，例如：2001 年 7 月，湖北省人大通过了《湖北省公共图书馆条例》；2001 年，内蒙古开始实施《内蒙古自治区公共图书馆条例》；2002 年 7 月 18 日，北京市人大通过了《北京市图书馆条例》；2002 年 9 月 1 日，河南省政府颁布了《河南省公共图书馆管理办法》等。

十二、填补空白的图书馆职业道德标准
——《中国图书馆员职业道德准则(试行)》

中国图书馆学会第六届第四次理事会于2002年11月15日通过了我国首部《中国图书馆员职业道德准则（试行)》，以下简称《准则》。文化部副部长周和平称，《准则》的颁布，“标志着中国图书馆员职业道德建设发展到了一个新阶段，填补了我国图书馆界的一项空白”。中山大学程焕文教授称，《准则》的颁布“是一件令中国图书馆界为之振奋的具有里程碑意义的事件”，标志着“中国图书馆事业在职业道德规范建设上向世界先进行列迈出重要一步”。

《准则》所言图书馆员，是指所有从事图书馆和信息服务工作的人员。内容如下：

1．确立职业观念，履行社会职责。

2．适应时代需求，勇于开拓创新。

3．真诚服务读者，文明热情便捷。

4．维护读者权益，保守读者秘密。

5．尊重知识产权，促进信息传播。

6．爱护文献资源，规范职业行为。

7．努力钻研业务，提高专业素养。

8．发扬团队精神，树立职业形象。

9．实践馆际合作，推进资源共享。

10．拓展社会协作，共建社会文明。

《准则》的制定工作于2002年4月正式启动。2002年10月24日

至 11 月 15 日，中国图书馆学会以通讯方式召开的第六届第四次理事会，经过全体理事投票表决，《准则》文本获得原则通过。此后，《准则》又被进一步修改，2002 年 12 月 10 日最终定稿。2003 年 3 月，中国图书馆学会主持编纂的《中国图书馆员职业道德准则》一书由北京图书馆出版社正式出版，内容有：《准则》全文、《准则解说》和国外主要国家图书馆员职业伦理规范译本等。在 2003 年全国图书馆服务宣传周期间，《准则》于 5 月 26 日正式向社会发布。

《准则》在内容上有哪些突破呢？北京大学信息管理系李国新教授在《大学图书馆学报》2003 年第 5 期发表论文《〈中国图书馆员职业道德准则〉的制定、突破和问题》，对此进行了精辟论述，现摘录如下：

《中国图书馆员职业道德准则（试行）》在内容上的主要突破是：

1. 以现代国家政体普遍实行的“人民主权”原则为理论基础来阐述图书馆的社会责任，以认识和理解图书馆所承担的社会责任为起点和基础来构筑图书馆员的职业道德规范。这表明，今天我们对职业道德的认识，已经远不仅仅是个人修养的完善，个人觉悟的提升，它是关系一个职业集团在社会系统中合理存在、发挥应有作用所必然要求的共同的行为准则。

2. 明确确立了“维护读者权益，保守读者秘密”的观念，系统引进了图书馆服务中的平等原则、守密原则和公德原则。这表明，中国图书馆界已经开始接受现代图书馆运动形成的一个基本观念：图书馆从本质上说是一个通过文献信息资源的传播来保障公众“认知权利”实现的机构；图书馆员所从事的工作从本质上说是为保障公众的文献信息资源获得权而提供的服务。

3. 确立了图书馆员应有的、完整的知识保护观念。这表明，图书馆员已经不讳言多元化社会中不同职业集团的职业分野和社会责任，明确了图书馆员职业集团职务活动的第一要义是促进知识和信息的通畅、有效、合法传播。

4．强调了图书馆员应该具备将自身的专业职务活动融入广泛的社会文化创造的理念。这表明，中国图书馆界已经明确意识到必须突破职业的封闭性，从现代社会职业分工和职业联系的结合上来定位图书馆员职业活动的社会价值和社会贡献。

十三、中国第一部针对网络版权的专门条例
——《信息网络传播权保护条例》

2006 年 5 月 10 日，国务院常务会议审议并原则通过《信息网络传播权保护条例》。2006 年 5 月 29 日，国务院全文发布《信息网络传播权保护条例》（以下简称《条例》），2006 年 7 月 1 日生效。这是我国发布的第一部网络版权条例，对图书馆在数字时代信息服务工作产生了巨大影响，也使提供作品连接的搜索引擎运营商享受避风港的免责条款，即在符合法律规定的情况下，可以免除相应的侵权责任。

《条例》第七条规定："图书馆、档案馆、纪念馆、博物馆、美术馆等可以不经著作权人许可，通过信息网络向本馆馆舍内服务对象提供本馆收藏的合法出版的数字作品和依法为陈列或者保存版本的需要以数字化形式复制的作品，不向其支付报酬，但不得直接或间接获得经济利益。当事人另有约定的除外"。"前款规定的为陈列或者保护版本需要以数字化形式复制的作品，应当是已经损毁或者濒临损毁、丢失或者失窃，或者其存储格式已经过期时，并且在市场上无法购买或者只能以明显高于标定的价格购买的作品。"

该《条例》的实施，带动了互联网内容产业的繁荣，互联网服务提供商将在产品运营中，更加充分地考虑知识产权的保护。

十四、中国首部促进全民阅读的法律性文件
——《江苏省人民代表大会常务委员会关于促进全民阅读的决定》

2014 年 11 月 24 日，江苏省十二届人大常委会第十三次会议通过了《江苏省人民代表大会常务委员会关于促进全民阅读的决定》（以下简称《决定》），并于 2015 年 1 月 1 日起施行，这是我国第一部关于促进全民阅读的法律性文件。

《决定》共十九条，从在全民阅读中的政府职责、社会力量的参与、阅读服务场所的建设、未成年人阅读的促进等多个方面做出了具体规定。尤其是第十二条，专门就未成年人阅读做出详细规定，具体内容如下：

地方各级人民政府应当高度重视培养未成年人的阅读能力和习惯，建立家庭、学校与社会相结合的促进全民阅读工作机制。

制订儿童早期阅读推广计划，鼓励亲子阅读。父母或者其他监护人应当为未成年人做好阅读示范和指导，提供适当的阅读条件，培养未成年人良好的阅读习惯。

图书馆、文化馆、博物馆、美术馆、科技馆、社区教育中心和未成年人文化生活活动场所应当根据未成年人特点，营造未成年人阅读环境，开展阅读指导培训，满足未成年人的阅读需要。建立和完善专门面向未成年人的阅读服务场所。

鼓励创作、提供有利于未成年人健康成长的作品，扶持出版、制作和传播以未成年人为对象的内容健康的图书、报刊、音像制品、电子出版物以及网络信息。

《决定》以地方性法规的形式将全民阅读纳入法制化轨道，推动全民阅读工作常态化、制度化，为促进全民阅读、培养公民自觉阅读习惯、提高公民思想道德修养和科学文化素质、尤其对于未成人的阅读培养和少儿图书馆的建设，提供了政策和法律支持。

第五部分

图书馆会议

导言：

首届会议标志着图书馆事业的进步

在图书馆事业的发展进程中，各种会议数不胜数，即使是各种各样的首次会议，也难以完全统计。人们通常认为，会议是人们为了解决某个共同的问题或出于某种目的聚集在一起进行讨论、交流的活动。而图书馆所举行的各种类型的首次会议，除去为了解决共同的问题而进行讨论和交流外，还标志着图书馆事业的不断进步。

有些会议在图书馆历史的长河中如昙花一现，却留下不可磨灭的印记。中国首届图书馆展览会于 1926 年 1 月 9—10 日在上海举办，展出了古籍、图书馆专业书、图书馆设备、图书馆影片等，不仅引起社会的广泛关注，而且激发了图书馆业内人士研究图书馆学的兴趣和大力发展图书馆事业的信心，标志着图书馆开始向社会全面展示自己。

伴随着图书馆事业的发展，与图书馆有关的各种会议陆续召开，也预示是图书馆在不断谋求全面发展。1983 年 7 月，首次“全国少数民族地区图书馆工作座谈会”在北京召开；1991 年 8 月，“首届图书馆馆长联席会议”在河北昌黎举行；1993 年 12 月，“首届海峡两岸图书资讯学学术研讨会”在上海召开；1999 年 7 月，“首届中国图书馆学会年会”在大连隆重举行。此后，图书馆领域里的各类会议如雨后春笋般涌现，例如“首届百县馆长论坛”（2005 年 10 月）、“第一届中国乡村图书馆建设及阅读推广研讨会”（2010 年 4 月）、“首届高校图书馆发展论坛”（2010 年 4 月）、“首届少年儿童图书馆馆长论坛”（2010 年 6 月）。这些会议的召开，繁荣了图书馆事业，促进了图书馆事业的全面发展。

国际图联（IFLA）大会是全世界图书馆界的最高级别会议，将全世界图书馆人凝聚在一起。自1928年召开第一次会议至2016年，已经召开了82届，成为引领世界图书馆事业的旗帜，也是所有图书馆人尊重和向往的大会。如今国际图联拥有1000多个会员，中国也是其中之一。中国不仅是国际图联的创始国之一，也是为国际图联的发展做出积极贡献的国家之一。

因此，我们可以自豪地说：图书馆每个首次会议的召开都诠释着图书馆事业的进步，是图书馆人开拓进取的真实写照！

一、中国首届图书馆展览会

1926年1月9—10日，上海图书馆协会举办了为期2天的展览会，展出了图样、古本、精本、抄本等古籍，还展出了图书馆专业书、图书馆设备、图书馆影片等。

此次展览会是中国第一次图书馆展览会，引起社会各界人士对图书馆事业的关注，尤其是激发了图书馆业内人士研究图书馆学的兴趣和大力发展图书馆事业的信心。此后，上海图书馆协会又不惜人力、财力，多次举办图书馆方面的图书工具及影片展览，而且规模盛大，参观人数空前，在国内外反响很大。

二、首届国际图书馆协会联合会大会

国际图书馆协会联合会（International Federation of Library Associations and Institutions IFLA，简称“国际图联”）[1] 大会是该组织召开的国际性大会。

国际图书馆协会联合会于 1927 年成立，1928 年在意大利罗马召开第一届大会，此后每年一届，到 2017 年已经召开了 83 届。其间因第二次世界大战，1940—1946 年期间大会终断。

中国是国际图联的创始国之一，中华图书馆协会派代表出席了国际图联于 1927 年举行的发起大会，此后又参加了第二届（1929 年）、第七届（1934 年）、第八届（1935 年）、第九届（1936 年）大会。1936 年以后，由于战争原因，中国与国际图联中断了关系，1981 年中国才重返国际图联。此后，中国每年都派代表参加国际图联大会。1996 年，第 62 届国际图联大会在北京成功举办。

国际图联 1—31 届大会没有会议主题，从 1966 年第 32 届大会开始，每届大会均设有明确的会议主题。会议主题引领世界图书馆事业发展的方向，推动世界图书馆事业不断进步。

历届国际图联大会一览表

届次	时间	地　点	主　题
1	1928 年	（意）罗马（Rome）	无
2	1929 年	（意）罗马，弗劳伦斯，威尼（Rome，Florence，Venice）	无
3	1930 年	（瑞典）斯德哥尔摩（Stockholm）	无

续表

届次	时间	地　点	主　题
4	1931 年	（英）切尔特南（Cheltenham）	无
5	1932 年	（瑞士）伯尔尼（Berne）	无
6	1933 年	（美）芝加哥（法）阿维尼翁（Chicago，Avignon）	无
7	1934 年	（西）马德里（Madrid）	无
8	1935 年	（西）马德里，巴塞罗那（Madrid，Barcelona）	无
9	1936 年	（波）华沙（Warsaw）	无
10	1937 年	（法）巴黎（Paris）	无
11	1938 年	（比）布鲁塞尔（Brussels）	无
12	1939 年	（荷）海牙，阿姆斯特丹（The Hague，Amsterdam）	无
1940—1946 年因第二次世界大战会议终断			
13	1947 年	（挪）奥斯陆（Oslo）	无
14	1948 年	（英）伦敦（London）	无
15	1949 年	（瑞士）巴塞尔（Basel）	无
16	1950 年	（英）伦敦（London）	无
17	1951 年	（意）罗马（Rome）	无
18	1952 年	（丹）哥本哈根（Copenhagen）	无
19	1953 年	（奥）维也纳（Vienna）	无
20	1954 年	（南）萨格勒布（Zagreb）	无
21	1955 年	（比）布鲁塞尔（Brussels）	无
22	1956 年	（西德）慕尼黑（Munich）	无
23	1957 年	（法）巴黎（Paris）	无
24	1958 年	（西）马德里（Madrid）	无
25	1959 年	（波）华沙（Warsaw）	无
26	1960 年	（瑞典）隆德，马尔默（Lund，Malmö）	无
27	1961 年	（英）爱丁堡（Edinburgh）	无

续表

届次	时间	地点	主题
28	1962年	（瑞士）伯尔尼（Berne）	无
29	1963年	（保）索菲亚（Sofia）	无
30	1964年	（意）罗马（Rome）	无
31	1965年	（芬）赫尔辛基（Helsinki）	无
32	1966年	（荷）海牙（The Hague）	图书馆与文献（Libraries and Documentation）
33	1967年	（加）多伦多（Toronto）	图书馆服务覆盖全国大部分地区（Library Service for a Nation Covering a Large Geographical Area）
34	1968年	（西德）美因河畔法兰克福（Frankfurt am Main）	工业社会的图书和图书馆（Books and Libraries in an Industrial Society）
35	1969年	（丹）哥本哈根（Copenhagen）	图书馆事业中的图书馆教育与研究（Library Education and Research in Librarianship）
36	1970年	（苏）莫斯科（Moscow）	列宁和图书馆（Lenin and Libraries）
37	1971年	（英）利物浦（Liverpool）	图书馆的专业组织机构（The Organization of the Library Profession）
38	1972年	（匈）布达佩斯（Budapest）	变化世界中的阅读（Reading in a Changing World）
39	1973年	（法）格勒诺布尔（Grenoble）	世界书目控制（Universal Bibliographic Control，UBC）
40	1974年	（美）华盛顿（Washington）	国家和国际图书馆计划（National and International Library Planning）
41	1975年	（挪）奥斯陆（Oslo）	国际图书馆合作的前景（The Future of International Library Cooperation）
42	1976年	（瑞士）洛桑（Lausanne）	国际图联（IFLA）
43	1977年	（比）布鲁塞尔（Brussels）	面向所有人的图书馆：一个信息、文化和学习的世界（Libraries for All：One World of Information，Culture and Learning）

届次	时间	地　点	主　题
44	1978 年	（斯洛伐克）什特尔布斯凯·普莱索（Strbské Pleso）	国际图书馆资源共享（Universal Availability of Publications，UAP）
45	1979 年	（丹）哥本哈根（Copenhagen）	图书馆立法（Library Legislation）
46	1980 年	（菲）马尼拉（Manila）	图书与信息系统的发展（Development of Libraries and Information Systems）
47	1981 年	（东德）莱比锡（Leipzig）	国家中心在国家图书馆发展及国际图书馆合作中心的作用（The Role of National Centres in National Library Development and in International Library Cooperation）
48	1982 年	（加）蒙特利尔（Montreal）	图书馆网络（Networks）
49	1983 年	（西德）慕尼黑（Munich）	技术世界中的图书馆（Libraries in a Technical World）
50	1984 年	（肯）内罗毕（Nairobi）	图书馆与信息服务是国家发展的基础（Basis of Information Services for National Development）
51	1985 年	（美）芝加哥（Chicago）	图书馆与信息的普遍获取性（Libraries and the Universal Availability of Information）
52	1986 年	（日）东京（Tokyo）	21 世纪图书馆学展望（New Horizons of Librarianship towards the 21st Century）
53	1987 年	（英）布莱敦（Brighton）	不断变化的图书馆和信息服务（Libraries and Information Services in a Changing World）
54	1988 年	（澳）悉尼（Sydney）	共同生存——人民、图书馆、信息（Living together：People，Libraries，Information）

续表

届次	时间	地　点	主　题
55	1989 年	（法）巴黎（Paris）	昨天、今天和明天的经济中的图书馆与信息（Les Biblioth è ques et l' information dans l' é conomie hier，aujourd' hui et demain）
56	1990 年	（瑞典）斯德哥尔摩（Stockholm）	图书馆：信息为知识服务（Libraries：Information for Knowledge）
57	1991 年	（苏）莫斯科（Moscow）	图书馆与文化的关系（Libraries and Culture：Their Relationship）
58	1992 年	（印度）新德里（New Delhi）	图书馆与信息政策的展望（Library and Information Policy Perspectives）
59	1993 年	（西班牙）巴塞罗那（Barcelona）	图书馆是全球信息源中心（The Universal Library：Libraries as Centres for the Global Availability of Information）
60	1994 年	（古巴）哈瓦那（Havana）	图书馆与社会发展（Libraries and Social Development）
61	1995 年	（土耳其）伊斯坦布尔（Istanbul）	未来的图书馆（Libraries of the Future）
62	1996 年	（中）北京（Beijing）	变革的挑战：图书馆与经济发展（The Challenge of Change：Libraries and Economic Development）
63	1997 年	（丹麦）哥本哈根（Copenhagen）	促进人类发展的图书馆与信息（Libraries and Information for Human Development）
64	1998 年	（荷）阿姆斯特丹（Amsterdam）	处于十字路口的信息与文化（On Crossroads of Information and Culture）
65	1999 年	（泰）曼谷（Bangkok）	21 世纪前夕：图书馆是进入文明世界的大门（On the Threshold of a New Century：Libraries as Gateways to an Enlightened World）
66	2000 年	（以色列）耶路撒冷（Jerusalem）	信息为合作而生：创建未来的全球性图书馆（Information for Cooperation：Creating the Global Library of the Future）

续表

届次	时间	地　点	主　题
67	2001 年	(美) 波士顿 (Boston)	图书馆与图书馆员：知识时代造就不同 (Libraries and Librarians: Making a Difference in the Knowledge Age)
68	2002 年	(苏格兰) 格拉斯哥 (Glasgow)	图书馆生命力：民主、多样、传递 (Libraries for Life: Democracy, Diversity, Delivery)
69	2003 年	(德) 柏林 (Berlin)	图书馆获取点：媒体—信息—文化 (Access Point Library: Media-Information-Culture)
70	2004 年	(阿根廷) 布宜诺斯艾利斯 (Buenos Aires)	图书馆：教育与发展的工具 (Libraries: Tools for Education and Development)
71	2005 年	(挪) 奥斯陆 (Oslo)	图书馆——发现之旅 (Libraries-A Voyage of Discovery)
72	2006 年	(韩) 首尔 (Seoul)	图书馆：知识与信息社会的原动力 (Libraries: Dynamic Engines for the Knowledge and Information Society)
73	2007 年	(南非) 德班 (Durban)	未来图书馆：进步、发展与合作 (Libraries for the Future: Progress, Development and Partnerships)
74	2008 年	(加) 魁北克 (Quebec City)	图书馆无国界：迈向全球共识 (Libraries without Borders: Navigating towards Global Understanding)
75	2009 年	(意) 米兰 (Milan)	图书馆创造未来：筑就于文化遗产之上 (Libraries Create Futures: Building on Cultural Heritage)
76	2010 年	(瑞典) 哥德堡 (Gothenburg)	开放获取知识——促进可持续发展 (Open Access to Knowledge-Promoting Sustainable Progress)
77	2011 年	(波多黎各) 圣胡安 (San Juan)	超越图书馆：集成、创新和信息的普遍获取 (Libraries beyond Libraries: Integration, Innovation and Information for All)

届次	时间	地点	主题
78	2012 年	（芬兰）赫尔辛基（Helsinki）	图书馆行动起来！鼓舞、惊喜、给力（Libraries Now! Inspiring, Surprising, Empowering）
79	2013 年	（新加坡）新加坡（Singapore）	未来图书馆：无限可能（Future Libraries: Infinite Possibilities）
80	2014 年	（法）里昂（Lyon）	图书馆、公民、社会：知识的融合（Libraries, Citizens, Societies: Confluence for Knowledge）
81	2015 年	（南非）开普敦（Cape Town）	有活力的图书馆：存取、发展与改革（Dynamic Libraries: Access, Development and Transformation）
82	2016 年	（美）哥伦布市（Columbus）	关系、合作、社区（Connections. Collaboration. Community.）。
83	2017 年	（波）弗罗茨瓦夫（Wroclaw）	图书馆、团结、社会（Libraries. Solidarity. Society.）

注释

[1] 国际图书馆协会联合会：1927 年成立，总部设在荷兰海牙。详细内容参见本书“世界上最大的图书馆界组织机构——国际图书馆协会联合会”。

三、中国首届“全国少数民族地区图书馆工作座谈会”

首次“全国少数民族地区图书馆工作座谈会”于1983年7月6—12日在北京民族文化宫举行。这次会议是中国民族图书馆事业发展史上极为重要的一次会议，不但是建国以来的首次，也是中国有史以来的第一次，标志着我国民族图书馆事业迎来了一个新的发展时期，对少数民族地区图书馆事业的发展起到了极大的推动作用，并被载入我国民族地区图书馆事业发展的史册。

少数民族是一个特殊的读者群体，他们有自己的风俗习惯、宗教信仰、民族心理和意识，有自己独特的审美阅读心理，有些民族还有自己的文字。新中国成立后，少数民族地区图书馆事业虽然比过去有比较明显的发展，但因受到经济落后、交通不便等因素影响，远远落后于其他地区图书馆事业的发展。

改革开放后，少数民族地区图书馆事业有了较快的发展。为了进一步促进少数民族地区的文化交流和经济发展，1983年7月6—12日，我国“首次全国少数民族地区图书馆工作座谈会”在北京成功召开。这次座谈会由文化部所属图书馆事业管理局和民族文化司、国家民委文化司、中国图书馆学会主持召开，来自新疆、内蒙古、宁夏、广西、云南、西藏等13个省、市、自治区18个民族的近百名代表参会，共商“加快民族地区图书馆事业建设，努力开创新局面”之大计。这次会议的中心议题是：如何开创少数民族地区图书馆工作新局面。会议期间，各族代表认真讨论了文化部图书馆事业管理局杜克局长的报告，交流了学术论文和工作经验，围绕民族地区图书馆现状和如何开发民族地区图书馆馆藏资源进行了讨论，针对在少数民族地区开展图书馆专业人才教育与培训、组织学术交流活动、促进民族图书馆研究等涉及民族地区图书馆事业发展的问题，提出了诸多建议和设想。中央有关领导同志亲临民族文化宫会场，亲切接见与会代表并合影留念。

会议之后，中国图书馆学会成立了“民族地区图书馆研究组”。研究组由内蒙古、新疆、广西、宁夏、西藏及北京、云南、四川等省、市图书馆界的汉、蒙古、维吾尔、藏、羌等民族成员组成，具有广泛的代表性和区域性。

伴随着民族地区图书馆事业的不断发展和进步，“民族地区图书馆研究组”已不能完全适应图书馆事业发展的需要，成立全国民族系统图书馆的高一级组织势在必行。1996 年 1 月 10 日，民族图书馆委员会成立，标志着我国民族地区图书馆事业和文化事业的发展迎来了一个新纪元。

四、中国首届图书馆馆长联席会议

1991 年 8 月 20—23 日，中国首届图书馆馆长联席会议在河北昌黎北京图书馆培训中心举行。此次联席会议由北京图书馆邀集各省（市）、自治区、计划单列市图书馆馆长，就加强各地区图书馆的合作、推动全国图书馆事业发展共商大计。

文化部刘德有副部长到会并作了重要讲话。他要求与会者和全国图书馆界的职工，按照建设有中国特色社会主义文化事业的要求，努力繁荣社会主义文化，防止西方腐朽文化的渗透，抵御西方的和平演变。他指出，图书馆是传播知识的文化园地，是宣传教育民众的思想阵地，广大图书馆员们要团结一致，克服困难，办好图书馆事业。文化部图书馆事业管理司鲍振西副司长就公共图书馆“八五”规划和大家关心的问题发表了讲话。

在会上，一些省、市图书馆的负责人介绍了本馆的工作经验。如北京图书馆通报了本馆“八五”规划、自动化发展、《中国图书馆分类法(第三版)》的使用、二次文献挖掘设想等；辽宁省图书馆介绍了员工队伍建设情况、吉林省图书馆介绍了为领导机关决策服务的经验、广州市图书馆介绍了参与社会活动的实践探索等。

此次联席会议不仅通报了情况、交流了经验、互通了信息，而且得到上级领导的亲临指导，大家一致认为会议不仅开得好，很有必要，而且希望将联席会议制度化。

此后，全国性的图书馆馆长联席会议不定期召开，截至 2013 年已召开 14 届，而且各省、市和跨省市的馆长联席会议如雨后春笋般在全国各地召开，大家在会议上积极探讨、互通情况，极大地推进了图书馆事业的发展。

中国图书馆馆长联席会议历届年会一览表

年会	主题	时间	地点
首一届	加强协作，推动全国图书馆事业的发展	1991 年 8 月 20—23 日	河北昌黎
第二届	图书馆与经济建设	1992 年 8 月 14—20 日	沈阳、大连
第三届		1993 年 11 月 3—8 日	广州、深圳
第四届	信息时代中图书馆的对策	1995 年 5 月 15—20 日	宁波、杭州
第五届	向现代化图书馆转化过程中的管理	1997 年 8 月 29 日—9 月 4 日	敦煌、兰州
第六届	21 世纪的文献资源共建共享	1999 年 10 月 14—18 日	山东济南
第七届	数字图书馆建设与服务	2001 年 9 月 22—24 日	四川成都
第八届	图书馆与先进文化建设——新形势下图书馆发展的机遇与挑战	2003 年 10 月 24—26 日	广西桂林
第九届	图书馆改革的理论与实践	2005 年 9 月 14—16 日	安徽黄山
第十届	文化体制改革与图书馆发展	2006 年 12 月 15—17 日	广东深圳
第十一届	主题一：在构建公共文化服务体系中，图书馆如何做好公益性服务 主题二：图书馆界灾后重建的对口支援	2008 年 7 月 18—20 日	宁夏银川
第十二届	学习贯彻李长春同志讲话精神，进一步推动图书馆事业繁荣发展	2009 年 11 月 15—16 日	云南昆明
第十三届	学习贯彻十七届六中全会精神，创新工作思路，推动图书馆事业大发展	2011 年 11 月 18—19 日	广西南宁
第十四届	全国公共图书馆服务体系建设	2013 年 12 月 12—13 日	北京

五、海峡两岸首届图书资讯学学术研讨会

1993 年 12 月 12 日，上海华东师范大学信息学系主办的中国首届海峡两岸图书资讯学学术研讨会在上海召开。这是海峡两岸图书馆学教育界的第一次交流盛会，开启了两岸图书情报教育界之间的合作之旅。此次学术研讨会共有两岸图书情报教育院系的老师和专家共 70 余人出席会议，就海峡两岸图书资讯业的发展、海峡两岸图书资讯学教育等内容进行了深入研讨。

此后，该学术研讨会不定期在两岸举办，从第四届研讨会开始，每两年举办一次。两岸图书情报界的老师和专家集聚一堂，就关心的问题进行交流与研讨，共同为推进海峡两岸图书资讯业的发展献计献策，寻求更广泛的合作和共同发展。

海峡两岸图书资讯学学术研讨会一览表

届次	主题	主办	时间	地点
第一届	两岸图书资讯业的发展、图书资讯学专业教育	上海华东师范大学信息学系	1993 年 12 月 12—18 日	上海华东师大
第二届	图书馆学资讯学教育、图书馆自动化、用户研究与信息服务	北京大学信息管理系	1994 年 8 月 21—24 日	北京大学
第三届	图书馆学教育和核心课程的设置	武汉大学图书情报学院	1997 年 3 月 31—4 月 2 日	湖北武汉大学
第四届	图书馆自动化与网络化	中山大学信息管理系	1998 年 3 月 29—4 月 2 日	广州中山大学
第五届	图书资讯交流标准化	中国科学院文献情报中心	2000 年 8 月 28—30 日	四川成都都江堰
第六届	资讯服务与教育新方向	黑龙江省图书馆学会	2002 年 6 月 30— 7 月 2 日	哈尔滨黑龙江省图书馆

续表

届次	主题	主办	时间	地点
第七届	图书资讯学教育发展	大连理工大学	2004 年 8 月	大连理工大学
第八届	数字时代的图书资讯服务与教育	中山大学资讯管理系	2006 年 6 月 18—21 日	广州中山大学
第九届	图书资讯学专业教育和图书资讯学事业发展	中华图书资讯学教育学会、武汉大学信息管理学院	2008 年 7 月 3—5 日	武汉大学
第十届	图书资讯学教育历史研究；图书资讯学教育研究；图书资讯学理论研究；图书资讯学实务研究；文献计量学与新技术、新方法在图书资讯学中的应用	中华图书资讯学教育学会、南京大学信息管理系	2010 年 7 月 5—7 日	南京大学
第十一届	开创两岸图书资讯学与图书馆事业新纪元	台湾淡江大学资讯与图书馆学系	2012 年 7 月 4—5 日	台湾淡江大学
第十二届	大数据与云环境下的多维图书资讯学	南开大学商学院、台湾中华图书资讯学教育学会	2014 年 7 月 6—8 日	天津南开大学
第十三届	数据驱动的图书资讯学创新与发展	华中师范大学信息管理学院	2016 年 7 月 12—14 日	湖北省武汉市华中师范大学

六、海峡两岸首届儿童与中小学图书馆学术研讨会

1990 年 9 月 2—20 日，应中国图书馆学会的邀请，台湾师范大学王振鹄教授率领 14 人台湾地区赴大陆参观团，访问了北京、天津、武汉、上海、杭州和广州等 6 个城市。这是海峡两岸图书馆界在隔绝 41 年之后进行的第一次学术交流，拉开了海峡两岸图书馆界正式交流的序幕，对促进相互间学习和交流起到了极大的推动作用，也为今后的交流与合作打下了良好的基础。为了增进海峡两岸儿童与中小学图书馆界之间的联系，双方决定举办儿童与中小学图书馆学术研讨会，以促进儿童与中小学图书馆事业的发展。

在台湾花师图书馆阅览组长苏国荣与天津图书馆《图书馆工作与研究》总编辑康军积极运作下，1994 年 8 月，海峡两岸儿童及中小学图书馆界在北京大学图书馆召开了海峡两岸图书资讯教育学术研讨会。此次会议约定，次年 8 月在天津市少年儿童图书馆举行“第一届海峡两岸儿童及中小学图书馆学术研讨会”。

1995 年 8 月 21—23 日，首届“海峡两岸儿童与中小学图书馆学术研讨会”在天津如期举行。此次研讨会由天津市少年儿童图书馆与台湾世界华文儿童文学资料馆联合主办，这是海峡两岸儿童与中小学图书馆界的首次学术研讨会。海峡两岸共有 40 余位专家学者参加了会议，其中 11 名台湾参会者均来自中小学图书馆及教育资料部门。双方就儿童与中小学图书馆事业发展的现状、儿童图书馆的教育功能、资源共享、儿童图书馆与中小学图书馆自动化的现状及未来发展趋势等内容展开了热烈讨论。此次学术研讨会极大地推动了两岸儿童与中小学图书馆事业

的发展，对两岸的文化教育和未来人才培养都具有十分重大的意义。会后两地主办方相约，该会议在大陆和台湾两地轮流易地召开。

1996 年 12 月，“第二届海峡两岸儿童与中小学图书馆学术研讨会”在台北隆重举行，由台北市立图书馆承办。200 余位学者参加了此次盛会，其中大陆学者 16 名，会议反响热烈。会后两地图书馆界商讨，鉴于会议每年两地轮流召开，人力物力难以负荷，遂改为隔年举行，故“第三届海峡两岸儿童与中小学图书馆学术研讨会”于 1988 年 8 月在武汉举行。此后，这种交流与研讨一直持续不断，并且始终朝着健康、务实的方向发展。

七、首届中国图书馆学会年会

中国图书馆学会年会，也称中国图书馆学会学术年会，是图书馆界一年一度的行业盛会，也是综合型学术活动。

中国图书馆学会于1979年7月9日在山西太原召开成立大会暨第一次全国图书馆科学讨论会。1999年7月9—12日，中国图书馆学会首届年会暨学会成立20周年纪念活动在大连隆重举行。这是中国图书馆学会第一次以“年会”为名举办的年度学术会议，标志着学会年会进一步与国际接轨，被誉为“一次学术的盛会，是本世纪中国图书馆工作者学术研究水平的集中展示”。全国图书馆界1000余名代表参加了这一图书馆界的盛事。“1999年中国图书馆专业设备展览会”同时召开。澳门地区和日本图书馆协会也专门派代表团参会。文化部副部长艾青春、中国图书馆学会理事长徐文伯和大连市副市长贺旻等也参加了年会。

年会主题是“世纪之交：图书馆事业回顾与展望”；6个分主题是“数字图书馆与网上图书馆”、“网络环境下的文献资源建设与共享”、“新世纪——图书馆管理与改革”、“走向21世纪的文献信息服务”、“文献信息标引与编目工作的发展态势”、“知识经济与图书馆”。与会代表围绕上述主题展开了充分探讨和交流。年会共收到论文750余篇，评选出优秀论文并颁发了证书。

文化部副部长艾青春在闭幕式上发表讲话，指示广大图书馆员要转变观念，适应社会主义市场经济的发展，不做图书馆的“看门人”，要做知识的“导航员”。他强调各级各类图书馆要加快推进改革，从实际出发改变现状，争取图书馆事业的繁荣。

中国图书馆学会自 1999 年以来已经成功举办了 16 届年会。每一届年会确定的主题都紧随年度国内外图书馆学研究和图书馆事业发展的趋势，同时设有相关的分主题，供广大图书馆员深入探讨和交流。每一届年会期间，均举办图书馆专业设备展览，使与会的图书馆员有机会直接了解国内外厂家研发的用于图书馆工作的新技术和新设备。每届年会均有国外图书馆界的代表参会，也有港澳台地区的图书馆代表参加。为了鼓励图书馆员进行学术研究和业务探讨，每届年会都会广泛征集论文。年会主办方专门成立了论文评审委员会，组织近百名专家对参会的论文进行审核，评选优秀论文一、二、三等奖数百篇，颁发荣誉证书，出版年会论文集，积极推进图书馆事业的蓬勃发展。

从 2004 年开始，年会名称隐去了“学术”一词，即中国图书馆学会年会，这表明年会的定位发生了微调。在继续保持“学术性”的同时，逐渐增加了“大众性”的要素。2011 年，年会的组织机构发生变化，改为“政府主办，学会承办”。年会由文化部主办，学会负责学术部分。年会名称由“中国图书馆学会年会”更名为“中国图书馆年会暨中国图书馆学会年会”。从此年会站位更高，视野更为广阔，明确了图书馆事业在国家文化战略中的重要地位。

中国图书馆学会历届年会一览表

年会	主题	交流论文	时间	地点
1999	世纪之交：图书馆事业回顾与展望	近 700 篇	1999 年 7 月 9—12 日	辽宁省大连市
2000	21 世纪图书馆：发展与变革	640 余篇	2000 年 7 月 18—21 日	内蒙古海拉尔市
2001	21 世纪图书馆可持续发展战略	720 余篇	2001 年 9 月 25—29 日	四川省成都市
2002	知识经济时代图书馆的发展趋向	720 余篇	2002 年 7 月 25—29 日	陕西省西安市

续表

年会	主题	交流论文	时间	地点
2003	新世纪的图书馆员	838 篇	因“非典”未召开年会	
2004	回顾与展望——中国图书馆事业百年	931 篇	2004 年 7 月 23—26 日	江苏省苏州市
2005	以人为本，服务创新	1374 篇	2005 年 7 月 20—24 日	广西省桂林市
2006	图书馆发展与和谐社会构建	1196 篇	2006 年 7 月 23—27 日	云南省昆明市
2007	图书馆：新环境、新变化、新发展	1092 篇	2007 年 8 月 3—7 日	甘肃省兰州市
2008	图书馆服务：全民共享	1300 篇	2008 年 10 月 27—31 日	重庆市
2009	中国图书馆事业：科学 · 法治 · 合作	1363 篇	2009 年 11 月 2—5 日	广西省南宁市
2010	提升能力与效益，促进学习与创造	1346 篇	2010 年 7 月 25—29 日	吉林省长春市
2011	公益 创新 发展“十二五”时期的图书馆事业	1261 篇	2011 年 10 月 26—27 日	贵州省贵阳市
2012	文化强国——图书馆的责任与使命	1617 篇	2012 年 11 月 22—23 日	广东省东莞市
2013	书香中国——阅读引领未来	1559 篇	2013 年 11 月 7—9 日	上海市
2014	馆员的力量：改革、发展、进步	1611 篇	2014 年 10 月 10—12 日	北京市
2015	图书馆：社会进步的力量	1309 篇	2015 年 12 月 16—17 日	广东省广州市
2016	创新中国：技术、社会与图书馆	1131 篇	2016 年 10 月 25—28 日	安徽省铜陵市

八、首届中国 eBook 产业年会

2003 年 3 月 26—27 日，“2003 中国 eBook 产业年会暨数字图书馆分会”在北京召开，会议的主题为“eBook 的春天”。此次年会由中国出版工作者协会、中国图书馆学会、高等教育文献保障系统管理中心主办，北大方正电子有限公司承办，天津津科电子有限公司协办。中国 eBook 产业界 300 余家出版社、近 400 家图书馆、10 家网站及硬件厂商以及技术提供商近千人汇聚一堂，回顾 eBook 产业在中国的发展历程，分析 eBook 产业发展中遇到的困难，共同商讨促进中国 eBook 产业及数字图书馆未来发展的策略。全国政协副主席王选、新闻出版总署副署长于永湛出席会议并讲话，中国出版工作者协会副主席兼秘书长谢明清等领导也出席了此次会议。

首届 eBook 产业年会的召开，昭示着 eBook 的春天已经到来。虽然网民下载和利用 eBook 还处于预热期，但数字图书馆对于 eBook 的需求已经带动起相关产业的发展，从最初的 B2C[1] 模式到 B2B[2] 模式逐渐成熟。北大方正电子有限公司作为 eBook 产业执着的先行者，于 2001 年推出了 Apabi[3] 网络出版及数字图书系统整体方案，其核心是数字版权保护技术（DRM），这项技术获得三项国家专利，其中数字版权保护技术和文字图形图像处理技术跻身全球 eBook 技术领先之列。截至 2003 年 3 月，有 200 家出版社与北大方正电子有限公司合作，出版网络正版图书 2 万种，有 200 家新建数字图书馆采用了方正数字图书系统整体解决方案，有 10 家网站提供电子图书下载，有 3 家硬件厂家生产电子书阅读器。

应该说，首届eBook产业年会不仅极大地推动了我国eBook技术的发展，也推动了数字图书馆的建设，使国民感受到电子书带来的快捷和方便，从而不断改变人们的阅读习惯。

注释

[1] B2C：全称Business-to-Customer，简称为“商对客”，是商业机构直接面向消费者销售产品的一种电子商务，通常以网络零售业为主，商家借助互联网开展在线销售活动。

[2] B2B：全称Business-to-Business，也可缩写为BTB，是指企业与企业之间通过互联网对产品、服务及信息进行交换的商业模式。

[3] Apabi：其具体介绍请参见本书“中国最大的正版电子书库——方正Apabi数字资源”。

九、中国首届“百县馆长论坛”

2005 年 10 月 31 日，中国图书馆学会在河南省林州市召开了“百县馆长论坛”，有 20 多个省市的百余位县级图书馆馆长参加了论坛。论坛的主题是“中国县级图书馆的生存与发展”，与会者就文献资源建设、服务对象与服务模式、自动化、数字化和网络化建设展开了深入探讨，为改变县级图书馆的生存现状献计献策。

北京大学李国新教授在论坛上宣讲了主旨报告《我国公共图书馆事业进一步发展的突破口——县级图书馆的振兴》，指出目前我国县级图书馆存在的五大突出问题，即馆舍老化、设施设备落后、经费严重短缺、图书馆“空壳化严重”、工作人员构成庞杂且专业水平偏低。这些问题严重制约着我国公共图书馆的发展。他认为，振兴县级图书馆的突破口有三：一是资源配置向县级图书馆倾斜，二是提升馆长的认识和管理水平，三是降低服务成本，提高服务效益。本次论坛形成了重要成果——《“百县馆长论坛”林州共识》。

“百县馆长论坛”开坛的起因，是 2005 年北京大学李国新教授的一项县级图书馆现状调研报告。在中国科协 2005 年新疆乌鲁木齐年会上以主旨报告方式发布，随后《中国青年报》在头版予以报道。该报道引起中外媒体的广泛关注，据不完全统计，国内外有 300 余家媒体转载或报道了该信息，后续还出现了评论和深度专题讨论。于是，中国县级图书馆的生存困境引起全社会前所未有的关注。中共中央宣传办公室主编的《互联网舆情 [2005]231 期》转载了李国新教授调研报告的主要内容，当时的中共中央政治局常委李长春和国务委员陈至立阅后，批示文化部研究解决此问题。随即，文化部启动了专项调研，并启动了“援助贫困地区图书馆计划”。恰逢中国图书馆学会“百县馆长论坛”经过一年多的筹备如期举行。

“百县馆长论坛”是专门面向县级公共图书馆馆长的全国性论坛，正常情况下每两年召开一次，目前已经召开了五届。每届论坛设有一个主题，最终形成一个“共识”。

历届“百县馆长论坛”一览表

届次	主题	共识	时间	地点
第一届	县级图书馆的生存与发展	林州共识	2005 年 10 月 30—11 月 2 日	河南林州
第二届	社区乡镇图书馆建设与发展	常熟共识	2007 年 10 月 30—11 月 1 日	江苏常熟
第三届	构建体系，提升服务，持续发展	江阴共识	2010 年 5 月 12—15 日	江苏江阴
第四届	免费开放环境下县级图书馆的建设与服务创新	神木共识	2012 年 7 月 12—13 日	陕西神木
第五届	县级图书馆在构建现代公共文化服务体系中的地位和作用	晋江共识	2015 年 5 月 20—22 日	福建晋江

十、首届中国乡村图书馆建设及阅读推广研讨会

2010 年 4 月 15—16 日，心平公益基金会[1]主办，21 世纪教育研究院、北师大儿童阅读与学习研究中心、中国滋根、新教育研究院协办，北京华夏经济社会发展研究中心承办的“第一届中国乡村图书馆建设及阅读推广研讨会”在武汉举行。全国各地（包括港台）近百家 NGO（非政府组织）的 120 多名志愿者参加了研讨会，共同分享经验，交流心得。这是中国乡村图书馆与中小学图书室建设与民间阅读推广领域各公益组织的第一次大聚会，也是研究推广乡村图书馆事业和中小学图书室建设的一次盛会。

组委会安排了 4 个主题报告和 5 个互动论坛，着重探讨新时期乡村图书馆建设和中小学阅读推广以及非政府组织的介绍。在会上，奕阳教育研究所负责人张守礼将乡村阅读分为三个阶段：第一阶段是书本扶贫；第二阶段是阅读推广，包括看书识字和阅读方法与内容；第三阶段是文化立人，使阅读者参与乡村公共生活的重建，激活当地文化网络，重建公民社会。目前，我国已经进入第二阶段。

2011 年 6 月 11—12 日，“第二届中国乡村图书馆建设与阅读推广研讨会”在成都举行。此次研讨会由心平公益基金会、成都市大邑县教育局主办，萤火虫助学志愿服务中心承办，66 个单位的 150 多名代表参会。

北京大学信息管理系王子舟教授致开幕词。会议围绕 6 个主题展开研讨：（1）乡村图书馆建设；（2）乡村阅读促进；（3）“梦想书屋”项目的架构和设想；（4）立人在深耕本地和县域覆盖方面的实践；（5）如

何在乡村小学开展阅读课及阅读推广；(6) 爱的书库县域覆盖的经验等。每个主题分享后，安排有一个互动论坛，每个互动论坛由三到四个机构的负责人围绕一个话题进行 10 分钟的主题发言，比如：如何持续才有未来、让学生自己管理图书、从游击战到阵地战、坚持才有力量等，交流本机构的探索和实践经验，之后与会者向发言代表提问，共同切磋解决在建设乡村图书馆和阅读推动的过程中遇到的问题，会议气氛热烈。11 日晚，很多参会代表促膝交谈，彻夜未眠。会议最后，心平基金会秘书长伍松作总结发言。

与会代表认为，乡村图书馆建设与阅读推广只是民间组织关注国民教育中的一个点，但是透过这个点我们发现，这不仅仅是推广阅读，在推广的过程中更是民间机构、学校、老师、学生反思我们现有的教育模式，在一线实实在在地探索实践教育新思路新方法的开端，伴随着大家不懈的努力，乡村图书馆建设与阅读推广这一利国利民的公益事业，一定会不断发展和前进。

2013 年 4 月 24—25 日，心平公益基金会在成都又组织召开了“第三届乡村图书馆建设及儿童阅读研讨会”。

注释

[1] 心平公益基金会：由企业家和投资人段永平先生（“小霸王”和“步步高”两个知名品牌创立者）及夫人刘昕女士发起，2008 年 9 月获得民政部批准设立的全国性非公募基金会，专注于公益图书室项目，面向中国广大贫困地区的和弱势群体集中的中小学，与公益伙伴开展合作，以帮助这些学校建立起自己的图书阅览室。其创立宗旨是：致力于帮助青少年和儿童享有公平的学习机会，推动中国教育事业的完善和发展。

十一、中国首届高校图书馆发展论坛

2010年4月27—29日，“2010高校图书馆发展论坛——中国数字图书馆建设理论与实践”在北京台湖国际图书城举行。论坛由中国图书馆学会高等学校图书馆分会主办，《中国现代教育装备》杂志社、中国教育装备采购网承办，北京新华书店首都发行所有限公司协办。本届论坛的主题是“中国数字图书馆建设理论与实践”。来自全国200余所高校图书馆的馆长和相关负责人、20余位业界专家和企业代表共计300多人参加了本届论坛。

论坛设有六个分论坛，来自各高校图书馆的馆长、研究员以及知名企业的技术专家共计47人，分别作了主旨发言，与会代表热烈探讨。会议最后评选出优秀案例奖、优秀论文奖以及参与奖数十名。

此次论坛是中国高校图书馆最高等级的年度峰会，成为高校图书馆与数字企业交流的一个平台，架起了“使用者”和“供应商”之间的桥梁。此后，该论坛每年一届，每次探讨不同的主题，见下表。

历届高校图书馆发展论坛一览表

论坛年	主题	时间	地点
2010	中国数字图书馆建设理论与实践	4月27—29日	北京
2011	新使命，新任务，新挑战：图书馆的可持续发展策略和实践	6月21—25日	成都
2012	数字图书馆信息技术的战略规划、技术实践与创新发展	6月10—13日	苏州
2013	服务——时代旋律，永恒主题	6月4—7日	长春
2014	数字资源——用数据量体，为学科裁衣	5月28—30日	西安

续表

论坛年	主题	时间	地点
2015	大学图书馆服务能力的提升与拓展——资源支撑，技术助力	6月3—5日	武汉
2016	机遇与挑战并存——大学图书馆可持续发展策略及实践	6月16—17日	银川
2017	双一流背景下大学图书馆的创新与发展	6月7—9日	贵阳

十二、中国首届少年儿童图书馆馆长论坛

2010年6月21日，中国首届少年儿童图书馆馆长论坛在上海少年儿童图书馆举行。此次论坛由中国图书馆学会未成年人专业委员会、上海少年儿童图书馆共同发起和举办，论坛的主题为“少儿图书馆管理机制的创新”。来自全国各地的60余名少儿图书馆馆长相聚在上海少年儿童图书馆，就少儿图书馆的办馆模式、岗位设置、人员管理、少儿图书馆事业的可持续发展以及在公共文化服务体系中的地位和作用进行了广泛的学术研讨。

中国图书馆学会网站报道说：“与会者一致认为，服务机制的创新是图书馆创新的关键和重点，它不仅包含管理体制创新和人才培养，而且包含着图书馆间合作与服务联盟和新型文化服务体系的构建，决定着少儿图书馆服务创新能否顺利开展的关键环节。少儿图书馆馆长作为少儿图书馆管理者及事业发展的引领者，必须不断深入探讨研究少儿图书馆的现状和未来的发展，不断研究创新办馆理念，开拓多元化办馆模式，引领实践，从而使少儿图书馆事业进入可持续发展轨道，以期获得社会效益的最大化。”

此次论坛开启了少儿图书馆事业规范、有序发展的新篇章，不仅对创新办馆理念、开拓多元化办馆模式起到了指导性作用，而且对于促进全国少年儿童图书馆事业进入可持续发展的轨道起到了非常积极的推动作用；对于进一步加强未成年人思想道德建设、促进少儿图书馆的创新、引发对少儿图书馆工作前瞻性的战略思考、推进少儿图书馆事业的发展，具有非常重要的作用；同时为各馆进行总结交流、摸索创新模式，架起了一个相互学习、共同发展的研讨平台。

第六部分

图书馆学文献

导言：

文献是中华民族的宝贵财富

善于积累、总结、借鉴、学习，才能不断提高。中华民族在5000年的文明发展历程中，就是这样不断耕耘和收获，把无数辉煌的文化记录下来，传递给我们。

由于对书的热爱和对书的研究，清代著名藏书家孙从添完成了我国第一部论述藏书活动的专著《藏书纪要》。清代著名金石学家、文献学家和收藏家叶德辉在对中国历代图书研究的基础上，写出中国第一部真正的图书史著作《书林清话》。他们的成果为后人深入研究提供了珍贵的资料。

清朝政府第一次在官方文件《奏定大学堂章程》中使用“图书馆”一词，从而极大地推动了中国大地广泛建立图书馆的进程，拉开了我国近代图书馆发展的序幕。

图书馆的前辈在遵循图书馆事业的传统规律的同时，不断汲取国外的先进理念和做法，将许多国外的经典文献介绍到国内。近代中国著名学者、杰出的古文字、古器物、古史地学家王国维出版了中国首部介绍海外图书馆历史的译著《世界图书馆小史》；陈逸先生翻译的日本译著《儿童图书馆之研究》，成为中国第一部儿童图书馆学译著；最早介绍国外儿童图书馆的文章《关于幼稚园图书馆等及私立小学规则》在杂志上发表。这些文献使国人开阔了眼界，也推动了我国图书馆领域自身的专业研究，比如我国最早提出儿童图书馆学研究概念的专著《学校图书馆学》于1928年问世。

在图书的编目方面，清末目录学家、藏书家、图书馆学家孙毓修撰写了中国最早介绍外国图书分类法的著述《图书馆》。我国第一部中西混合制图书分类法《仿杜威书目十类法》于1910年问世，打破了我国数千年的四分法和七分法的传统编目方法。

图书馆人越来越多地认识到专业研究的重要性，于是专业期刊开始出现，如我国最早的图书馆学专业期刊《浙江公立图书馆年报》于1915年创刊。新中国成立后，图书馆类专业期刊更是如雨后春笋般涌现，如被誉为中国图书馆学第一刊的专业期刊《中国图书馆学报》（1957年）、中国图书馆学情报学领域唯一一份技术性核心期刊《现代图书情报技术》（1980年）、中国图书馆学情报学领域的英文学术期刊《中国文献情报（英文版）》（2008年）以及中国图书馆学情报学领域第一本半月刊《图书情报工作》等，这些标志着我国图书馆学研究不断进步。

多年来，我国的图书馆学研究一直呈现欣欣向荣的繁荣景象，本章所介绍的著作、期刊和文献，不仅是中华民族的宝贵财富，也是热爱图书馆事业的世代图书馆专业人员的思想结晶。

一、中国第一部论述图书馆典藏技术的专著——《藏书纪要》

《藏书纪要》由清代孙从添（1692年—1767年）撰写。孙从添是我国清代著名图书馆学家、藏书家，字庆增，号石芝，江苏常熟人。他精于医学，因用药与他人不同，而被称为“孙怪”。孙从添性嗜典籍，家有藏书楼“上善堂”，藏书逾万卷，虽家境贫困，但不肯典卖与人。

孙从添在认真总结藏书家的藏书经验后，系统整理完成了《藏书纪要》一书，是19世纪中国唯一一部全面论述藏书技术的专著。

《藏书纪要》全书1卷8册，有自序，清代著名藏书家、目录学家、校勘家黄丕烈（1763年—1825年）为书作跋。该书详细介绍了古人藏书的购求、鉴别、钞录、校雠、装订、编目、收藏、曝书等八则内容，系统地概括和总结了封建社会藏书楼的全部活动内容，并对收藏古籍的技术做了较为详细的论述。书中古籍编目所用的术语、宋元版本鉴定和准则等，一向为收藏家们所谨守不渝，很多都延用至今。

清末著名的藏书家及出版家叶德辉（1864年—1927年）、中国近代著名藏书家、校勘家、目录学家缪荃孙（1844年—1919年）等对《藏书纪要》评价极高。近代图书馆学家谭卓垣在《清代图书馆发展史》一书中用英文全面介绍了《藏书纪要》的内容，他评价说：“孙所写这本手册，是整个十九世纪唯一的一本向私人藏书家交代图书馆学术的参考书。”

《藏书纪要》反映了钱谦益[1]、钱曾[2]、毛晋父子[3]等为代表的常熟藏书家一派的藏书和目录学的思想观点——图书版本形式重于版本内容，鉴赏收藏重于读书考订。这一观点显然是时代的局限所致。

《藏书纪要》对我国图书馆事业具有开拓意义：一是图书的购买及鉴别。书是藏书楼之根本，购书列位八则之首，他认为藏书者不仅要了解书籍质量内容和出版的信息，还要有鉴别版本的经验，以避免造成不必要的损失。二是藏书整理及编目。(1) 要求编目者具备广博的典籍知识、合乎逻辑的思想和细致的工作态度；(2) 藏书需建立一套完整的目录体系；(3) 必须建立详细的书目著录项；(4) 概括总结了与书目著录直接相关的版本鉴定方法。他提出了一个前所未有的、比较完善的编目方式，分为四种类型，即“编大总目”、“编宋元刻本钞本目录”、“编分类书柜目录”、“编书房架上书籍目录，及未订之书，在外装订之书，钞补批阅之书，各另立一目”，这样才能不“错混颠倒，遗漏草率”，方能“检阅清楚，门类分晰，有条有理”，从而全面地反映藏书的数量和质量，方便取阅，利于购书及管理。三是藏书楼的设备及藏书的保管方法。《藏书纪要》认为，保护现有书籍的重要性不亚于购求书籍，并且要求时常查看，置之不理会出现重大的失误。四是藏书楼的建造和藏书保管。应该防火、防潮、通风、防盗、防鼠蚁。

《藏书纪要》有 1889 年和 1896 年刻本，1916 年重编本，并被多种清代丛书所收录。1957 年，古典文学出版社重印此书，与《澹生堂藏书约》合订为一册。

注释

[1] 钱谦益（1582 年—1664 年），字受之，号牧斋，晚号蒙叟，别称东涧老人、虞山先生，江苏常熟人。明清藏书家，建有著名的藏书楼——“绛云楼”。主要著作有《初学集》《有学集》《投笔集》等。

[2] 钱曾（1629 年—1701 年），字遵王，号也是翁，又号贯花道人、述古主人，江苏常熟人，清代藏书家、版本学家，是钱谦益的得意门生，也是其孙

辈族人。主要著作有《怀园集》《判春集》《奚囊集》《今吾集》等。

[3] 毛晋父子：毛晋（1599 年—1659 年），江苏常熟人，原名凤苞，字子久，后改名晋，字子晋，别号潜在，隐湖、戊戌生、笃素居士等，别号汲古阁主人。室名绿君亭、汲古阁、目耕楼、读礼斋、载德堂、笃素居、宝月堂、追云舫、续古草庐等，其中汲古阁最著名。明末清初著名藏书家、出版家、刻书家、文学家、经学家。早年师从钱谦益，曾校刻《十三经》《十七史》《津逮秘书》《六十种曲》等书，居历代私家刻书者之首。其尤嗜好抄录罕见秘籍，缮写精良，被后人称为“毛钞”。主要著作有《毛诗陆疏广要》《苏米志林》《海虞古今文苑》《毛诗名物考》《明诗纪事》《隐湖题跋》等。毛晋有五男四女，其长子毛襄（1612 年—1642 年）约 31 岁去世；二子毛褒（1631 年—1677 年），字华伯，号质庵，清初藏书家；三子毛衮（1633 年—1652 年），字补仲，约 20 岁早逝；四子毛表（1638 年—1700 年），字奏叔，号正庵，清初藏书家、刻书家；五子毛扆（1640 年—1713 年），字斧季，号省庵，别号汲古后人，清代著名藏书家、校勘家、出版家。

二、中国最早介绍外国图书分类法的著述——《图书馆》

清末目录学家、藏书家、图书馆学家、中国童话鼻祖孙毓修[1]所著的《图书馆》一文，是最早向国人介绍外国分类法的著述。他曾任商务印书馆编辑，编辑过不少有关历史人物传记的小册子，并著有《中国雕版源流考》一书。

1909年底，孙毓修所著的2万余字的《图书馆》一文开始在陆费逵主编的《教育杂志》上连载。当时中国图书馆正从古代藏书楼向近代公共图书馆过渡，藏书楼的管理方法已经不能适应当时的需要，因此，他参考日本、美国的相关著作和报告，撰写了《图书馆》一文。他原计划从七个方面来论述图书馆的工作：一、建置；二、购书；三、收藏；四、分类；五、编目；六、管理；七、借阅。但不知因何原因，他只写到第四部分（未完）便中断了，《图书馆》一文成为一部未完成的专业文稿。

从《图书馆》一文已刊载的内容看，图书分类法占有很大篇幅。当时，孙毓修已经意识到，图书分类在图书馆工作中是非常重要的一个环节。他认为四库分类法只适合分旧书，不能涵盖新书的类别。为了解决这一问题，他广泛参考欧美通行的类别目次，变通草拟了一个分类大纲，共22部127类，试图以此分编新书。

对于西方图书，孙毓修主张采用《杜威十进分类法》，并且介绍了《杜威十进分类法》的具体分类内容，即十个大类：总记部、哲学部、宗教部、社会学部、语学部、理科科物学部、应用美术部、非应用美术部、文学部、历史部，并介绍了每个大类下的子目，但只介绍到宗教部便停载了。

孙毓修的《图书馆》一文在《教育杂志》上共刊载了 8 期，第一次刊载是 1909 年 10 月 25 日至 1910 年 11 月 10 日分 8 期刊行，从第 1 卷第 11 期开始连续刊载 4 期，后停刊半年，1910 年 9 月继续刊载 4 期，介绍《杜威十进分类法》的内容刊载在第 2 卷第 10 期和第 11 期上。

孙毓修在《图书馆》一文中，首先，提出了“保旧而启新”的办馆宗旨。他指出：“欲保古籍之散亡，与集新学之进境，则莫如设地方图书馆。”其次，对中外图书馆建置进行了多方面的比较，论述了图书馆的功能、中国公共图书馆的设置等问题。第三，首次介绍了欧美通行的《杜威十进分类法》，虽然简单且不完整，但却是我国最早的一篇较系统介绍《杜威十进分类法》的著述，对中国藏书分类具有一定的影响；同时他制定出了一部适合中国国情的新书编目分类法。第四，提出建筑、图书收藏与陈列为一体的藏书观念，具有鲜明的时代特点。

总之，《图书馆》一文是近代图书馆学的开山之作，虽未连载完毕，但起到了理论奠基的作用，对中国图书馆事业的影响不可低估，无愧为中国第一部较系统的图书馆学著述。

注释

[1] 孙毓修：清末目录学家、藏书家，也是著名的图书馆学家和中国童话鼻祖，其详细介绍可参阅本书“介绍外国图书分类法第一人及中国童话鼻祖——孙毓修”。

三、中国首部研究私家藏书的著作
——《藏书纪事诗》

《藏书纪事诗》是中国清末民初著名的金石学家、目录版本学家、校勘学家、文献学家、藏书家叶昌炽撰写的一部记载史上藏书家事迹的专著，首开研究私家藏书之先声。

叶昌炽（1849 年—1917 年），字兰裳，又字鞠裳、鞠常、颂鲁，自署歇后翁，晚号缘督庐主人，原籍浙江绍兴，后入籍江苏长洲（今苏州市），早年就读于晚清思想家、散文家冯桂芬开设的正谊书院，曾协助编修过《苏州府志》。叶昌炽是光绪年间的进士，“历任翰林院庶吉士、国史馆协修、纂修、总纂官，参与撰《清史》，后入会典馆，修《武备图说》，迁国子监司业，加侍讲衔，擢甘肃学政，引疾归”。他本人拥有五百经幢馆，藏书 3 万卷，著有《语石》《缘督庐日记》《藏书纪事诗》《滂喜斋藏书记》等书。

《藏书纪事诗》是叶昌炽最有影响力的一部著作，也是我国历史上非常著名的一部著作。光绪十年（1884 年），叶昌炽开始撰写《藏书纪事诗》，光绪十六年（1890 年）完成初稿。宣统元年（1909 年），叶昌炽对其挚友江标在光绪二十三年（1897 年）出资辑刻的《藏书纪事诗》初本——《灵鹣阁丛书》6 卷本进行认真校定，增补内容，重排次序，重新刊刻《藏书纪事诗》7 卷，此“家刻本”7 卷为定本。

《藏书纪事诗》以文学形式、按照时代顺序、记录了五代至清末 739 位藏书家的故事和史实，其体例以绝句开篇，后缀事迹，必要时后附案语。有学者认为《藏书纪事诗》“相当于一部资料汇编式的藏书家辞典”。

该书引用资料大量取自正史、笔记、方志、官私目录以及古今文集等文献，由此可见其用心专注。

《藏书纪事诗》除了记述藏书家活动外，还收录了历代刻书、校书、抄书等方面的资料，对于研究目录、版本、校勘、出版印刷史及文化学术的演变具有重要的史料价值，被誉为“藏家之诗史，书林之掌故”。

苏州大学文学院周生杰教授对叶昌炽及后人的《藏书纪事诗》进行了系统和深入的研究，总结出了《藏书纪事诗》的“学术价值”和“文学意义”，在此摘要其精华观点如下。

《藏书纪事诗》的学术价值表现为以下几点：

1. 引领藏书研究热潮。傅璇琮和谢灼华二位先生说：“对于中国藏书文化，自从叶昌炽结撰《藏书纪事诗》而开启了总结研讨之风以来，先后出现过两次研究热潮。”第一次热潮形成于 19 世纪 20 年代末至 30 年代末，后因日寇侵华而告中止。这一时期的特点：一是出现了一系列相关著作；二是各地举办了多场文献展览会，对私家藏书楼和藏书家广为宣传。第二次热潮从 19 世纪 80 年代始到 90 年代后期形成新的学术研究高潮。这一时期的特点，一是整理出版了一批著名藏书家的藏书目录、信札、书话等；二是学术界为藏书家、藏书楼撰写多部传记、辞典；三是编印历代藏书家题跋和书目集，订补再版早期藏书史论著；四是开始关注对断代藏书家和区域藏书家的研究，对中国藏书家个体研究走向深入；五是出版多部藏书家辞典和综论性著作，召开多次中国藏书文化研讨会。追根溯源，这些成果均与《藏书纪事诗》作者悉心搜集藏书家史料、阐彰藏书家事迹的开先探索之功不可分。

2. 推重古代师法学统。在《藏书纪事诗》的创作过程中，叶昌炽以及诸作者伦明、王謇、徐信符、吴则虞等都有师法渊源，袭考据学路数，对经学、史学、子学和文学均有较为深入的研究。叶昌炽曾受业于冯桂芬、潘祖荫和黄彭年等经学家，后续诸家秉承叶氏书法，推重师法。当时的学者们严守师法，绝少门户之见，鲜有相互攻讦之恶行，恪守师法亦多见于行文。

3. 综述藏书渊源递嬗。私人藏书家以毕生的精力聚书藏书、修书补书、买书卖书、读书校书，甚至著书刻书，对传承中华文化产生重要影响。《藏书纪事诗》所收录的藏书家著作，是研究和编写中国图书馆事业发展史不可缺少的参考资料，对反映藏书形势变化、追踪私家藏书流向、追溯一书形成与流传等具有重要的参考价值。

《藏书纪事诗》的文学意义表现为以下几点：

1. “别开生面”的藏书家史诗。叶昌炽以刻画藏书家形象为中心，创造出新的文学样式——“藏书纪事诗体”，即将藏书家的珍闻逸事搜集在一起，对每人或每几个有关系的人，分别叙事，并各配绝句一首。“诗”与“史”有机的结合，在内容上或体裁上，创造出一种新的写作方式，前无古人。《藏书纪事诗》超越了传统，以历史上的藏书家为咏歌对象，彰显其藏书、爱书、著书、刻书的奉献精神。

2. “节短韵长”的诗法风尚。《藏书纪事诗》中的诗句虽短，但蕴含内容丰富，与传文相映成趣，起到画龙点睛、提纲挈领的作用，尽可能全面反映藏书家生平、藏书特色及学术成就。每首七言绝句主要表达下述内容：歌颂藏书家保护图籍的献身精神，赞扬藏书家爱书如痴的动人事迹，记载藏书家的奇闻轶事，评述藏书家的学术方法与成就。

3. “情辞谨严”的性情文学。七言绝句容纳了藏书家个人遭际和世事纷纭之变，穿插史料，赞美藏书家之超拔气节。《藏书纪事诗》通过记述藏书家事迹，传播中国知识分子孝养至亲、不畏强权等传统美德。

4. “披沙拣金”的文学史料。《藏书纪事诗》可称为史学与诗学的双璧合一。诗注结合，征引浩繁典籍，保存丰富的文学史料，即：保存文人传记资料、记载文集的编纂与流传、收录各类人佚诗多首，使编纂文集者可从中辑佚。

注：《藏书纪事诗》传本有光绪二十三年（1897 年）江标辑《灵鹣阁丛书》6 卷本和宣统元年（1909 年）叶氏家刻 7 卷本。

新中国成立后，上海古典文学出版社于 1958 年据叶氏家刻 7 卷本进行校点整理，并附以四角号码人名索引，铅印出版了叶氏藏书纪事诗续补之作。辽宁人民出版社于 1988 年出版了《续补藏书纪事诗传》，汇集伦明《辛亥以来藏书纪事诗》、王謇《续补藏书纪事诗》、徐信符《广东藏书纪事诗》、吴则虞《续藏书纪事诗》等所作的续补藏书纪事诗 351 篇，记录清代至近代以来藏书家 277 人，内容涉及 300 多年来历史文献的传播、藏书事业的发展、书业活动的兴衰等。该书同近人谭卓垣的英文译本《清代藏书楼发展史》合刊出版。

四、向国人介绍海外图书馆历史的首部译著——《世界图书馆小史》

《世界图书馆小史》是近代中国著名学者、杰出的古文字、古器物、古史地学家王国维（1877年—1927年）于1910年6月至10月在《学部官报》连载发表的译著，后原稿又重刊于1935年北平《图书馆学季刊》第9卷第3、4期上。该书被誉为西学东渐介绍海外图书馆历史的首部大作，其中着意记述了文艺复兴时期后的图书馆发展历程，对于近世纪欧美各国和印度的图书馆进行了全面介绍，包括图书馆的职能、建筑、设备和图书管理、编目、采购等，使20世纪初的国人对图书馆学的方方面面有了比较全面的了解。

王国维对《世界图书馆小史》的内容把握非常准确，对图书馆专业用语的翻译也很贴切，很多术语至今我们仍在使用，仅有一些人名和地名与今天的译法有所不同。

原著者把世界图书馆历史分为三个时期，即上古时期、中世时期和近世时期。上古时期，巴比伦、埃及、希腊、罗马等国的图书馆彰显着文化的特质，是文化的标志。中世时期，图书管理权与教育权逐渐落入教会之手，寺院图书馆逐渐兴盛，读书的目的是为了疏证教义而非求知，然而这对保存拉丁文学贡献颇大。近世时期，著者按照地理位置划分图书馆，分别介绍了英国、苏格兰、爱尔兰、法兰西、日耳曼、奥地利、意大利、比利时、荷兰、丹麦、挪威、俄国、美国、印度等国家的图书馆。虽然书名为《世界图书馆小史》，但是只字未提中国和东方诸国关于藏书的历史，这显然说明原著者的研究存在局限性。

《世界图书馆小史》还介绍了图书馆管理法，涉及图书馆房屋建筑、通风和温度、图书室、取书法、图书分类、书架排列、目录排列、图书馆行政、阅读指导、馆员、选书法、得书法、版权条例等诸多内容，是一部专业性很强的图书馆译著。

书中还谈及宗教和政教方面的要事以及文字的产生，由于相关纪事必藏于神圣之地，所以最古老的图书馆应当是寺院，而最古老的藏书家则是僧侣，这恰好与中国甲骨文及其收藏的情形类似。

王国维翻译的《世界图书馆小史》的意义除了向国人介绍世界各国图书馆发展史外，还把国人向国外学习图书馆制度的范围扩展到西方。在我国图书馆制度建立之初，曾有两个向国外学习的阶段，即初学日本，后来发现日本的图书馆制度是从美国学来的，进而转学美国，而《世界图书馆小史》使国人开始向英国学习。

五、中国第一部真正的图书史著作
——《书林清话》

中国第一部真正的图书史著作当属叶德辉的《书林清话》。

叶德辉（1864年—1927年），字奂彬（也作焕彬），号直山，一号郎园，湖南长沙湘潭人，祖籍苏州，曾任清朝御史，是我国著名的藏书家及出版家。其代表作有《书林清话》《书林馀话》《观古堂书目》等，其中《书林清话》是一部在近代学术史上与叶昌炽《藏书纪事诗》并行的书林名著。

叶昌炽（1849年—1917年）是我国清光绪年间著名的金石学家、文献学家、收藏家，著有《语石》《藏书纪事诗》《缘裻庐日记钞》等，其中《藏书纪事诗》搜集有关藏书家的各种趣闻轶事。该书以文学形式、按时代顺序、记录了自五代至清末700多位藏书家的故事和史实，首开研究私家藏书之先河。叶德辉认为叶昌炽的《藏书纪事诗》以藏书家轶事为主，无历代版刻及校勘史实，于是潜心研究，撰成《书林清话》10卷，以后又完成《书林馀话》2卷。

《书林清话》是叶德辉版本目录学论著的代表作，也是中国图书史上一部极有影响的专著。《书林清话》用笔记体的形式，提供了有关我国古代雕版书籍的各种知识，不仅叙述了唐宋以来各种印刷方法的创始与传播，而且对历代刻书的规格、材料、装订、鉴别、保存和宋元明清四代许多著名刻本的掌故均有所介绍，对研究中国书籍发展的历史和考订宋元明清四代典籍版本的真伪具有重要的参考价值。

关于此书的内容和特点，叶氏后人叶启崟在《书林清话》的跋语中介绍说，此书“于刻本之得失、钞本之异同，撮其要领，补其阙遗；推而及于宋元明官刻书前牒文、校勘诸人姓名、版刻名称、或一版而转鬻数人，虽至坊估之微，如有涉于掌故者，援引旧记，按语益以加详，凡自来藏书家所未措意者，靡不博考周稽，条分缕析。此在东汉刘、班，南宋晁、陈以外，别自开一蹊径也”。

关于此书的不足之处，孟祥凤在其《近百年中国图书史研究述评》一文中提出：“它不是一部系统性的书籍史著作，而是分专题进行考证。他所遵循的，依然是清代的朴学传统，材料繁复，证据充盈。尤其是有关版刻的研究，凡属与版本有关的问题，几乎是纤微必载，巨细无遗。这就使其在对图书发展史的理论研究阐述上缺少一种高屋建瓴、纲举目张的气势，未能做到整体性与系统化。”

客观地说，《书林清话》确实是一部有影响力的专业著作，对我们研究古代藏书家、雕版印刷发展源流及方法，确实提供了很好的史实资料。

六、中国首部儿童图书馆学译著
——《儿童图书馆之研究》

《儿童图书馆之研究》原著者为日本今泽慈海与竹贯直人（有的译为：竹贤宜人），我国陈逸译述，郑次川校订，于1924年由上海商务印书馆发行。

全书共16章，分为“前编”和“后编”两大部分，“前编”七章，即：第一章公共图书馆与儿童，第二章儿童阅览室，第三章室内之备品，第四章儿童演讲，第五章演讲之时间，第六章朗读与朗读会，第七章小学校图书馆与家庭文库；“后编”九章，即：第一章儿童用图书之要素，第二章儿童图书馆之图书选择，第三章最良之图书，第四章图书之搜集，第五章分类之方法，第六章目录作成，第七章图书之保存，第八章图书馆教课，第九章儿童图书馆经营者。中国著名图书馆学专家刘国钧（1899年—1980年）和中国图书馆学家、目录学家李小缘（1897年—1959年）为该书作序。

该书详细论述了儿童图书馆的理论、设置、图书的管理、阅览服务以及图书馆自身管理等内容，是一部具有指导意义和实用价值的图书馆学译著。

其后，我国著名图书馆学专家杜定友1933年出版了《学校图书馆学》（商务印书馆）、图书馆学专家卢震京1936年1月出版了《小学图书馆概论》（商务印书馆初版）。这些专著的问世，标志着我国儿童图书馆学的系统研究已经开始。

七、中国最早提出儿童图书馆学研究概念的专著——《学校图书馆学》

1928 年，中国著名的图书馆学家、中国近代图书馆事业和近代图书馆学的奠基人之一、中国图书馆学史乃至世界图书馆学史上屈指可数的理论大家之一杜定友（1898 年—1967 年）撰写的《学校图书馆学》讲义在江苏省立第二师范学校试用。1933 年，该讲义经过详细修改后，由商务印书馆发行。该书共有十三章，即第一章图书馆与教育，第二章学校图书馆通论，第三章图书馆学，第四章儿童文学通论，第五章图书选择法，第六章图书馆的经营，第七章购订与登记，第八章分类法，第九章编目法，第十章藏书法，第十一章出纳法，第十二章参考法，第十三章阅览指导法。全书对中小学校图书馆的相关理论与实施办法进行了较为系统的论述。

图书馆学专家陈峰在其《中国儿童图书馆学百年回眸与发展思考》一文中，称杜定友的《学校图书馆学》一书是中国“最早提出儿童图书馆学概念的专著”，“在 20 世纪初始的一二十年内，儿童图书馆学研究基本上都是讨论技术方法问题”，杜定友等图书馆学家对儿童图书馆学的研究，“对初创阶段的儿童图书馆建设起着指导作用，并且孕育着中国的儿童图书馆学”。

八、中国首本图书馆学专业期刊
——《浙江公立图书馆年报》

《浙江公立图书馆年报》创刊于1915年12月，是我国最早的图书馆学专业期刊。该刊每年一期，从第4期开始改为学年终编印，即每年6月份编印，由浙江公立图书馆编印，浙江印刷公司承印，属非卖品。

该刊的主要编辑者是章箴、方芸荪、范承古、周松祥、杨景桐、郑淑铭6人，他们都是浙江公立图书馆职员，其中章箴（1865年—？）是清光绪年间举人，近代目录学家，曾担任杭州安定中学和宗文中学国文教员、浙江印铸局编纂等职。1913年4月，章箴任浙江图书馆监理兼编辑，同年任馆长，亲自主持创办《浙江公立图书馆年报》。

1926年，《浙江公立图书馆年报》由于印刷费不敷而停刊，共计出版11期，每期将近300页。最初内容单一，主要刊载本馆数目、"阅书统计报表并报告书"等，从第4期开始增设了来年计划、"附录"为图书馆专业文章等栏目，此后，"附录"的内容涉及面越来越广，比如图书馆界的新闻、浙江省图书馆协会信息、著名教育家陶行知、图书馆学家朱家治、沈祖荣等人的文章。

《浙江公立图书馆年报》是中国近代第一份图书馆馆刊，其作用表现为：（1）通过刊载馆藏书目来推介馆藏图书，报道浙江地方文献收藏动态；（2）持续刊载各种工作统计数字，成为馆务公开的重要媒介；（3）刊载图书馆专业文章，传播近代图书馆学思想。

《浙江公立图书馆年报》的创刊，早于近代著名的图书馆学三大期刊——《武昌文华图书馆学专科学校季刊》（1925年创刊）、《国立北平图书馆馆刊》（1926 年创刊）、《图书馆学季刊》（1927 年创刊）10 余年，首创了图书馆学期刊的体例。在《浙江公立图书馆年报》存续的 11 年中，编辑者克服了经费匮乏和人手短缺的困难，以其自身的影响力，催生了更多图书馆专业期刊的问世，在中国近代期刊史和图书馆学期刊史上起到了重要历史作用。截至 1949 年，我国出版图书馆学期刊 50 余种，其中主要有：《图书馆学季刊》《中华图书馆协会会报》《文华图书馆学专科学校季刊》《北平图书馆馆刊》等。

中华人民共和国建立以来，全国已出版了近百种图书馆学专业期刊，其中十余种期刊被期刊计量单位评定为核心期刊，较有影响的有《中国图书馆学报》《图书情报工作》《大学图书馆学报》《情报学报》《图书馆论坛》《图书馆建设》《图书馆杂志》等。

九、中国图书馆学情报学领域第一本半月刊
——《图书情报工作》

《图书情报工作》是中国大型图书馆学情报学领域的专业核心期刊，也是该领域的第一本半月刊。

《图书情报工作》由中国科学院文献情报中心主办，创刊于 1956 年 8 月。根据时代变化，该刊数次更名，1956 年—1960 年创刊早期为《中国科学院图书馆通讯》，1961 年—1966 年为《图书馆工作参考资料》，1967 年—1974 年因“文革”停刊，1975 年—1979 年为《图书馆工作》，1980 年至今为《图书情报工作》。

《图书情报工作》自创刊以来，始终恪守“理论与实践相结合、弘扬学术精神、推动事业发展”的办刊宗旨，形成了面向实践、注重新技术、追求理论精品的特色，铸就了求实创新的风格，以“打造中国图情领域的国际品牌，实现期刊的规模发展”为目标，提出“精品意识、创新意识、读者意识”的目标，成为中国大陆最重要的图书馆学情报学两栖核心期刊，在本学科领域具有权威性与指导性，而且在海外图书情报界享有相当的声誉。进入知识经济时代，《图书情报工作》的大容量信息使其形成学术性、前沿性和实用性的新特色，成为展示学科发展趋势、报道学科发展动态不可或缺的媒介平台。

《图书情报工作》以其特有的视野、水平和质量，被国务院学位委员会评定为本学科研究生教育重要指导性刊物之一，被《乌利希国际期刊指南》（Ulrich）、LISA（光盘）和 Uncover 等国际著名期刊检索系统收录。在国内，该刊在北京大学牵头研制的《中文核心期刊要目总览

(2014年版)》中名列第二；在南京大学研制的《中文社会科学引文索引》(CSSCI)(2014年—2015年)核心来源期刊目录中名列第三；在中国科学技术信息研究所《中国科技期刊引证报告(2015年版)》中，其在“图书馆学、文献学类”和“情报学类”中综合评价得分均为第二；在中国人民大学《2014年度转载学术论文指数排行榜》中，全文转载量名列第一，综合指数排名第二；在中国知网中的“影响力指数”学科排名第二，获评“2015中国最具国际影响力学术期刊”；成为武汉期刊博览会“2015期刊数字影响力100强”图情类期刊唯一入选刊物；2016年又获中国期刊协会“2016期刊数字影响力100强”称号，图书情报学科期刊唯一入选刊物。

《图书情报工作》主要栏目有理论研究、工作研究、情报研究、知识组织、综述述评等，主要内容为深刻的理论探索、创新的实践研究、前沿的发展预测、互动的编读交流等。

十、“中国图书馆学第一刊”
——《中国图书馆学报》

《中国图书馆学报》创刊于1957年，原名《图书馆学通讯》，是由中华人民共和国文化部主管、中国图书馆学会和中国国家图书馆主办的国家级图书情报学专业学术期刊。

《中国图书馆学报》在60年的发展历程中，紧跟时代步伐，适应时代要求，肩负读者重托，为繁荣中国图书情报学研究和推动图书情报事业发展做出了重要贡献。

该刊坚持从严选稿、刊登高质量学术文章的原则，刊登的许多文章体现了中国图书馆学研究的最高水平，而且发文中有相当比重的国家或部委研究课题的论文。据统计，从20世纪90年代中期至今，该刊所发文章被引频次和影响在国内图书馆学期刊中均位居第一。由于所发表的文章学术水平高，观点新，在专业领域内影响大，被多家专业文献计量单位评定为国家级核心期刊、中国期刊方阵期刊，并荣获国家百种重点期刊奖，多次被评为全国优秀图书馆学期刊，被国际上许多著名的检索期刊如《乌利希国际期刊指南》《图书馆文献》和《最新连续出版物题录》等收录。

十一、中国图书馆学情报学领域唯一的技术性核心期刊——《现代图书情报技术》

《现代图书情报技术》由中国科学院文献情报中心主办，创刊于1980年，最初刊名为《计算机与图书馆》（季刊），致力于推动计算机技术在中国图书馆和文献情报事业中的应用。1985年刊物正式更名为《现代图书情报技术》（季刊），后改为双月刊、月刊，是中国图书馆学情报学领域唯一一份技术性核心期刊。

《现代图书情报技术》始终贯彻“理论与实践相结合，普及与提高并重”的原则，关注现代信息技术在文献情报服务方面的研究、应用和普及。

进入21世纪以来，随着互联网的普及、社交网络的兴起、SoLoMo[1]技术的成熟，以及大数据的发展，《现代图书情报技术》进一步深入到数字图书馆、知识基础设施、数据挖掘与知识发现等方面。该刊历经30余年发展，在我国图书馆学、情报学及计算机科学领域均有较高的学术影响力，不仅是图书馆学和情报学领域唯一一份专门刊发信息技术研究与应用成果的期刊，同时在计算机学科期刊中排名前十。

《现代图书情报技术》杂志得到国务院学位委员会认可，并被南京大学中文社会科学引文索引（CSSCI）、武汉大学中国科学评价研究中心（RCCSE）等评价体系、北京大学牵头研制的《中文核心期刊要目总览》收录为核心期刊，多次被授予“中国优秀图书馆学期刊”荣誉。

全球进入创新驱动发展阶段，数字化、网络化、大数据成为知识应用和创造的新常态、新基础，信息技术研究与应用的目标、范围和重点正在发生范式转移，《现代图书情报技术》面对这种新形势，内容定位也随之改变，逐渐从信息技术发展到数据技术和知识技术；从信息服务进化到知识发现和决策分析；从支持信息利用转移到直接嵌入管理、服务和创新过程，支持流程与决策优化；从服务于文献情报机构转变到直接服务于创造与利用知识的最终用户。

《现代图书情报技术》坚持理论联系实际，关注先进技术与方法的创新，鼓励开展原创研究与应用研究，兼顾最佳实践普及。选题覆盖如下范围：(1) 基于大规模数据的数据挖掘和知识发现的新技术与新方法。(2) 基于知识组织、支持复杂检索与分析的知识基础设施建设。(3) 利用数据技术和知识技术改造学术交流和知识服务的方法、技术和系统。

为了“适应数字化计算化知识时代，迎接数据挖掘和知识分析挑战，推动数据驱动的智能化决策与管理的再创业”，该刊于2017年再次更名为《数据分析与知识发现》，定位为：“聚焦各行各业中以大数据为基础、依靠复杂挖掘分析、进行知识发现与预测、支持决策分析和政策制定的研究与应用，致力于提供理论指导、技术支持和最佳实践。”至此，该刊完成了再次转型，更加倾向于数据分析与研究。其发稿方向为：(1) 基于大规模数据的数据挖掘和知识发现的新技术与新方法；(2) 基于知识组织、支持智能检索与分析的知识基础设施建设；(3) 利用知识计算和知识发现技术驱动、优化和监控各类管理、服务、创新流程与机制的方法、技术和系统。

注释

[1] SoLoMo（索罗门）：社交本地移动，即社交 + 本地化 + 移动。这一概念最早由著名风投公司 KPCB 合伙人、北美创业投资教父约翰·杜尔（John Doerr）于 2011 年 2 月提出。他把当时最热的三个关键词 Social（社交的）、Local（本地的）、Mobile（移动的）连起来，组成 SoLoMo。短短数月，SoLoMo 概念迅速风靡全球，成为互联网营销未来的发展趋势。

十二、中国大陆图书馆学情报学领域第一份英文学术期刊——《数据与情报科学学报（英文版）》

《数据与情报科学学报（英文版）》（*Journal of Data and Information Science*，*JDIS*），季刊，中国科学院国家科学图书馆主办，其前身是2008年创刊的《中国文献情报（英文版）》（*Chinese Journal of Library and Information Science*，*CJLIS*），是中国大陆第一份图书馆学情报学领域的英文学术期刊。它的创刊既体现了中国文献情报领域的迅速发展，又体现了中国科学院文献情报系统在推动全国文献情报事业的发展中所发挥的引领和促进作用。2016年，《中国文献情报（英文版）》更名为《数据与情报科学学报（英文版）》。

《中国文献情报（英文版）》自创刊以来，始终“坚持理论与实践并重，实行同行匿名评议制度，塑造前沿性、学术性与实用性的学术风格”的办刊宗旨，收录内容涉及情报科学、图书馆学、数字图书馆技术、知识组织与管理、图书馆学情报学教育等领域的国内外最新理论研究与实践进展。该刊以研究论文、综述论文和实践应用进展论文为主，侧重理论、方法、技术、服务等方面的应用研究，致力于向全世界推介中国文献情报事业发展现状和图书馆学情报学研究成果，提升中国文献情报事业的国际显示度和学术影响力，推动文献情报服务及创新发展，促进国内外文献情报研究人员的学术交流。

更名后的《数据与情报科学学报（英文版）》坚持以大数据为基础，以知识发现为驱动，侧重研究知识发现在结构、检测、预测、趋势、行为、关系、演化等方面的问题，为政策制定、决策分析及知识发现等提供数据和决策服务。大数据大体包含元数据或内容数据、文本和非文本数据、结构化和非结构化数据、特定域或跨域数据以及动态数据，力求推动技术发展，创新服务内容。

为了办出高质量、有影响力的刊物，该刊成立了由来自美国、荷兰、比利时、加拿大、西班牙、中国大陆和中国台湾等国家和地区的39位知名图书馆学、情报学、计算机科学、数据科学专家组成的国际化编辑委员会。

十三、中国第一本儿童图书馆专业期刊——《少图工作》

1980年3月，天津市少儿图书馆创办了我国第一本儿童图书馆专业期刊《少图工作》，1982年更名为《儿童图书馆》，1984年7月又更名为《儿童图书馆与中小学图书馆》，并正式在全国出版发行。该刊的问世，标志着我国少儿图书馆事业开始朝着专业化的方向发展。

《少图工作》的创刊，引领了我国少儿图书馆事业的发展。1982年，湖南省少年儿童图书馆创办了《湖南少图情况》，以后更名为《少年儿童图书馆》《少儿图书馆中小学图书馆》。20世纪90年代，教育部主办的《中小学图书馆情报世界》创刊。上述三种少儿图书馆专业期刊的相继问世，代表着少年儿童图书馆专业期刊逐渐走向成熟，对促进少年儿童图书馆学术研究与交流发挥了重要作用。

十四、中国最早介绍国外儿童图书馆的文章
——《关于幼稚园图书馆等及私立小学规则》

中国对儿童图书馆问题的研究始于20世纪初叶，而作为一门学科来研究，则是20世纪80年代初。

19世纪末，儿童图书馆作为“启迪民智”的教育机构，被国内一批有识之士介绍到中国。1901年，《教育世界译篇》杂志先后翻译发表了《关于幼稚园图书馆等及私立小学规则》和《关于幼稚园图书馆等规则》等介绍日本儿童图书馆的译文，其中明治二十四年（1891年）11月17日日本文部省第18号令《关于幼稚园图书馆等及私立小学规则》，是中国最早介绍国外儿童图书馆理论与思想的译文。

在上述译文的影响下，中国图书馆界和教育界开始对儿童图书馆进行研究，相关的文章相继问世。例如，1909年4月18日，何棫在《预备立宪公会报》第2年第5期第37—39页发表了《日本竹贯直人建置儿童图书馆议》一文；蔡文森于1909年9月9日发表在上海《教育杂志》第1年第8期第49—50页上的《设立儿童图书馆办法》一文。

南京师范大学图书馆平保兴研究馆员经过查阅原始资料，分析得出结论，何棫和蔡文森早年均留学日本，他们发表的文章是日本竹贯直人同一篇文章的译文。由于他们的翻译风格各异，且20世纪20年代之前，我国期刊发表的有关外国图书馆学的文章，只署译者名，很少署原作者名，蔡文森的《设立儿童图书馆办法》即属此类。

据图书馆学专家陈峰研究，20世纪20年代，我国发表儿童图书馆相关文章25篇，到20世纪30年代，共发文118篇。

十五、中国首次出现“图书馆”一词的官方文件——《奏定大学堂章程》

1903 年（光绪二十九年），在管学大臣张百熙的主持下，张之洞、荣庆等协助共同奏拟了高等教育纲领《奏定大学堂章程》。由于这年为癸卯年，所以《奏定大学堂章程》又称《癸卯学制》。1904 年 1 月，清政府向全国颁发，该章程施行至辛亥革命为止。

《奏定大学堂章程》是中国历史上第一个以教育法令正式公布并在全国实行的章程，它根据初等教育、中等教育、高等教育等几个阶段的划分，对学校课程设置、教学方法、行政管理及机构设置等做出明确规定。内容包括：《学务纲要》《大学堂章程》（附《通儒院章程》）、《优级师范学堂章程》《初级师范学堂章程》《实业教育讲习所章程》以及《各学堂管理通则》《任用教员章程》《各学堂奖励章程》等。

《奏定大学堂章程》的颁布以及随后所实行的一系列措施，对中国教育产生了深远影响，奠定了中国现代教育的基础，打破了儒家经典一统天下的局面，建立了统一的教育行政体系，并为结束科举制创造了条件。

《奏定大学堂章程》中提到：“大学堂当附属图书馆一所，广罗中外古今图书，以资考证”，并规定其主管人为“图书馆经理官”。这是官方文件第一次出现“图书馆”一词。

1904 年，正值我国近代图书馆产生的萌芽阶段，清政府在官方文件里正式提出大学要设立图书馆，可见国民教育离不开图书馆，而图书馆是大学设置的一个重要组成部分。

《奏定大学堂章程》颁布后，原京师大学堂藏书楼更名为京师大学堂图书馆。湖南图书馆、湖北图书馆和福建图书馆也相继成立，图书馆的名称逐渐在社会上通行，此后各地出现的新型藏书处所，多以图书馆命名。1909 年，京师图书馆（国家图书馆前身）奉旨筹建，清政府随之颁布了《京师图书馆及各省图书馆通行章程》，从此“图书馆”的名称在我国最后确立。

十六、中国第一部中西混合制图书分类法——《仿杜威书目十类法》

《仿杜威书目十类法》由沈祖荣、胡庆生合编，1917年由武昌文华公书林、汉口圣教书局出版发行，是中国第一部中西混合制的图书分类法。

美国图书馆学家、纽约图书馆馆长梅尔维尔·杜威（Melvil Dewey）于1876年编纂完成了《十进图书分类法》简称《杜威法》，此后多次修订和完善，在美国和西方国家广泛使用，成为流行最广、影响最大的现代图书分类法。最早向国人系统介绍《杜威法》的人是我国目录学家、图书馆学家孙毓修。他在1909年完成了2万字的《图书馆》一文，在1909年—1910年期间在商务印书馆出版的《教育杂志》连载数期。《图书馆》是一篇较早而系统地研究公共图书馆的著述，其中比较详细地介绍了《十进图书分类法》。

沈祖荣、胡庆生从美国学成归国后，发现用杜威的《十进图书分类法》难以类分中国浩瀚的古籍文献，于是认真研制，最终完成了《仿杜威书目十类法》。这部分类法是20世纪初图书馆运动的产物，适应我国近代图书馆事业的需要，对我国图书馆事业的发展和文献分类学的繁荣具有很大的推动作用，是中国近代文献分类法的里程碑。

《仿杜威书目十类法》的功绩表现为以下几个方面：

1.《仿杜威书目十类法》是第一部为中文图书而编纂的新型分类法，将国外图书分类法本土化。

2.《仿杜威书目十类法》第一次冲破封建社会“四部”和“七部”

分类法的束缚,改“四部”和“七部”为“十部”,首创全新的分类体系。

3.《仿杜威书目十类法》第一次实行古今中外图书统一分类，在仿照《杜威法》的基础上，调整、增设符合中国国情的类目，将中国固有的分类法类目分别放入有关各类中。

4.《仿杜威书目十类法》第一次采用先进的技术方法编辑中国文献的分类法，即采用等级列举式、类目标记符号使用阿拉伯数字、采用层累编制号方法、编制类目索引。

总之,《仿杜威书目十类法》体现了中国当时最先进的图书分类水平，使我国图书分类步入世界近代分类法的行列，具有划时代的意义。

十七、中国首篇关于图书馆 2.0 的论文
——《图书馆 2.0：构建新的图书馆服务》

图书馆 2.0（Library 2.0）一词最早出现在 2004 年《图书馆杂志》（*Library Journal*）上刊登的一篇专访《校园图书馆 2.0》（*Campus Library 2.0*）。当时 Web2.0 的概念尚未出现，所以那时人们所谈论的图书馆 2.0 并非基于 Web2.0。

2005 年 9 月，名为《图书馆危机》（*Library Crunch*）的博客出现，该博客的注释是“建立你的图书馆 2.0 观察”。博主 Michael Casey 在博客中发文《我的桌面——Web2.0 与图书馆》（*Take My Desktop–Web2.0 and Libraries*），率先将 Web2.0 与图书馆联系起来，随后又在 10 月初发表了《图书馆 2.0 不是什么》（*What Library 2.0 Is Not*）一文，提出了“基于 Web2.0 的图书馆 2.0”这一概念。此后，图书馆 2.0 逐渐受到图书馆界的关注。

2006 年初，我国第一篇关于图书馆 2.0 的论文问世。《大学图书馆学报》2006 年第 1 期刊登了范并思、胡小菁合著的论文《图书馆 2.0：构建新的图书馆服务》，开启了我国图书馆界对图书馆 2.0 的大讨论。

范并思、胡小菁在《图书馆 2.0：构建新的图书馆服务》一文中，依据学者 Meredith 的观点，对图书馆 2.0 概念进行了解释：

1. 图书馆 2.0 是一种无缝的用户体验——图书馆系统的可用性、互通性及可塑性是很重要的关键。

2. 图书馆 2.0 更多地呈现于社区的图书馆——通过设计程序、建立社群，通过即时通讯、博客、维基等技术实现超越。

3. 图书馆 2.0 允许读者的参与——通过写书评、在馆藏目录中加上标签（tag），或者是通过博客与维基，使读者的声音得以被听见。

4. 图书馆 2.0 使图书馆更加透明——通过图书馆网页的表现及图书馆实体的设计。

两位作者在文中还提到系统供应商 Talis 在其白皮书中提出的图书馆 2.0 四项原则：

1. 图书馆无处不在(The library is everywhere)；

2. 图书馆没有障碍(The library has no barriers)；

3. 图书馆邀请参与(The library invites participation)；

4. 图书馆使用灵活的单项优势系统(The library uses flexible, best-of-breed systems)。

总之，图书馆 2.0 的概念给图书馆界提出了一种全新的理念，促使图书馆人深入探讨和研究，引起图书馆服务模式的重大转移。

第七部分

图书馆专业团体

导言：

专业团体对图书馆事业发展的独特作用

1876年，世界上第一个图书馆协会——美国图书馆协会成立，标志着世界范围内图书馆事业第一次有了自己的专业团体，并且开启了图书馆事业向着有组织、规范化的方向发展，也使原本微弱的图书馆逐渐成为社会生活的组成部分。

此后，世界各国纷纷成立本国的图书馆协会，我国于1925年成立了第一个全国性的图书馆专业团体——中华图书馆协会。虽然它只存在了24年，但在世界图书馆领域却发挥着东方大国的作用，成为1927年建立的世界上最大的图书馆界专业团体——国际图书馆协会联合会的倡导国之一。

在图书馆事业发展历史中，曾经涌现出数不尽的各种图书馆团体，本章仅记述了有限的几个有代表性的团体，如中国第一个民族图书馆组织——民族图书馆委员会（1996年）、中国内地最大的民营图书发行公司——人天书店（1998年）、中国第一家经常性民间反盗版联合组织——抵制盗版联合体（2010年）等。这些团体从不同侧面反映出不同时期中国图书馆事业发展的环境和特点，展示出相关团体对我国图书馆事业发展表现出来的独特作用。通过这些团体，让大众了解到，除了图书馆专业团体外，还有一些社会团体支持着我国图书馆事业的发展，为繁荣我国图书馆事业发挥着弥足轻重的作用。

一、世界上第一个图书馆协会
——美国图书馆协会

美国图书馆协会（American Library Association，ALA）成立于1876年，是世界上第一个图书馆方面的专业组织，总部设在芝加哥。

1853年9月15日，美国80多位图书馆员和有关专家在纽约集会，决定在下次会议成立美国图书馆协会。由于南北战争爆发和其他原因，直到23年后的1876年，也就是美国独立100 周年时，图书馆员和专家们才在费城召开第二次会议，正式成立美国图书馆协会，有30个国家的代表应邀参加了会议。J. 温泽、W.F. 普尔和梅尔维尔 · 杜威(Melvil Dewey）等作为美国图书馆协会的主要创始人，在协会中担任主要职务，如J. 温泽任协会理事长，M. 杜威任秘书。协会总部于1909年迁至芝加哥，在华盛顿特区设有办事处，负责处理与国会和政府各部的联络事宜；在康涅狄格州的米德尔敦市设有《选择》编辑部，《选择》是一本专门指导大学图书馆文献采选工作的刊物。1879年，美国图书馆协会制定了自己的章程，章程规定了图书馆协会的宗旨及各项工作和要求。

美国图书馆协会设有理事会和执行委员会。理事会是美国图书馆协会的决策和立法机构，执行委员会作为理事会的管理机构全面监督协会的工作。协会下设12个办公室、11个部、15个协商会议、21个专门的图书馆协会（如美国法律图书馆协会、研究图书馆协会、医学图书馆协会等）和51个州或地区分会等，还设有一些更小的组织，如会员发展小组、ALA学生分会（设在各图书馆学院）等。

美国图书馆协会的领导层构成：主席（任期1年）、执委（任期4年）、司库（任期4年）、理事（任期4年）和各种委员会负责人。执行理事管理协会总部的日常事务。其经费来源主要是：会员费、出版物销售款、捐款和会议收费等。

美国图书馆协会每年举办年会，年会期间组织各种会议、展览和活动，参会代表有时多达近2万人。现有会员6.5万名，来自115个国家。

美国图书馆协会的成立，开创了图书馆领域创建专业组织的先河，引领了世界图书馆事业的发展，为各国图书馆之间的沟通、了解和交流创造了机会。

美国图书馆协会致力于图书馆员培训、制定图书馆法和图书馆标准、编辑出版专业出版物、保护求知自由、合作编目和分类、编制书目工具、促进馆藏建设和信息检索、推动自动化和网络化建设以及促进国际图书馆事业的交流活动等。其目标是用高质量的图书馆服务创建自由、开放的信息社会。

美国图书馆协会主要出版物有：会刊《美国图书馆》，是世界发行量最大的图书馆学刊物之一；《ALA年鉴》，1976年开始出版，1984年更名为《ALA图书馆和情报工作年鉴》；《ALA世界图书馆和情报工作百科全书》，1980年初版，1986年第2版；数十种期刊，如《大学和研究图书馆》《图书馆自动化杂志》《中小学校图书馆》《图书馆资源与技术工作》等，还出版多种专著、小册子、书目、标准和视听资料。

美国图书馆协会成立后，世界各国开始纷纷成立本国的图书馆协会。据统计，自1877年至1955年期间，有27个国家成立了图书馆协会，我国于1925年成立了中华图书馆协会，具体见下表：

时间	协会名称	时间	协会名称
1877 年	英国图书馆协会	1917 年	波兰图书馆协会
1892 年	日本图书馆协会	1923 年	菲律宾图书馆协会
1896 年	奥地利图书馆协会	1924 年	墨西哥图书馆协会
1897 年	瑞士图书馆协会	1925 年	中华图书馆协会
1900 年	德国图书馆协会		
1905 年	丹麦图书馆协会	1928 年	爱尔兰图书馆协会 冰岛图书馆协会
1906 年	法国图书馆协会	1930 年	意大利图书馆协会
1907 年	比利时图书馆协会	1933 年	印度图书馆协会
1908 年	俄罗斯图书馆协会	1935 年	匈牙利图书馆协会
1910 年	芬兰图书馆协会 新西兰图书馆和信息协会	1937 年	澳大利亚图书馆协会
1912 年	荷兰图书馆协会	1946 年	加拿大图书馆协会
1913 年	挪威图书馆协会	1949 年	牙买加图书馆和信息协会
1914 年	瑞典图书馆协会	1955 年	新加坡图书馆协会

二、中国第一个全国性图书馆学术组织——中华图书馆协会

中华图书馆协会是中国现代第一个图书馆专业学术团体，于1925年4月25日在上海召开成立大会，6月2日在北京举行成立仪式，总事务所设在北京。中华图书馆协会的宗旨是："研究图书馆学术，发展图书馆事业，并谋图书馆之协助。"该协会的成立，标志着我国现代图书馆事业走上了全国性、专业性、学术性的轨道。

中华图书馆协会设有董事部和执行部。第一任董事部部长为梁启超，书记为袁同礼；执行部部长为戴志骞，副部长杜定友、何日章。1937年，董事部更名监事会，执行部改名为理事会，袁同礼任理事长（1937年—1944年）。该协会下设分类、编目、索引、出版、图书馆教育、图书馆建筑等若干专门委员会。协会会员分为机构会员、个人会员、赞助会员和名誉会员等类别。

中华图书馆协会曾先后于1929年（南京）、1933年（北平）、1936年（青岛）、1938年（重庆）、1942年（重庆）和1945年（重庆）召开了6次年会，编辑出版有《图书馆学季刊》（1926年—1937年）、《中华图书馆协会会报》（1925年—1948年）两种刊物，并出版了"目录学丛书"等图书、关于中国图书馆概况的报告以及图书馆学专题论文集等。

中华图书馆协会曾对全国、各省、重要城市和中学图书馆的发展情况以及书店、新书、期刊、善本、雕版印刷文献的版片等进行过调查，于1925年与国立东南大学、中华职业教育社等合办了一期暑期学校，培养

图书馆专业人员。

中华图书馆协会是国际图书馆协会和机构联合会（IFLA）的发起单位之一，曾派人参加了该会 1927 年的发起大会，1929 年和 1936 年两次派代表参加了国际图书馆及目录学会议，并派代表赴英、美等国参加图书馆协会年会。中华图书馆协会还曾组织过国际图书交换工作。

1949 年中华人民共和国建立前夕，中华图书馆协会无形解散。

三、世界上最大的图书馆界组织机构——国际图书馆协会联合会

国际图书馆协会联合会（International Federation of Library Associations and Institutions ，IFLA），简称“国际图联”，创立于1927年，总部设在荷兰海牙，是各国图书馆协会、学会共同组成的国际组织，工作语言为英语、法语、德语、俄语、西班牙语、阿拉伯语和中文等七种语言。国际图联经过90年的发展，已经成为世界图书馆界最具权威、最有影响的、非政府的专业性国际组织，也是联合国教科文组织“A级”顾问机构，国际科学联合会理事会准会员，世界知识产权组织观察员。

国际图联的宗旨是：促进图书馆事业所有领域，包括书目、情报服务、人员培养等方面的国际研讨、协作和发展，在国际有关事务中作为图书馆界的代表机构从事活动。

国际图联的主要目标是：促进国际图书馆界、信息界的相互了解、合作、交流、研究和发展，在国际有关事务中作为图书馆界的代表机构从事活动。

19世纪下半叶，图书馆事业的发展已越来越多地要求各国图书馆间加强合作。继1876年美国图书馆协会成立后，许多国家纷纷成立了图书馆协会，并积极倡导创建图书馆国际组织。1927年9月30日，英国图书馆协会在苏格兰爱丁堡市召开成立50周年庆祝大会，会上由英国、美国、法国、中国等15国图书馆协会的代表联合倡议并签署协议正式成立“国际图书馆和目录学委员会”，1928年国际图书馆和目录学委

联的工作，给国际图联亚大专业组以及国际图联其他相关的机构提供支持，并负责与国际图联／总部的联络。

目前，中国图书馆学会是国际图联的国家协会会员，中国有几十个国际图联机构会员，如中国国家图书馆、中国科学院文献情报中心、北京大学图书馆、北京大学信息管理系、清华大学图书馆、中国人民大学图书馆、四川省图书馆、浙江图书馆、南京图书馆、南京大学图书馆、复旦大学图书馆、华东师范大学图书馆、上海交通大学图书馆、上海图书馆、同济大学图书馆，以及台湾地区的图书馆协会、国际出版物交换局等。

国际图联的主要出版物有：《国际图联年刊》(1969 年创刊)、《国际图联杂志》(1975 年创刊)、《国际图联趋向》(1981 年创刊，奇数年出版)、《国际图联指南》《国际编目和书目控制》以及《专门图书馆》等 47 种专论丛书。

四、中国第一个民族图书馆组织
——民族图书馆委员会

1996年1月10日，经中国图书馆学会批准，民族图书馆委员会成立。1996年6月20日在西藏图书馆开馆之际，中国图书馆学会民族图书馆委员会同时举行了成立大会。来自全国5个民族自治区及部分省、市的图书馆代表参加了成立大会。民族图书馆委员会的成立充分体现了党的民族政策，体现了国家对民族文化事业的关怀与重视，标志着我国民族地区图书馆事业和文化事业的发展进入了一个新阶段，对促进民族文化交流，发展民族地区经济具有深远的影响，对做好民族文献的管理与开发利用、促进民族地区图书馆领域的研究与发展、推动全国民族图书馆系统的自动化、网络化建设具有积极的现实意义。

中国图书馆学会向来关注民族地区图书馆事业的发展。我国民族地区大多处在高原、沙漠、丘陵、草原和山区，全国2.1万公里的陆地边境线，大多在民族地区。少数民族地区地域辽阔，分布分散，人口稀少，交通不便，给图书馆事业的发展带来了种种制约。

1982年秋，文化部图书馆事业管理局、国家民委文化司、中国图书馆学会共同组成少数民族地区图书馆调查组，前往新疆实地考察各级图书馆，并提出了帮助民族地区图书馆解决实际问题的建议。

1983年7月，全国少数民族地区图书馆工作座谈会在北京召开，来自全国13个省、市、自治区的18个民族的近百名代表，在会上交流学术问题和工作经验。这次会议开创了我国民族图书馆事业的新纪元，对民族地区图书馆事业的发展起到了极大的推动作用。

为了适应民族图书馆事业发展的需要，1984 年 2 月，中国图书馆学会成立了“民族地区图书馆研究组”，专门研究民族地区图书馆事业的发展。成员由汉、蒙、维吾尔、藏、羌等民族专业人员组成，具有广泛的代表性和区域性，为民族地区图书馆事业的发展创造了良好的条件。

“民族地区图书馆研究组”率领各民族图书馆工作人员走过了 10 余年的历程，面对日益变化的新形势，已经不能完全适应少数民族地区图书馆事业发展的需要，因而负责全国少数民族系统图书馆的高一级组织——民族图书馆委员会于 1996 年 1 月成立。

民族图书馆委员会在全国各民族地区图书馆成立了相应的研究组，采取多种方式在民族地区开展图书馆专业教育、技能培训和现代化应用技术推广等活动，积极培养图书馆人力资源，多次组织学术交流活动，加强民族图书馆工作的管理和研究，推动民族地区图书馆学术繁荣，使民族图书馆委员会真正起到龙头作用。

五、中国内地最大的民营图书发行公司——人天书店

人天书店，全称北京人天书店有限公司（Beijing Ren Tian Bookstore Co., Ltd.），创立于1998年9月，其主要定位是为公共图书馆和高校图书馆提供图书配送以及相关专业化服务。经过近20年的发展，人天书店已经成为中国大陆最大的民营图书发行公司和出版信息提供商，与全国500多家出版社、200多家文化公司建立了购销关系，采购渠道已经覆盖全国26个省、自治区和直辖市，客户遍及全国。如今，人天书店在全国设立了44个办事处，为全国近2000家图书馆提供服务，已经成为中国图书经销行业内的知名品牌。

人天书店重视企业文化，提出企业理想："将个人的追求融入到人天的长远发展之中，将人天的发展融入到员工的不断成长之中。"人天书店还努力为人天员工的工作和生活打造良好的环境，即"一个自由温馨、保护个人利益和尊重人的个性的环境；一个鼓励学习、鼓励个人发展和独立创新的环境；一个有激励机制、奖惩制度并提供社会保障的环境"。

人天书店主要服务范围是：提供中文图书、中文期刊、数据加工、专业图书策划服务，并为全国图书市场提供全面、及时的出版信息服务。为了向客户提供更加专业化的服务，人天书店还拓展了如下业务：

1.1999年创办了《人天书目报》，2007年10月开始以电子版的形式提供给用户，覆盖全国90%以上的新书出版信息。全年共出版48期，每期发布信息1900余条，具备采访必须的所有字段，全年采访图书达

到 10 万种，已成为国内图书出版信息的第一大信息源。

2.2004 年 4 月，与首都师范大学图书馆共同创建了新书展示厅，如今实物图书品种多达十几万种。2004 年 6 月，人天开始商业化运作“中国可供书目”。

3.2004 年 6 月创办了《人天通讯》，报道图书出版业、发行业和图书馆的最新信息以及人天书店的发展动态，将出版商、发行商和消费者连成一体，达到传达信息、了解需求、沟通理念、增进交流的目的。

4.2009 年开始涉足线上图书销售，陆续进驻当当、天猫、亚马逊等各大电商平台，至今已陆续开设店铺十余家，成绩斐然，2016 年网店总销售额突破 1.7 亿码洋。

5. 通过人天网站提供服务，客户可以在网上获得采访数据和编目数据，了解图书可供信息并直接下订单。

6. 建立仓储中心，提供物流配送。北京市区实行自有车队配送，外埠采取铁路和公路方式，承诺对所有用户送货到门。

7. 提供图书编目和深加工服务，为客户提供国家图书馆编目标准和 CALIS 编目标准数据，建立了强大的编目数据库，目前已容纳数据 200 余万条。在现有图书数据基础上，人天还开拓出增值服务，包括图书馆回溯建库和图书深加工服务。

8. 策划出版了《21 世纪图书馆学丛书》（9 种）、《图书馆采访工作手册丛书》（4 种）、《中国图书馆百年纪事》《21 世纪外文编目丛书》（7 种）、《数字时代的图书馆丛书》（7 种）、《当代中国图书馆学文库》第一辑（10 种）和第二辑（7 种）等，通过专业图书的出版，参与图书馆的文献资源建设，创立专业服务品牌。

9. 参与出版发行行业的标准化建设，目前已加入全国出版物发行标准化技术委员会，并参与新闻出版总署的复合出版系统、二维条码标准化建设工作。

10．2014 年开始开发“畅想之星馆配电子书”，2015 年在全国推广，2016 年正式进入销售阶段。

自 2007 年 1 月至 2017 年 1 月的 11 年中，人天公司经过自己的不懈努力，获得各类荣誉称号和奖项 20 余项。

六、中国第一家经常性民间反盗版联合组织——抵制盗版联合体

抵制盗版联合体，简称“抵联体”，由FAB精彩企业集团发起，百家坚持正版经营的音响企业以及百名歌手和影视创作人员积极参与，于2010年7月15日在北京正式成立。抵制盗版联合体成立仪式在人民大会堂新闻发布厅举行，其官方网站在成立大会当天也正式上线。该联合体的成立，得到了中宣部、新闻出版总署、中国版权协会、中国音像协会、北京版权局、中国消费者协会等政府部门的指导，并得到了中国音像著作权协会、知识产权研究会、广播影视交流协会等单位的支持。

抵制盗版联合体是国内第一家经常性民间反盗版联合组织，但不是独立的经济组织，也不是一个社会团体，没有独立财产，没有营利目标，而是整合民间抵制盗版的资源，以共同拥有的网站为平台，以联合低价销售正版产品为营销策略，以歌手、影视制作者等权利人的签售活动为促销手段，推动正版企业生存发展利益机制的尽快完善。其目的是使用经济手段抵制盗版行为，即低价销售正版，让消费者感觉买得起，让企业感到卖正版可以赚到钱，从而树立以“买卖正版为荣，买卖盗版为耻”的消费理念。同时将企业坚守正版经营的自律行为置于公众目光下，以公众的监督提高企业自律的社会责任感；通过民间反盗版力量的崛起与强大，给国际上中国“保护知识产权仅停留在政府行动的层面”的观点有力的反驳。该联合体抵制盗版主题行动的口号是：“音像企业因联合而更加精彩，抵制盗版因联合而力量无限!”

早在2010年2月5日至4月26日期间，FAB精彩集团曾经发起“百

家音像企业反盗版大行动”，参与行动的企业和专家建议，反盗版不应仅限于音像产品，而应包括图书、软件等各种版权领域。将这种民间抵制盗版行动长期坚持下来，并做到常态化、制度化、有序化，形成强大合力，推动建立公平竞争、健康有序的市场环境。该组织还在全国百个城市发起“以盗版换正版、以低价买正版”行动，以引导消费者购买正版，抵制盗版。

“抵制盗版联合体”的LOGO整体造型由其英文缩写“APA”巧妙融合组成，呈现钻石形状，蕴含坚固、锐利的特质，体现联合体成员的团结与信心，表现坚不可摧的精神，同时寓意其超强的硬度可以摧毁、打击一切盗版行为，意味着永恒，体现“抵联体”的长期性。

“抵制盗版联合体”LOGO为圆章造型，体现出一种责任——全体成员抵制盗版的责任，其LOGO中的“APA”三个字母造型各异，寓意不同：

第一个字母“A”，看似一把角尺，蕴含着衡量和辨别的意思，鼓励成员用法律和道德的标尺去辨别一切侵权行为，并积极举报和打击；同时，这把角尺也预示着“抵联体”的工作受社会各界的监督和评判。

第二个字母“P”，形似一把斧头，象征着一种决心、一种信念，给人稳健的力量，体现出“抵联体”与盗版行为抗争的决心。

第三个字母“A”，形似一把锋利的剪刀，寓意“抵联体”将融合政府、企业、媒体等力量，用利益机制剪断一切盗版活动的利益链。

第八部分

图书馆自动化、数字化、网络化

导言：

现代技术为图书馆事业插上了飞翔的翅膀

应用于图书馆各方面的现代技术是指与图书馆工作结合后，使图书馆工作发生了深刻的变化、图书馆事业进入崭新阶段的技术，主要指电子计算机技术、通信技术、存储技术、文献复制技术、文献保护技术、监测技术、自动化传送技术等。

第二次世界大战结束以后，第三次技术革命出现，主要特征是自动化，20 世纪 70 年代中期以来，第四次技术革命又开始出现，主要特征是信息化并开始向智能化发展。这两次技术革命都与信息处理密切相关，并促进信息时代的到来。图书馆作为信息行业的一个重要组成部分，由于文献数量的急剧增长、载体的多样化以及日益提高的读者需求，传统的工作方式已难以适应时代的发展，因而现代技术开始走进图书馆。

1974 年，中国研制出第一个本土化读者自助借还系统，从而使传统的手工借还图书变为机器自助借还；1983 年，中国研制出第一台全息缩微存储机，实现了文献的高密度存储；2008 年，中国研制出第一台“城市街区 24 小时自助图书馆系统”样机，使社会大众就近借还图书而无须去图书馆成为可能。这些现代技术在图书馆工作中的应用，推进了图书馆的现代化，大大提高了服务质量。

网络化的发展，推动了图书馆数字化、信息化和智能化的飞速发展。1971 年，世界上最大的图书馆网络——OCLC 在美国建成。中国也建立了各种网站，如中国最大的法律信息服务平台——北大法律信息网（1995 年）、中国首个政府公开信息整合服务平台（2009 年）、全球最大的开放获取知识平台——国家哲学社会科学学术期刊数据库（2013 年）等。这些网站的建立，标志着我国网络化建设已经发展到较高水平。

伴随着网络化建设的发展，各种数字图书馆和数据库也得到迅速发展，如世界上最大的公益性数字图书馆——中美百万册书数字图书馆（2004 年）、中国首家国家级盲人数字图书馆（2008 年）、中国最大的正版电子书库——方正 Apabi 数字资源（2001 年）、中国首个“皮书”数据库——中国与世界经济社会发展数据库（2009 年）、全国首家公务员网上图书馆——深圳市南山区公务员网上图书馆（2011 年）等。这些数字图书馆和数据库不仅为大众获取信息和文献提供了便利，也极大地推动了整个社会的信息化和智能化的发展。

现代技术为图书馆事业插上了飞翔的翅膀，图书馆事业正在信息化、智能化的轨道上阔步前行。

一、中国第一个本土化读者自助借还系统
——3MTM Self-CheckTM 读者自助借还书系统 7210

3M^{TM} Self-Check^{TM} 读者自助借还书系统 7210 是美国 3M 公司[1]在上海研发的第一个中国本土化自助借还产品。

1974 年，世界上第一个图书馆自助借还系统出现在美国得州大学达拉斯分校。由于该系统复杂烦琐且缺乏大容量的存储设备，最终以失败告终。3M 公司 1991 年率先在澳洲的大学图书馆开始测试新推出的自助借还系统，次年又在美国爱荷华州达文波特图书馆及密苏里大学威尔逊图书馆测试，并逐渐完善和成熟。

3M^{TM} Self-Check^{TM} 读者自助借还书系统的系列设备生产线于 2007 年 7 月在上海落户，2011 年 7 月 5 日生产线建设完成。时任 3M 中国有限公司安保及防护事业部总经理华卫风先生当年在接受采访时说："公司将读者自助借还书系统的技术和生产平台转移到中国，意味着中国的图书馆系统用户可以根据实际需求，直接在国内定制经过本土化改造的 3M 读者自助借还书系统，而无须从美国进口，设备的购置成本比以往大大降低且交货期也大为缩短。"

3M^{TM} Self-Check^{TM} 读者自助借还书系统给读者带来革命性的体验，也使图书馆读者服务迈上了一个新台阶。使用 3M 自助借还机在图书馆借还图书像在银行 ATM 机上操作一样简便、快捷，只需刷读者卡，并按照屏幕提示将所要借还的图书放在特定位置上，便会自动充消磁，几秒钟便可完成借还书的整个过程。由于借书、登记、充消磁等工作全

程均由读者自行操作，无须图书馆工作人员协助，极大地降低了读者排队等候的时间，也帮助图书馆舒缓了读者借还密度，不仅保护了读者的隐私，而且读者可以全天24小时随时到图书馆归还图书。

3M公司是世界上第一个在图书馆文献流通领域推出数字识别技术（RFID）解决方案的公司。该方案能对馆藏文献进行自动识别、追踪和管理。馆员或读者只需手持读取器从书架前走过，就可以从浩如烟海的图书中，轻松地找到所需要的文献，这一技术可以让图书馆的管理工作更加自动化，将工作人员从繁重的体力劳动中解放出来，为读者提供更加贴心的个性化服务。

3M推出的全套图书馆流通资料管理系统对中国图书馆自动化、信息化、现代化和安全保障问题产生了巨大的现实意义，为中国读者带来一个自由、方便、快捷的全新阅读体验。

早在2006年10月，深圳图书馆新馆就引进国外先进技术设备，成为中国第一家全面使用RFID标签的公共图书馆，开启了中国图书馆进入RFID时代的新局面。2008年9月，国家图书馆二期暨国家数字图书馆在正式开馆接待读者之际，引进了RFID技术，包括RFID标签转换站系统设备、RFID馆员工作站系统设备、自助借还系统设备、24小时室外自助归还系统设备、便携式RFID点检系统设备、安全门系统设备和三维检索导航系统。国家图书馆对RFID技术的引进意味着该技术开始逐渐在中国普及。截至2009年底，中国有39家图书馆使用了RFID技术，到2010年底已有100余家。特别值得一提的是，厦门少儿图书馆于2009年启动了图书RFID智能管理系统，成为中国少儿图书馆应用RFID技术的首例。2010年，深圳龙岗区图书馆采用RFID技术实现了24小时自助借还书服务，图书利用率达到256%，成为中国规模最大的全天候无人值守自助图书馆。

注释

[1] 美国3M公司：创建于1902年，是世界著名的产品多元化跨国企业，总部设在美国明苏达州圣保罗市。在100余年的发展历程中，3M公司勇于创新，研发各类产品6万多种，涉及医疗、运输、建筑、商业、教育、电子、通信和生活等诸多领域，世界上有50%的人每天直接或间接地接触到3M公司的产品。3M公司在全球65个国家和地区设有分支机构，产品在200多个国家和地区销售，年营业额逾229亿美元。3M中国有限公司于1984年11月在中国注册成立，是在经济特区之外成立的中国第一家外商独资企业，在中国投资约5亿美元。截至2011年1月，3M公司在中国建立了12家公司、6个生产基地、20个办事处、3个技术中心和1个研发中心，员工超过4800人。

二、世界上第一个机读目录——LCMARC

LCMARC 也叫 USMARC，是美国国会图书馆发行的世界上第一个机读目录，在全球图书编目史上产生了划时代的深远影响。

MARC（Machine Readable Catalog）是以代码形式和特定结构记录在计算机存储介质（磁带、磁盘、光盘）上的、用计算机识别和阅读的目录。制定 MARC 标准的目的是为了实现书目数据的规范和统一，充分开发和利用文献资源，从而推动国际图书馆界的书目信息交流与共享。

1964 年，美国国会图书馆资源委员会正式提出 MARC 研制计划，1966 年 1 月实施“MARC 试验计划”，截止 11 月，输入 5 万条书目并向参加试验的 16 个图书馆发送试用磁带。由于 MARC 格式尚不成熟，过多考虑编制程序上的方便，与传统编目方法差别甚大，使编目环节更为烦琐。经过 2 年多的反复修改，1968 年 11 月 MARC-II 研制成功并正式开始用于计算机编目。

1971 年，美国国家标准局正式批准 MARC 格式结构为美国国家标准。1972 年，国际图书馆协会联合会（IFLA）研制成功国际通用的机读目录格式——UNIMARC。1973 年，国际标准化组织（ISO）将 MARC 格式结构作为国际标准（ISO2709-1973）正式颁布。

LCMARC 的出现，给全世界图书编目带来了革命性的转变，其意义如下：

1. 世界各国图书馆界在 LCMARC 基础上，纷纷研究、试验、建立本国的机读目录系统。很多英语国家如英国、加拿大、澳大利亚等，直接利用美国国会图书馆发行的MARC磁带进行编目并予以扩充。英国于1969年发行了机读目录试验磁带，建立了UKMARC，1974年英国约有20个图书馆采用了UKMARC磁带。加拿大于1966 年开始利用美国磁带，随后又利用美英磁带。澳大利亚于1974年3月正式发行国家书目磁带。德国、法国、日本等国家则是根据MARC-II的设计原则，研制本国的机读目录系统。德国于1972 年生产出国家书目试验磁带。法国于1970年初设计出一种新的磁带格式，并开始对国家图书馆的目录进行转换，1973年又与比利时、荷兰、瑞士及英国合作，设计出一种新格式处理法国、比利时、瑞士和加拿大等国的法文出版物，1975年《法国书目》磁带正式发行。日本国会图书馆于1960年开始进行图书馆自动化调研,1971年采用MARC-II磁带对西文图书进行联合编目，1978年1月根据日本机读目录格式编印出版“日本全国书目”。中国在UNIMARC的基础上，结合本国特点制定了《中国机读目录通讯格式》(简称CNMARC)，1981年由书目文献出版社正式出版。

2.MARC格式作为国际化的标准格式，其在西文编目中最大的优点是一次输入、多次输出、反复使用，极大地降低了劳动成本，并且通过手工编目的几道简单工序完成检索，为用户提供多个检索点，帮助使用者明确检索信息，实现检索目的，显著提高检索效果，并且能够实现资源共享，对拓宽检索途径以及加快检索速度具有十分重要的作用。

3.MARC在图书馆西文文献编目中，能够辅助西文文献的采集、编目和流通，生产与编制新书通报、联合目录、目录卡片以及其他目录索引等，有效地展开目录检索以及参考咨询等服务。

4.LCMARC的出现，初步实现了各国文献编目的标准化，也为日后的图书馆自动化奠定了一定的基础，是图书馆发展史中的重大事件。

三、世界上最大的图书馆网络
——OCLC

OCLC（Online Computer Library Center）联机计算机图书馆中心，是世界上最大的图书馆自动化网络，总部设在美国俄亥俄州哥伦比亚市郊的都柏林。它是一个提供文献信息服务的非营利机构，其目的是促进图书馆之间的合作与交流，实现全球资源共享。

1967 年，俄亥俄州的 54 所大学共同成立了 OCLC，之后便开始着手研究和开发整套的联机计算机系统，在世界上率先拉开了图书馆应用计算机革命的帷幕。1971 年，联机计算机系统建成并投入使用，仅为俄亥俄州的 54 所大学服务。

1977 年，在 OCLC 成立 10 周年之际，联机计算机系统正式成为美国的图书馆网络系统。1981 年，OCLC 开始向欧洲发展，在英国成立了分部；1986 年又设立了亚洲分部和南美分部。此后，OCLC 不断向世界各国发展，其服务遍及世界 100 多个国家和地区，成员馆 7 万余个。

目前，OCLC 的 FirstSearch 系统[1]有 80 多个数据库。其数据绝大多数由美国的国家机构、联合会、研究院、图书馆和大公司等单位提供，并且更新频率高。数据库的记录中有文献信息、馆藏信息、索引、名录、全文资料等内容。资料的类型有书籍、连续出版物、报纸、胶片、计算机软件、音频资料、视频资料、乐谱等，内容涵盖所有领域和学科，总记录数亿条。OCLC 提供 7 种语言界面供选择：英语、法语、西班牙语、日语、韩语、阿拉伯语和汉语（包括简体和繁体），而且每天更新；可以提供检索、馆际互借等服务，并且为图书馆提供编目数据。

总之，OCLC 的特点是：信息量大、更新速度快、使用便捷。由于 OCLC 研发的多项产品和服务不仅适合于研究型图书馆，也适用于各种公共图书馆和专业图书馆，因此成为当今世界图书馆公共信息服务的一个中心。

注释

[1] FirstSearch 系统：是 OCLC 一个面向最终用户设计的交互式联机信息检索系统，通过该系统可以检索到 80 多个数据库。1999 年，CALIS 全国工程中心订购了其中的基本组数据库。基本组数据库大多是综合性数据库，内容涉及工程和技术、工商管理、人文和社会科学、医学、教育、大众文化等领域。

四、中国研制的第一台缩微存储设备
——全息缩微存储机

全息缩微存储机是一种用全息技术将文件、图纸和印刷品等文献资料缩微存储和还原的技术和设备，也能缩微拍摄文物并可立体还原。这种设备对于保存图书、资料、档案，尤其是保存古代图书文献产生了深远的影响。

全息缩微存储机将文献资料用缩微摄影术拍摄在 16 毫米或 35 毫米胶卷上，其上的缩微影像经激光束透射并通过透镜聚焦成物光斑，然后在透镜的后焦面附近与另一称作参考光的激光束相干，再将相干的全息点记录在高解像率感光片上。还原时，激光束通过全息点就可获得原物的再现影像。全息缩微的主要特点在于它记录下来的是物的谱而不是一般照片记录下来的是物的像。物的谱包括物的全部信息——三维信息，物的谱一旦受到某些微小刻痕，信息量并不因此减少；也不因记录时材料位置略有离焦而使再现影像模糊不清。这些特点都是普通缩微摄影所不具备的。对 100 倍以上的高倍率缩微，这些特点事关重要。确切地说，全息缩微比普通的缩微摄影更容易实现高密度存储；比光盘存储的记录材料的价格低几十倍，它的保存寿命和拷贝性能介于普通缩微摄影和光盘存储之间。

全息缩微技术的研究始于 20 世纪 70 年代，苏联、日本和美国等已有较大进展，但都没有实际推广，这是因为研制成本高，性能不够好，不够轻便，不能抗震，全息缩微品拷贝技术也欠缺。

20 世纪 70 年代末以来，全息缩微技术在中国有多方面的突破，

1983年中国研制成功了新颖轻便的抗震装置，使全息缩微记录设备更接近实用化。

1983年，北京工业大学研制成功中国第一台全息缩微存储机，为我国保存珍贵文献提供了先进的存储手段。这台全息缩微存储机在微处理机的控制下，利用激光全息技术，采用独特的立式结构，体积小，抗震性能好，可以在白光下操作。这台机器可以把一版《人民日报》存入到直径3毫米左右的圆斑内；一片30平方毫米大小的全息底片，可以存储16开纸的100页资料或64版《人民日报》。

全息缩微存储机经过多次改型，其系统具有记录、拷贝、阅读和复印等多种功能，整套设备在中国开始走向商品生产。

五、中国第一个较大规模的合作建库工程——ILAS系统

ILAS 系统即图书馆自动化集成系统，是文化部的重点科研项目，由深圳图书馆承担并组织实施，全国 8 个省（湖南、黑龙江、湖北、甘肃、四川、辽宁、江苏和广东）图书馆研究人员共同组成开发研制团队，经过两年半的共同研制而完成。该系统是我国第一个较大规模的合作建库工程，不仅完成了拥有 6.5 万种图书记录的书目库，而且建成中国第一个光盘版中文书目库。1991 年 11 月，该系统通过了国家部级技术成果鉴定，先后获得“文化部科技进步一等奖”、“国家科技进步三等奖”、“联合国科技发明创新之星奖”，成为 20 世纪 80 年代末国内图书馆领域最成熟、颇具影响力的一套可靠而先进的通用软件。

沈迪飞在其《图书馆自动化应用基础》一书中对 ILAS 系统进行了详细论述：“该系统是在 UNIX/XENIX 操作系统下用 C 语言开发的一套能够满足国内多种规模和类型图书馆使用需求，可适应多种机型与档次的计算机环境的多用户、多任务、多点存取的应用系统，同时也是一个共享中央书目数据库，具有可靠性高、可用性好、功能完备、并已推广和投入使用的高度集成的图书馆自动化系统。”“ILAS 系统是根据我国图书馆自动化应用的实际情况所设计出来的一套既具有中国特色，又能在综合指标上达到 20 世纪 80 年代末国际先进水平的图书馆应用软件系统。”

该系统由图书采访、编目、检索、流通管理、连续出版物管理和参考咨询 6 个子系统构成，每个子系统又由不同的功能模块构成，各功能的

模块又细分成次级子功能模块，分别实现图书馆自动化中各个环节的功能，完成图书馆的自动化处理过程。该系统有下述5种特性：

1. 集成性。该系统是一个集成化的应用软件包，对文档、数据、功能进行集成。

2. 适应性。该系统不仅适用于我国大中型公共图书馆，也适用于各类专业图书馆和大专院校图书馆，而且能够与各种型号和配置的计算机系统兼融。

3. 可移植性。该系统可全套移植，也可选择其中一个或几个子系统装配运行，并且可以随着硬件设备的扩充而增加子系统或根据需要修改和重组。

4. 易维护性。该系统采用结构化编程方式，程序呈现逻辑清晰的分层结构，整个系统由功能模块组成，在主控显示出错提示，便于系统自身维护或技术人员处理。

5. 安全可靠性。通过户名、密码、条码号等一系列措施进行授权，采用并发控制、系统备份和日志记录等方式，确保数据库的安全。

ILAS的研发成功，使图书馆界开始步入自动化的轨道。截至1996年底，全国有27个省市的100座城市中的380多家图书情报单位使用了该系统，受到图书情报领域的欢迎和好评。虽然此后国内又有多个图书馆自动化系统研发成功并推广使用，也有国外的相关自动化系统被引进，但ILAS系统成功的意义仍然深远。

六、中国最早、最大的法律信息服务平台
——北大法律信息网

北大法律信息网（http://www.chinalawinfo.com/），是北大英华公司和北大法制信息中心共同创办的法律综合型网站，1995年开通，是中国最早、最大的法律信息服务平台，也是互联网上第一个中文法律网站。该网通过教育部“十五”“211工程”CERNET中国教育科研网重点学科信息服务体系建设项目——重点学科公共服务体系的项目验收，并曾获得国家教学成果二等奖、北京市和北京大学教学成果一等奖。

北大法律信息网作为“211工程”高等教育公共服务体系建设子专题，凭借北大法学院的学科优势，在网站内容的广度、深度方面颇有建树，注重法律知识的专业性、系统性，注重技术革新和研发，关注用户体验。从建站至今，北大法律信息网在国内法律网站排名中始终位居前列，已成为全国公认的信息内容最丰富、访问量最高、规模最大、更新及时的法律专业网站，深受法律学人的好评，是法律信息行业的领军者。

北大法律信息网设有30多个栏目，内容涉及：法律新闻、时政要闻、立法动态、热点案例、讲座综述、法律法规、司法案例、法学期刊、裁判标准、合同文书、律所实务、法宝视频、各类培训、北大法学院、律师天下等。北大法律信息网总编赵晓海早在2005年就自豪地说：“现在国内没有任何一家法律网站能与之相比，就是美国任何一所大学法学院的网站也没有做到如此丰富全面的内容。北大法律信息网英文网站——中国法律英文网的4000篇法律数据库，也是目前全球最大的中国法律英

文数据库。”

北大法律信息网已经实现内容双语化，与中国法律英文网用汉英两种语言将中国法律信息传播到世界，成为中国大陆译本最多、更新最快的在线法律数据库，也是国内外其他任何一家法学院网站未能做到的。

在法律服务对象方面，北大法律信息网不但对北大法学院的教学产生了深远影响，而且对我国法律教育等社会各界也产生了巨大影响，辐射到全球研究和应用中国法律的机构和人士，社会效益巨大。北大法律信息网的建立不仅使北大法学院成为国内最早实施互联网远程教育的学校，而且于1997年9月实现了法学院学生接受哈佛法学院金融法的课程。

北大法律信息网是法律信息的集大成者，是法律人学术和信息交流的平台，集理论、实践为一体，涵盖了法律信息的方方面面。作者踊跃自主向网站投稿，文章首发率高，成为法律学人的思想家园。

七、全球最大的中文搜索引擎、最大的中文网站、拥有全球最大的中文图书可检索量的搜索引擎——百度

百度是全球最大的中文搜索引擎、最大的中文网站（http://www.baidu.com），拥有全球最大的中文图书可检索量，2000年1月1日由留美博士李彦宏创立于北京中关村，致力于提供“简单、可依赖”的信息获取方式。

“百度”二字源于中国宋朝词人辛弃疾的《青玉案·元夕》一词中的“众里寻他千百度”，象征着百度对中文信息检索技术的执着追求。百度LOGO中的“熊掌”以“猎人寻迹熊爪”之义隐含其创始人李彦宏“分析搜索技术”的内涵，从而构成百度的搜索概念，并最终成为百度的图标形象。与SOHU的狐、GOOGLE的狗相提并论为百度的熊。

百度拥有中国乃至全球最优秀的研发技术团队，这支队伍掌握着世界上最先进的搜索引擎技术，使百度成为中国掌握世界尖端科学核心技术的中国高科技企业，也使中国成为美国、俄罗斯、韩国之外，全球仅有的4个拥有搜索引擎核心技术的国家之一。

2005年，百度在美国纳斯达克上市，一举打破首日涨幅最高等多项纪录，并成为首家进入纳斯达克成分股的中国公司。

百度借助超大流量的平台优势，联合所有优质的各类网站，建立了世界上最大的网络联盟。百度曾与北京大学图书馆和中国科学院图书馆合作，免费在自己的搜索平台上，提供各图书馆馆藏书目的搜索服务。2006年7月，百度合作的图书书目已经累计达到1500万册以上，科技

期刊文献达到 1.3 万余种，并因此拥有全球最大中文图书可检索数量。

百度拥有全球最大的中文网页库，截至 2013 年底，百度收录中文网页已超过 12 亿，这些网页的数量每天以千万级的速度增长；同时，百度在中国各地分布的服务器，能直接从最近的服务器上，把搜索到的信息返回给当地用户，使用户享受极快的搜索传输速度。百度每天处理来自 138 个国家的数亿次搜索请求，每天有超过 15 万用户将百度设为首页，用户通过百度搜索引擎可以搜索到世界上最新最全的中文信息。

八、中国最大的正版电子书库
——方正 Apabi 数字资源

方正 Apabi 数字资源由北京方正阿帕比技术有限公司（以下简称“方正阿帕比公司” www.apabi.com）创建。方正阿帕比公司是北大方正信息产业集团旗下专门从事数字出版的提供商，2001 年开始进入数字出版领域。它依托自身传统出版印刷技术的优势，自主研发数字出版技术及整体解决方案，发展成为全球领先的数字出版技术提供商。

Apabi 的五个字母分别代表着 Author（作者）、Publisher（出版者）、Artery（流通渠道，即发行商）、Buyer（购买者，即读者）以及 Internet（网络）。网络将传统出版产业链中的作者、出版社、发行商和读者有机地连接起来，实现了完全数字化出版。

方正阿帕比公司致力于推动中国数字内容产业的发展，采用全球领先的中文版式文件（CEB）处理技术、数字版权保护（DRM）技术、字库技术以及数据挖掘和知识标引等技术，为信息传播中涉及的资源数字化以及数字图书馆领域提供全面的解决方案，满足图书馆数字资源加工、管理、传播、服务的实际需求。Apabi 可以“在网络上还原出版流程，使出版社、报社、杂志社以低成本迅速进入数字出版；网站则可以迅速建立数字阅读电子商务平台；图书馆可以迅速建成数字图书馆，从而充分发挥各个角色在产业链中的优势和特点，实现多方共赢”。

方正阿帕比公司研发创建的方正 Apabi 数字资源，是中国最大的正版电子书库。其数字出版系统提供包括电子书、数字报、数字博物馆、各类专业数据库及移动阅读的技术解决方案，并提供丰富多样的数字资源产品的运营服务。其数字资源的特点如下：

1. 版权无忧：由出版社、作者联合授予信息网络传播权，从源头解决版权问题。

2. 原版原式：采用高保真还原显示技术，格式转换，矢量显示，字节数小，节省大量硬件投入。

3. 生动有趣：图书中可插入声音、视频、动画等多媒体文件，图文并茂、影音共现。

4. 契合标准：全面符合国际电子组织 OEB 标准，与国际接轨。

5. 数量丰富：截至 2005 年 3 月达到 15 万种，每年新增 6 万—7 万种。

6. 新书比重高：2002 年以后出版的书占 75%。

7. 种类齐全：内容覆盖中图法所有二级类目。

据方正阿帕比公司的网页介绍："中国 90% 以上的出版社在使用方正阿帕比技术及平台出版发行电子书，每年新出版电子书超过 12 万种，累计正版电子书近 70 万册，并与阿帕比共同打造推出了各类专业数据库产品；中国 90% 的报业集团、800 多种报刊正在采用方正数字报刊系统同步出版数字报纸。此外，全球 8000 多家学校、公共图书馆、教育城域网、政府、企事业单位等机构用户应用方正阿帕比数字资源及数字图书馆软件为读者提供网络阅读及专业知识检索服务。"

九、世界上最大的公益性数字图书馆
——中美百万册书数字图书馆

2001 年，在中国教育部与美国国家自然科学基金委的支持下，由浙江大学图书馆与中国科学院研究生院共同牵头承担，启动了一项面向教育科研需要的百万册规模的数字图书馆项目——“中美合作百万册书数字图书馆计划”(China-America digital academic library, CADAL)。2004 年 9 月，该数字图书馆网站开通，提供服务。

2007 年，CADAL 100 万册数字图书的目标顺利达成，其中中文图书 80 万册，英文图书 20 余万册。作为中国与国际合作建设的大型数字图书馆，考虑到长期保存和重印等目的，图书扫描采用 600dpi 高分辨率和无损压缩的 TIFF 图像格式进行保存。

中美百万册书数字图书馆中的古籍资源向全世界开放，民国图书向我国 211 院校开放，现代图书向项目参建单位开放，成为目前世界上收藏数字化敦煌文献最齐全、数字化民国图书最多、儒道佛文献集合最完备、数字图书馆技术最全面的图书馆。

十、全球最大的开放获取英文期刊门户网站
——Open J–Gate 电子期刊网

Open J–Gate（http://openj–gate.org/） 是 由 Informatics (India) Ltd 公司资助的 OA 领域的电子门户网站，提供开放获取期刊的免费检索和全文链接，被认为是“世界上最大的英文开放期刊门户”，2006 年建成并提供服务。其主要目的是为读者提供免费和不受限制地获取学术及研究领域的期刊和相关文献的服务。

Open J–Gate 的主要特点有：

1．资源数量大。Open J–Gate 系统地收集了全球 6000 余种期刊，包含学校、研究机构和各行业出版的期刊，其中 3800 余种经过同行评议（Peer–Reviewed）。Open J–Gate 除了提供文献外，还提供全球众多出版社和期刊等方面的各类信息。

2．更新及时。Open J–Gate 每日更新，每年收录 30 余万篇新发表的文章，并提供全文检索。

3．检索功能强大，使用便捷。Open J–Gate 提供三种检索方式：快速检索（Quick Search）、高级检索（Advanced Search）和期刊浏览（Browse by journals）。在不同的检索方式下，用户可通过刊名、作者、摘要、关键字、地址、机构等进行检索。检索结果按相关度排列。

4．提供期刊“目录”浏览。用户通过浏览期刊目录，了解期刊的内容信息。

十一、中国第一家中小学文献信息网——江苏省中小学文献信息网

江苏省中小学文献信息网（http://www.shangshu.com）也叫“尚书网”，是一家提供专业图书管理、阅读活动服务的省级互联网信息服务综合平台，也是中国首个面向中小学图书馆老师和全体学生的专业性文献信息网站，2007 年 6 月 12 日在常州正式开通运行。

该网站根据用户需求，实现图书选择、订购、登到、编目、流通、统计等多个管理环节，把与图书有关的各个环节的信息集中统一在“尚书网”平台上，旨在为全省中小学校文献资源建设提供便捷、高效的服务，把网站建成图书馆老师的“工作平台”、广大学生的“阅读写作平台”，学校领导与老师的“交流学习平台”。

该网站可以帮助老师方便地查找最新的图书和期刊信息，为采购新书新刊提供征订统计功能；迅速获取新书书目数据，大大提高工作效率，推进书目数据的规范化，彻底解决长期困扰中小学校图书馆书目数据不规范问题，实现由手工到自动化管理的转变；可以推荐书目，引导学生爱读书、读好书，同时可以开展大型读书征文活动，配合各地教育部门为用户量身定制各种征文、评选活动。网站设有阅读、荐书、活动、名馆、校园活动等栏目。

作为全国第一家中小学文献信息网，“尚书网”起到了示范引领作用，其网站内容丰富多彩，受到中小学广大师生的热烈欢迎。

十二、世界第一台自动翻页书籍扫描仪
——ATIZ Book Drive

ATIZ Book Drive扫描仪由泰国ATIZ公司制造于2006年，是世界上第一台自动翻页书籍扫描仪，公司总部设在曼谷。

该扫描仪特别适用于政府机关、大学和图书馆，便于文献的保存、检索、传递和交换。数字化的文件和图书还可以通过计算器软件变成机器朗读的文件和图书，以便视弱者使用。

这种扫描仪有一个机器翻页臂，独有的“软滑”(Soft Glide) 技术使其可以轻松地逐页翻书逐页扫描，并能保证被扫描的书页不被损坏。其操作简单，只有三个按键：“电源”、“开始”和“停止”。用户只需事先输入要扫描的页数，扫描仪便自动将扫描的内容以数字格式输出，免去了手动翻页和扫描过程中的人工干预。

这种扫描仪的扫描速度每小时可达500页。扫描仪内设容易使用的软件，支持图片的自动裁减和清除功能。该软件与Window XP操作系统兼容。扫描仪设有高速USB2.0接口，以保障它能将图像快速传进PC机，仅需8秒钟即可预先查看扫描的结果。其体积相当于2个台式计算机，长宽高为86×57×32 厘米，重量为30公斤。

这种扫描仪的问世，不仅减少了人工干预，而且大大提高了图书数字化的效率，并且为进一步开发、研制更加高效、自动化的扫描仪奠定了一定的基础。

十三、中国第一台自助图书馆样机
——“城市街区 24 小时自助图书馆系统”样机

“城市街区 24 小时自助图书馆系统”简称“自助图书馆”，其样机由深圳研制，于 2008 年 4 月 23 日第 13 届世界读书日之际成功问世，摆放在深圳图书馆门前接受市民检阅与试用。“自助图书馆”样机的出现，标志着我国图书馆“从传统到馆手工借书”向“读者就近自助借书”的转变，这种服务模式的变化预示着图书馆服务发生了历史性变革，意义非常。

“自助图书馆”服务机首先在深圳市运行，2008 年 7 月，10 台“自助图书馆”服务机首次走进社区为市民提供服务。截至 2009 年 5 月，40 台“自助图书馆”服务机构成的网络分布在全市 36 个片区和单位，全面提供服务。根据“边布点边运行”的指导思想，自 2008 年 7 月 21 日到 2009 年 3 月 31 日，深圳市“自助图书馆”累计开放 30449 小时，共办理读者证 5146 张，处理文献 347719 册次，平均每台每天处理文献 121 册次，预借送书总量达 9716 册次。

随后，北京、上海、贵阳等地先后出现自助图书馆，并逐渐向全国推广，为读者借还图书提供了极大的便利，也无形中营造了书香中国的氛围。

“自助图书馆”服务机不仅支持借书、还书、办证、续借等图书馆基本服务，还提供为读者预约定点送书、短信通知、自助取书等个性化服务，读者还可以在任何一个“自助图书馆”归还所借图书。

“自助图书馆”服务机由图书展示柜、自助服务终端、图书馆查询终端、图书归还回收箱、布告栏五部分组成：

图书展示柜：可以同时展示大约 400 册外借图书。由于采用了全新的环形输送系统，其中的图书可以定时或者按照指令旋转展示。

自助服务终端：可以实时办理借书证，时间不超过 1 分钟。读者凭第二代身份证，在“城市街区 24 小时自助图书馆系统”终端存入 100 元押金即可办理借书证。

图书馆查询终端：读者可以在该终端上查询本人借阅信息和该系统上的信息资源，也可通过该终端访问图书馆网站，查询图书馆各类信息和全部馆藏信息，同时还可以通过终端提出“预借”请求。“预借”功能是“自助图书馆”的最大亮点。工作人员接收到预借请求后，会在规定的时间内将预借图书送达读者指定的“城市街区 24 小时自助图书馆系统”，并通知读者。

图书归还回收箱：设在“自助图书馆”服务机的底层，能存放 500 册归还的图书，有灵活的机械手可自动将图书进行分类，便于管理。

布告栏：位于“自助图书馆”的右侧，可显示其中的书目信息，也可发布各种公益广告。

可以说“城市街区 24 小时自助图书馆系统”基本具备了图书馆的所有服务功能，是一座无人值守的小型图书馆。

十四、中国首家国家级盲人数字图书馆——中国盲文图书馆

2008 年 9 月 9 日，国家图书馆与中国残联信息中心、中国盲文出版社合作共同建设的中国盲人数字图书馆（http://www.blc.org.cn），即“中国盲文图书馆”正式开通，此举填补了我国盲人数字图书馆的空白。该图书馆为特殊群体提供足不出户博览群书、在线远程教育和培训等多种形式服务，是国内首家国家级盲人数字图书馆。

2008 年 3 月 28 日，国务院颁发了《中共中央国务院关于促进残疾人事业发展的意见》，要求“积极推进信息和交流无障碍”、“公共机构要提供无障碍服务，影视作品和节目要加配字幕，网络、电子信息和通信产品要方便残疾人使用”。根据国务院的这一意见，文化部与中国残疾人联合会通力合作，依托国家图书馆丰富的馆藏资源，借助中国残疾人联合会在信息无障碍建设方面的经验，创建了中国盲文图书馆，使盲人朋友足不出户就能享受到国家级图书馆的周到服务，与正常人一样共享信息社会的便利。

中国盲文图书馆得到科技部与中国残联“十一五”国家科技支撑计划重点项目——“中国残疾人信息无障碍关键技术支撑体系及示范应用”的大力支持，成为积极推进残疾人信息无障碍技术的研发、推广与应用的成果之一。

中国盲文图书馆坚持“服务立馆”宗旨，遵循 WCAG2.0 进行无障碍网页设计，符合 XHTML1.0 技术规则，适用于盲用读屏软件。

中国盲文图书馆主页栏目规划简单清晰、分区清楚、导航明确，设

有若干栏目，例如：有声读物、电子图书、电子盲文、视频公开课、盲人资讯、精品专区、口述影像、教育培训、国际前沿、服务资讯、热门排行、儿童天地等，旨在为盲人读者奉上一份文化共享盛宴。按照“边建设边服务”的原则，各栏目的数字资源不断扩容，以满足不同职业、不同兴趣爱好的盲人朋友的需求，为其打开一扇通往浩瀚知识海洋的大门。

2010 年 5 月，“中国盲人数字图书馆网站建设”荣获第三届文化部创新奖。

十五、中国首个“皮书”数据库
——中国与世界经济社会发展数据库

中国与世界经济社会发展数据库即皮书数据库（http://www.pishu.com.cn/skwx_ps/database?SiteID=14），是国内最具影响力的关于中国与世界现实问题研究的成果库和资讯库，于 2009 年建成并在位于天津经济技术开发区的泰达图书馆档案馆开通试用，是中国首个“皮书”数据库，也是深度分析解读当今中国与世界经济社会发展现状与未来趋势的智库产品和知识服务平台。

中国与世界经济社会发展数据库的核心内容是社会科学文献出版社推出的大型系列“皮书”，囊括了《中国经济蓝皮书》《中国社会蓝皮书》等专业资讯图书，是中国社会科学院等权威研究机构和专家的精品学术成果。

该数据库依托中国社会科学院，集国内一流的专业学术机构和高校科研力量，对每一年度有关中国与世界的经济、社会等各领域的现状与发展态势进行权威解读，代表了国内较高的学术水平。该数据库下设中国社会发展数据库、中国经济发展数据库、中国行业发展数据库、中国区域发展数据库、中国文化传媒数据库和世界经济与国际关系数据库等六大子数据库和多个热点专题，涵盖 300 多个主题。每个主题周期性连续出版，均为独特的一手调研数据，实时呈现中国与世界各主题领域的最新发展状况和未来趋势。该数据库还包含了 20 多年间各地经济社会的发展报告，覆盖经济、社会、文化、教育、金融、法律、旅游、能源、房地产、医疗卫生、区域发展等多个领域和行业。

中国与世界经济社会发展数据库作为专业的人文社会科学综合学术资源总库，对各领域专家进行学术研究、获取最新资讯具有重要的参考意义。

十六、中国首个政府公开信息整合服务门户
——中国政府公开信息整合服务平台

中国政府公开信息整合服务平台（Chinese Government Public Information Online，http://govinfo.nlc.cn/）由国家图书馆联合公共图书馆共同建设，于2009年4月30日正式开通服务，成为我国首个政府信息公开领域垂直搜索门户。2011年10月27日，该平台作为国家数字图书馆推广工程的第一个向全国推广使用的软件平台，在2011年图书馆年会上正式上线。

2008年5月1日，《中华人民共和国政府信息公开条例》开始实施。条例第十六条规定：各级人民政府应当在国家档案馆、公共图书馆设置政府信息查阅场所，并配备相应的设施、设备，为公民、法人或者其他组织获取政府信息提供便利。……行政机关应当及时向国家档案馆、公共图书馆提供主动公开的政府信息。

为了更好地履行公共图书馆在政府信息公开中的职能，引领国内公共图书馆政府公开信息整合服务工作，国家图书馆联合公共图书馆启动了这项中国政府公开信息整合服务平台建设项目。该项目的目标是："通过构建方便、快捷的政府公开信息整合服务门户，使用户能够一站式发现并获取政府公开信息资源及相关服务。""促进全国公共图书馆政府信息服务工作的交流合作与资源共享，提高公共图书馆政府信息服务的效益，建立政府信息资源组织整理的相关业务规范和指南，推广公共图书馆政府信息服务的示范项目，加强政府信息整合服务技术平台与网络建设，充分发挥公共图书馆在政府信息服务中的作用。"平台的建立是国

家图书馆为公众服务、为政府服务的一项重要举措，开创了图书馆对政府公开信息资源整合与利用的先河，更是国家图书馆创新服务手段、提高服务水平的重要体现，对我国政府信息资源的开发与利用起到了极大的促进作用。

中国政府公开信息整合服务平台采用分层建设、共建共享的模式，完成政府信息的整合与服务。国家图书馆负责整合中央级的政府信息，省、市、区、县图书馆负责整合本行政区的政府信息，通过合作共建，实现公共图书馆在政府公开信息整合开发方面的统筹协调发展，以实现对各级政府信息资源的收集、整理、保存、开发、利用并服务于公众。该平台主要以各级政府网站上的公开信息为整合对象，以用户需求为导向，通过自动化采集和组织，将各级政府公开信息进行整合，建立多种专题数据库，利用统一的元数据标准，对政府信息资源的内容、外部特征及其关联关系进行充分组织、挖掘和揭示，并将互联网上的不同来源、格式和版本的政府信息资源与国家图书馆馆藏文献资源进行有序整合，构建方便、快捷的政府公开信息整合服务平台。

截至 2013 年，该平台已有 30 个分站，数据量多达 100 余万条。公众可在该平台上查询到中央政府及其组成机构、各省及省会城市的数千个人民政府的政府公开信息。

十七、中国首家公务员网上图书馆
——深圳市南山区公务员网上图书馆

2011 年 11 月 30 日，深圳市南山区委宣传部与全球最大的中文网上实体图书馆——“青番茄”（www.qingfanqie.com）携手创建了全国公务员网上图书馆，由南山区委宣传部向“青番茄”“购买服务”，开通“南山区公务员网上图书馆”（http://www.qingfanqie.com/gov）。

“青番茄”是深圳市南山的本土文化企业，在全国 20 个城市布点图书借阅服务，注册读者逾 60 万，是全球最大的中文网上实体图书馆，不仅可以为读者提供免费借阅、送取上门服务，还能为各级企业和单位提供个性化的图书馆服务。此前，“青番茄”曾为全国大中小企业开通了外包型企业图书馆——“每企一馆”平台，受到企业员工的喜爱。

南山区公务员网上图书馆在全区试运行一年，首批 1000 张阅读卡以单位名义发放，南山区公务员均可申请此卡。公务员拿到阅读卡后，可在网上实名注册，开通后可在“图书馆”主页查询自己需要的图书和期刊。每张阅读卡可借阅图书 2 册，借还均免费快递上门服务，读者足不出户就可以拿到自己想看的图书。

南山区公务员网上图书馆设有培训学院、民生服务专题、阅读动态等服务栏目。图书分为“领导推荐”、“出版社推荐”、“公务员推荐”、“专家学者推荐”等几个板块。

南山区公务员网上图书馆不仅是全市首个公务员网上图书馆，也是全国首家公务员网上图书馆，是一个新生事物，受到媒体和业内人士的普遍关注，也是图书馆服务创新的有意尝试。

十八、全球最大的开放获取知识平台
——国家哲学社会科学学术期刊数据库

国家哲学社会科学学术期刊数据库（National Social Sciences Database），简称“国家期刊库”（NSSD）（www.nssd.org），由全国哲学社会科学规划领导小组批准、中国社会科学院承建的国家级、开放型、公益性哲学社会科学信息平台，是国家社会科学基金特别委托项目。是中国促进知识开放获取的一项重大成果。

国家期刊库2012年3月正式启动，系统平台于2013年7月16日上线，始终坚持“公益、开放、协同、权威”的定位，2015年3月28日成功实现与个人文献检索和管理工具NoteExpress的检索接口集成。这意味着，国内200多所高校的数百万用户今后可通过NoteExpress检索国家期刊库。

国家期刊库有关负责人曾表示，NoteExpress可使用户更加便捷地使用国家期刊库大量的免费学术文献，促进不同数据库的资源互通和期刊资源共享，真正实现“知识开放获取，学术走近大众”的建设目标。

期刊数据库经过两次扩容和升级，各项功能日益完善，目前已经超越美国斯坦福大学海威出版社（HighWire Press），成为世界范围内最大的开放获取期刊数据库，与数百家期刊编辑部签署了作品使用协议，数十种期刊基本实现同步上线。据该期刊数据库2017年3月网页介绍，资源包括：精品学术期刊600余种，上线论文近300万篇，收录近67万位学者和近1.8万家研究机构相关信息；国家社科基金重点资助期刊200种；中国社会科学院主管主办期刊70多种；三大评价体系（中国社会科学院、北京大学、南京大学）收录的500多种核心期刊，回溯到创刊号期刊400多种，最早回溯到1921年。

国家期刊库网站不仅提供多种导航和检索方式，实现期刊浏览、论文检索、在线阅读、全文下载等基础性服务，还提供检索结果统计分析、期刊评价、作者简介与评价等多种特色功能。

为提高学术资源的传播力，国家期刊库积极与其他网络平台展开公益性合作。除与NoteExpress合作外，国家期刊库还与世界最大的图书馆自动化软件商艾利贝斯合作，将期刊元数据集成进世界最大、用户最多的学术资源索引库Primo Central；与中国高校人文社会科学文献中心（CASHL）合作，将期刊元数据集成进CASHL数据库；与光明网共建的光明网“学术频道”已经上线。

越来越多的专家学者看好国家期刊库的发展前景。在费城东亚图书馆2014年年会上，北京大学图书馆副馆长肖珑表示：“国家期刊库是个好事情，开放获取也是国际趋势，北大会积极参与支持。”希腊约阿尼纳大学留学生李强评价道：“国家期刊库适应国际潮流，做到了学术研究信息共享。这将有利于中国学术走向世界，参与到世界学术研究的互动中来，推动中国学术的飞速发展。”

开放获取被认为是国际科技界、学术界为促进网络环境下科研成果的广泛传播、提高公共利用程度和实现无偿服务而推出的一种新的出版模式和展示平台，是与商业出版机构“有偿获取”并驾齐驱的良性互补，为学术与实践、知识与大众的有效对接开辟了新的途径和空间。实践证明，开放获取在推动学术交流和知识传播、促进科研创新方面已经显现优势，越来越多的国家、政府机构、科研机构开始对此进行政策支持。

第九部分 其他

导言：

值得一书的点滴印记

图书馆是知识的海洋，是信息中心，而其发展的历程中，不仅有前面各章收录的内容，还有一些值得一书的特殊点滴。这章所介绍的内容，是与前面不一样的精彩印记。

图书馆领域第一枚中外文藏书章，当属京师大学堂的图书馆藏书章。这枚中英文字的藏书章开启了中国使用中外两种文字藏书章之先河。

2007年，中国内地第一次民间修藏的《频伽精舍校刊大藏经》重光发行，这是民间修订大藏经的善举。精装本、24K烫金海外本和宣纸印制线装本三个版本均成为各馆的珍藏本。

西藏萨迦寺大经堂后壁的木制大书架被誉为世界上最大的古代书架，至今仍在使用中。时隔几百年的2010年，一种绿色书柜问世。这种绿色书柜用来展示绿色图书——用森林友好型纸张印刷而成的图书。

阿根廷国立图书馆馆长博尔赫斯曾经这样描述图书馆："这世上如果有天堂，天堂应该是图书馆的模样。"图书馆历史长河中的点点滴滴，铸就了图书馆在人们心中的模样。无论它新旧与否，时尚与否，辉煌与否，它所承载的内容以及所蕴含的文化、知识与信息，都是人类智慧的精髓，让我们细细品味吧！

一、世界上最大的古代书架
——萨迦寺大经堂后壁的木制大书架

萨迦寺位于西藏自治区日喀则地区萨迦县本波山下，是一座藏传佛教萨迦派寺院，也是萨迦派的主寺，海拔4316米。萨迦寺名中的“萨”藏语意为“土”，“迦”藏语意为“灰白色”，“萨迦”意即“灰白土”。因其所在的本波山腰有一片灰白色岩石，长年风化如土状而得名。萨迦寺分为南寺和北寺，仲曲河横贯于两寺之间，北寺位于河北岸的本波山“灰白土”山岩下，南寺位于河南岸的平坝之上。

萨迦寺迄今有900余年的历史，其间萨迦王朝统治全藏70余年，寺内所藏文物极其丰富，尤以经书和壁画最为著名。

萨迦寺的藏书集中在三个地方，即北寺的“乌则”和“古绒”及南寺的大殿——大经堂，藏书的总数约有2.4万余函。“乌则”为该寺最早的藏书室，“古绒”所藏绝大部分是手抄本。南寺大经堂的藏书数量最多，保存完好，为世人特别珍视的是南寺大经堂法墙中的藏书。

大经堂后部和左右两侧靠墙处是通壁大书架，书架直抵殿顶，被誉为世界上最大的古代书架，长60米，高10米，厚1米余，始造于1268年。架上的经书有用金、银、珍宝粉研成墨，手写而成的《甘珠尔》《帕巴杰东巴》等佛教经典4.4万多部，其中最大一部名为“八千颂铁环本”经书，长1.31米，宽1.12米。这些经典中不乏珍本和孤本，极为宝贵。因此，有些学者认为萨迦寺的藏书和壁画（3000多幅）可以同敦煌相媲美，称之为敦煌第二。除上述三个较大的藏书室外，其他殿也有为数不少的藏书。

萨迦寺为中华民族保存了珍贵的文化遗产，1961 年被国务院列为全国重点文物保护单位。它以历史之长、规模之大、影响之巨、文化及寺藏之丰著称于世。

二、世界上第一个儿童阅览室
——美国布鲁克林公共图书馆儿童阅览室

1890 年，美国马萨诸塞州布鲁克林公共图书馆在地下室开放了世界上第一个儿童阅览室，成为公共图书馆专设儿童图书室的肇始。

此前，美国马萨诸塞州于 1848 年率先颁布了世界上第一部公共图书馆法。1876 年美国图书馆协会（ALA）成立，设有儿童及青年图书馆部，其下设儿童及青年教育委员会，主要对公共图书馆开展儿童及青年服务进行指导。

在这一背景下，美国各州的公共图书馆开始陆续开展少儿服务，马萨诸塞州公共图书馆也是其中开始尝试开展少儿服务的图书馆之一，并于 1890 年率先在公共图书馆开设了儿童阅览室。

这一新鲜事物的出现，再次激发了图书馆领域开展少儿服务的热情与信心。此后，美国的公共图书馆纷纷建立儿童阅览室，并且这已成为美国公共图书馆的一个传统。与此同时，这一做法逐渐蔓延到其他国家，使公共图书馆设立儿童阅览室普及化。

三、首枚中英文双语图书馆藏书章
——“京师大学堂图书”

京师大学堂是北京大学的前身，创办于 1898 年。当时京师大学堂刻有两枚带有外文的公务章，一枚是“京师大学堂格致科大学”，一枚是“京师大学堂图书”，两枚章上面均有京师大学堂的正式英文名称“Imperial University of Peking”，其中“Imperial”（帝国的、皇帝的）一词带有明显的封建色彩。这两枚印章成为我国公务用章采用外文之最先，而“京师大学堂图书”则成为我国首枚中英文双语藏书章。

四、中国首次为未成年人举办的古籍藏书展
——大连图书馆古籍藏书展

我国第一个专门面向未成年人举办的古籍藏书展于 2005 年 1 月 25 日在大连图书馆善本阅览室开幕，历时 10 天，中小学生免费参观。办展的目的是希望通过展览，让广大青少年对我国珍贵的文化宝藏有一个感性认识，对中国古籍的发展史有所了解，学到一些相关知识，从而更加珍视祖国优秀的文化遗产，树立民族自尊心和自豪感。

学术界普遍认为，凡产生在 1911 年以前，内容是研究中国古代传统文化、著作方式是中国古代传统著作方式、装帧具有中国古代图书传统装帧形式的典籍，视为中国古籍。

大连图书馆馆藏古籍丰富，数量多达 55 万册，其中不乏珍稀孤本和善本，在海内外享有盛誉。此次展出的古籍均通过精心挑选，极具代表性，能够反映出中国古籍在其发展的各个历史时期的情形，勾勒出其演变的轨迹。此次展览有代表性的馆藏珍品有稿本《开国佐运弘毅公家谱》、满汗合璧刻本《翻译大学衍义》、抄本《他塔拉氏家谱》以及多部满汗合璧佛经等。展览还提供了丰富的古籍知识，便于参观者了解。

大连图书馆的古籍藏书展对于传承中国传统文化起到了引领和示范作用，社会效果良好。

五、中国内地第一次民间修藏的文献
——《频伽精舍校刊大藏经》

《频伽精舍校刊大藏经》简称“大藏经”，由江苏可一出版物发行集团董事长毛文凤策划，耗资2800万元，于2007年10月22日在千年古刹南京栖霞寺重光发行。这是我国出版发行的第一部铅印大藏经，所收经文为历代最多，也是大藏经首次走出寺庙，对社会公开出版流通。

《频伽精舍校刊大藏经》是汇集佛教典籍编修而成的经书全集，故称“大藏经”，也称“经书大全”。在中国古代，大藏经的编修多为举国盛事，即把最有声望的高僧汇聚在一起修史编藏，这是中华民族的一个传统。

1908年夏，南京栖霞寺中兴第一代祖师宗仰上人发愿校订《频伽精舍校刊大藏经》，犹太富翁哈同夫妇出资刊印。此次重勘出版的《频伽精舍校刊大藏经》，在我国已编修的大藏经中成书最晚、规模最大、收经种类最多，是我国建国以来第一部不限量公开发行的中国佛教汉文大藏经，并首次进入流通市场。在编修过程中，中国佛教协会会长、重修工作委员会主任一诚长老和编修校勘出版方吉林出版集团集中了国内数十位高僧和百余位专家学者，历经6年修订而成，体积及价格均方便读者的收藏和阅读。

此次修藏是中国内地第一次民间修藏，江苏民营出版家毛文凤担任执行主编，开创了大藏经民间修勘的先河，被誉为民间资财的刊藏善举，实现了民间学者的修藏宏愿，体现了民间人士对佛藏的关怀。

《频伽精舍校刊大藏经》共有三个版本：精装本80卷，首印5000套，每套 2 万元；24K 烫金海外本 80 卷，首印 3000 套，每套 10 万元；宣纸印制线装本 414 卷 40 函，首印 300 套，每套 20 万元，并配有 1950 多年前的金丝楠木明式书橱。《频伽精舍校刊大藏经》原本无标点，这次重修改变了这一点，了却了很多专家多年的心愿。

六、中国首家换书馆
——奎文换书馆

奎文换书馆位于江西省吉安市韶山西路，于 2009 年 12 月开张，创办者为 24 岁的“80 后”女孩肖志娟。奎文换书馆的特色是为顾客提供“旧书增值”和“以旧折新”服务，不接受盗版书。据悉，这种概念的书店在全国尚属首家。

奎文换书馆约有 100 平方米，内有 60 多个书架，有新书 1 万多册，前后投资近 20 万元。换书馆每天 9 点—21 点营业，向市民开放免费阅读。以旧折新采取积分制，不兑换现金，1 个积分为 1 元钱，通常两本旧书可换 1 本其他书。例如，假设市民手上有一本标价 30 元的《红楼梦》旧书，到换书馆按照 50%折合，这样算下来可得 15 个积分，并登记在换书卡上。如果需要一本价格为 15 元的其他书籍，就可以直接换书拿走。

奎文换书馆建立之初来看热闹的人很多，但由于市民尚不了解如何“换书”，生意并不好。此后，慢慢有人抱着试试看的心态来换书，感觉效果不错，之后口口相传，吸引了越来越多的人前来换书。双休日和晚上的顾客数量最多，其中学生和中老年人居多。换书馆开业不到半年，会员数量已突破 1000 人，肖志娟的目标最终是 1 万会员。

七、中国首个绿色书柜
——10 家民营连锁店联合推出绿色书柜

2010 年 5 月，在国际环保组织“绿色和平”[1] 的推动下，光合作用、雨枫书馆和单向街图书馆旗下 10 家北京连锁店，正式推出国内首个绿色书柜。

绿色书柜设计为一个伸展的绿色枝丫，象征绿色出版和生机勃勃的森林。书柜中展出并出售的图书，全部是用森林友好型纸张印刷的，同时展出以“再生”为主题的系列设计品。

2009 年，全国一共出版 70 亿册图书，仅有 11 本采用森林友好型纸张印刷。这 11 本书是：《阿米——星星的孩子》《阿米——宇宙之心》《阿米——爱的文明》《一生有用的十二个好习惯》《构筑理想课堂》《构筑合宜的大脑》《手心的光》《在农历的天空下》《全球变暖生存手册》《心理健康》《超级纸飞贼》。

绿色图书如此稀少，说明国内出版行业对于绿色出版的重视程度还不够，更说明绿色出版的发展空间巨大。绿色书柜和这 11 本书成为引领中国绿色出版的标志。

注释

[1]“绿色和平”：全称绿色和平组织（Greenpeace），简称绿色和平，是一个全球性的环保组织，致力于以实际行动推进积极改变，保护地球环境与世界和平。1971 年 9 月 15 日成立于加拿大，原名“不以举手表决委员会”，1979 年改为现名，总部设在荷兰阿姆斯特丹。目前，在世界 50 多个国家和地区设有分部，拥有超过 300 万名支持者，绿色和平中国分部于 1997 年在香港成立，在北京设有项目联络处。

八、中国首家青少年阅读超市——“红领巾阅读超市”

2010 年 7 月 10 月，中国第一家“红领巾阅读超市”在广西钦州市新兴街落成开业。这个“红领巾阅读超市”是团中央中国少年儿童新闻出版总社投资兴建的，计划为钦州市中小学生提供语文、数学、英语等科目的课外读物 6 万册，旨在培养青少年的阅读兴趣，拓宽青少年知识面，提高青少年综合素质，丰富课外阅读活动。

与此同时，钦州市第一个青少年课外阅读和培训基地宣告成立。钦州市举行了“青少年课外阅读和培训基地暨红领巾阅读超市”揭牌仪式。

据称，“红领巾阅读超市”是中国加入全球阅读推广工程——英国“阅读起跑线”的第一个项目。

主要参考文献

[1] 赵彦昌 . 试论西周的档案管理工作 [J]. 档案学通讯，2006（5）：88–91.

[2] 刘渝生 . 周王朝官府藏书处所辨析 [J]. 图书情报工作,1986(4)：9–14，8.

[3] 高传章 . 周礼的图书馆学思想 [J]. 图书馆学研究，1988（6）：105–111.

[4] 温普玲 . 老子与图书馆 [J]. 兰台世界，2007（14）：67–68.

[5] 肖明舒 . 中国首位“图书馆馆长”是谁 [N/OL]. 城市快报（天津）. 网易新闻.（2016–01–27）[2017–02–27].http://news.163.com/16/0127/09/BEB0M3FN00014Q4P.html

[6] 邹武元，李红梅 . 百科之最知识手册 [M]. 武汉：湖北人民出版社，1985：133–134.

[7] 王子舟 . 图书馆产生特点与演进路径 [J]. 图书馆论坛,2007(6)：29–34.

[8] 朱黎明 . 浅谈藏书起源 [J]. 江西图书馆学刊，2009（3）：126–128.

[9] 黄美燕，胡朝德 . 天一阁藏书盛衰之探析 [J]. 金华职业技术学院学报，2003（4）：113–116.

[10] 邓文龙 . 天一阁藏书楼评述 [J]. 图书与情报，1996（1）：54–55.

[11] 张国臣，张定天 . 中国文化之最 [M]. 北京：中国旅游出版社，

1991：715–717.

[12] 沈柏亮．略探天一阁藏书楼在中国图书馆史中的地位 [J]. 新疆社科论坛，2000（2）：69–71.

[13] 李巧玲．范钦及天一阁藏书考略 [J]. 河南图书馆学刊，2014(3)：139–140.

[14] 申蓉．哈佛大学图书馆改革及启示 [J]. 图书馆建设，2013（6）：63–65，62.

[15] 朱强，张红扬，刘素清，张春红，周春霞，黄涛．感受变革探访未来 [J].2012（2）：5–12，17.

[16] 王筱雯．哈佛大学燕京图书馆文献资源建设及启示 [J]. 图书馆学，2006（2）：55–56.

[17]Nobel Laureates[OL].Harvard University.[2017–02–27]. http://www.harvard.edu/about-harvard/harvard-glance/honors/nobel-laureates

[18] 曹力佳．大英图书馆数字馆藏的发展及启示 [J]. 图书馆理论与实践，2012（2）：93–96.

[19] 波士顿公共图书馆 [J]. 图书馆建设，2015（7）：2.

[20] 吴晞．从藏书楼到图书馆 [M]. 北京：书目文献出版社，1996：9–10，13，15–20，28，31–32，39–41.

[21] 李建中．亚洲文会北中国支会图书馆 [J]. 图书馆杂志，1983(3)：67–68.

[22] 王毅．亚洲文会图书馆考略 [J]. 图书馆理论与实践，2006（4）：108–111.

[23] 林钦．伟烈亚力与亚洲文会北中国支会图书馆 [J]. 四川图书馆学报，2009（6）：59–64.

[24] 陈昇 . 中美城市图书馆发展的特色——比较纽约公共图书馆和上海中心图书馆 [J]. 江苏科技信息，2013（12）：20–21.

[25] 罗珊珊 . 纽约公共图书馆的法人治理结构 [J]. 图书与情报，2014（2）：17–19.

[26] 姚伯岳 . 在古籍编目中发现京师大学堂藏书楼的源头 [J]. 大学图书馆学报，2013（6）：103–108.

[27]. 本馆介绍 [OL]. 北京大学图书馆 .[2015–12–22].http://www.lib.pku.edu.cn/portal/bggk/bgjs/lishiyange

[28] 中国图书馆学会 . 中国图书馆事业百年 [M]. 北京：北京图书馆出版社，2004：28，63–65，71–72，95–96，104–105，114.

[29] 高学安，蒋替征 . 徐树兰和古越藏书楼的故事 [J]. 图书馆，2003（3）：86–90.

[30] 束漫 . 公共图书馆服务研究 [M]. 北京：国家图书馆出版社，2009：33，35–36，39，55，61，68，136，176，180.

[31] 刘芳 . 湖南图书馆百年历程 [J]. 图书馆，2004（6）：7–8，14.

[32] 蔡彦 . 近代绍兴图书馆事业发展简况 [J]. 科技文献信息管理，2013（3）：52–56.

[33] 绍兴图书馆出版“百年馆藏文献”[J]. 出版人 · 图书馆与阅读，2009（12）：22.

[34] 本馆介绍 [OL]. 绍兴图书馆 · 绍兴数字图书馆 .[2015–10–14].http://www.sxlib.com/bgjs.jhtml?c_type=1&sec_type=11

[35] 国图概况 [OL]. 中国国家图书馆 · 中国国家数字图书馆 .[2017–02–28].http://www.nlc.gov.cn/dsb_footer/gygt/lsyg/index_1.htm

[36] 卢芳．韩宝明：以服务求支持，以特色求发展 [J]. 出版人·图书馆与阅读，2007（11）：22–25.

[37] 黄俊贵．中国最早的乡镇图书馆——广东梅县松口图书馆 [J]. 图书馆论坛，2006（2）：232，196.

[38] 韦庆媛．清华大学图书馆初创时期的几个关键问题述证 [J]. 国家图书馆学刊，2013（4）：76–82.

[39] 聂凌睿．乡镇图书馆建设的仪型——以云南宝山和顺图书馆为例 [J]. 图书情报研究，2012（4）：22–27.

[40] 柴艳玲．和顺图书馆对农村图书馆建设的启示 [J]. 河北科技图苑，2013（2）：92–94.

[41] 宋剑祥．我国最大的乡村图书馆——和顺图书馆 [J]. 当代图书馆，1996（1）：53–54.

[42] 赵媛，刘海燕．中国乡村图书馆 路在何方？——基于对和顺图书馆的考察 [J]. 图书馆建设，2014（8）：91–96.

[43] 卢芳．基层图书馆建设驶入快车道 [J]. 出版人·图书馆与阅读，2007（10）：16–17.

[44] 王昭．申报流通图书馆述略 [J]. 图书情报工作，2013（6）：326–328，293.

[45] 程彩萍，王琦洋．略论民国时期启蒙与救亡背景下的申报流通图书馆 [J].2008（2）：69–71.

[46] 李欢欢．史量才和申报流通图书馆 [J]. 兰台世界，2013(4 上旬)：57–58.

[47] 盛巽昌．史量才：中国流通图书馆 [J]. 出版人·图书馆与阅读，2007（4）：1–3.

[48] 曹海霞．中美少年儿童图书馆服务比较研究 [J]. 图书馆工作与

研究，2010（5）：109－112.

[49] 杨桃．世纪之交少儿图书馆事业回眸与展望 [J]. 四川图书馆学报，2000（1）：17－21.

[50] 上海首推电子图书外借服务 [J]. 出版人 · 图书馆与阅读，2009（3）：10.

[51] 馆所介绍 [OL]. 上海图书馆上海科学技术研究所 .[2017－03－01].http://www.library.sh.cn/

[52] 崔光弼，宝音．民族图书馆事业的发展与展望 [J]. 内蒙古民族大学学报（社会科学版），2012（4）：117－122.

[53] 甘大明．中国民族图书馆的建设与发展 [J]. 图书情报研究，2010（2）：49－52.

[54] 张振胜．吴贵飚的心事 [J]. 出版人·图书馆与阅读，2007（10）：34－37.

[55] 刘大志．免费开放下丰南图书馆的服务创新 [J]. 图书与情报，2013（5）：133－135.

[56] 余姝．丰南经验：一个基层图书馆的成长启示录 [J]. 出版人·图书馆与阅读，2010（7）：20－23.

[57] pjtime 资讯组．西藏大学建成三维环幕数字图书馆 [OL]. 睿联嘉业公司．（2009－03－02）[2015－10－20].http://www.pjtime.com/2009/3/13228615.shtml

[58] 西藏大学建成三维环幕数字图书馆 [J]. 出版人 · 图书馆与阅读，2009（3）：10.

[59] 封面照片简介：西藏大学图书馆 [J]. 大学图书馆学报，2015(4)：18.

[60] 赵申生．我国首家玩具图书馆开馆 [N]. 图书馆杂志，1988 (4)：

42.

[61] 沈剑娜 . 儿童玩具图书馆的发展及其社会服务功能的探讨 [J]. 图书馆理论与实践，2013（3）：16–18.

[62] 历史沿革 [OL]. 西城区第一图书馆 .[2015–10–11].http://www.xcdl.com.cn/index.php/about/index/id/10.html

[63] 程亚男 . 在国际合作中不断创新的北京西城区图书馆 [J]. 图书馆论坛，2006（4）：269–270.

[64] 最大县级公共图书馆开馆 [N]. 人天通讯，2005–02–20（7）.

[65] 中心介绍 [OL]. 中国科学院文献情报中心（国家科学图书馆）.（2009–08–13）[2015–10–21].http://www.las.cas.cn/gkjj/

[66] 吴鸣，杨志萍，张冬荣 . 中国科学院国家科学图书馆学科服务的创新实践 [J]. 图书情报工作，2013，57（2）：28–31.

[67] 刘细文，贾苹，王保成 . 中国科学院国家科学图书馆阵地服务的转型探索 [J]. 图书情报工作，2013，57（18）：6–10.

[68] 智能化深圳新图书馆开放 [J]. 出版人·图书馆与阅读，2006，（7 月宣传号）：8.

[69] 申图概况 .[OL]. 深圳图书馆 .[2017–03–08].http://www.szlib.org.cn/page/overview.html

[70] 图书馆介绍 [OL]. 深圳市科技图书馆 深圳大学城图书馆 .[2017–03–08].http://lib.utsz.edu.cn/page/about.html?locale=zh_CN

[71] 深圳市科技图书馆开馆 [J]. 出版人·图书馆与阅读，2007（4）：10.

[72] 苏海燕 .Living Library：图书馆读者服务的另一扇窗 [J]. 图书馆建设，2009（11）：59–61.

[73] 吴云珊 . 基于文化差异的中西真人图书馆比较研究 [J]. 大学图

书馆学报，2014（5）：34–41.

[74] 王祺 . 在“人类图书馆”里“借阅人生”[N]. 北京青年报，2016–03–16（B6）.

[75] 袁纳宇 . 我国 Living library 研究述评 [J]. 图书与情报，2001（4）：122–124，134.

[76] 田武军 .“真人图书馆”的可持续发展浅析 [J]. 晋图学刊，2013（4）：67–70.

[77] 海图概况 .[OL]. 海南省图书馆 .[2017–03–08].http://www.hilib.com/web/default/menu_article.jsp?menuId=47

[78] 海南省图书馆 2007 年 10 月开馆 [J]. 出版人 · 图书馆与阅读，2007（9）：10.

[79] 图书馆介绍 [OL]. 东莞图书馆 .（2015–11–18）[2017–03–11].http://www.dglib.cn/dglib/bgjs/201511/46856908a338425fa2f07bb55871511e.shtml

[80] 谢卫群 . 上海虹桥国际图书馆 [N]. 人民日报，2008–12–08(2).

[81] 赵润娣 . 国内图书馆多元文化服务的问题与对策研究 [J]. 情报理论与实践，2010（4）：68–71.

[82] 杨飞，陈君 . 上海地区公共图书馆多元文化服务现状研究 [J]. 河南图书馆学刊，2013（6）：12–15.

[83] 长宁图书馆简介 [OL]. 长宁图书馆 .[2017–04–06].http://www.cnqlib.sh.cn/brief/introduction/2726.html

[84] 周舟 . 首个国家级少儿馆对外开放 [J]. 出版人 · 图书馆与阅读，2010（5–6）：28.

[85] 少儿馆介绍 [OL]. 国家数字图书馆 · 少儿数字图书馆 .[2017–03–27].http://kids.nlc.cn/newxdzzn/segjs/

[86] 南图简介 [OL]. 深圳南山图书馆 .[2017-03-09].http://www.sznslib.com.cn/node/39

[87] 牟兰 . 浅析公共图书馆服务外包的风险控制与监督管理——以深圳南山图书馆为例 [A]. 全国中小型公共图书馆联合会、中国知网中国知识资源总库编委会 . 全国中小型公共图书馆联合会 2015 年研讨会会议论文集（三）[DB/OL]. 中国知网 .[2017-03-30].http://www.cnki.net/

[88] 朱建亮 . 我国东周著名国家图书馆馆长老子其人其书——第一部管理学著作述评 [J]. 图书馆论坛，2009（1）：169-172.

[89] 许秀臣 . 老子与图书馆 [J]. 中国图书馆学报，1994（2）：20-22.

[90] 来新夏等 . 中国古代图书事业史 [M]. 北京：国家图书馆出版社，2013：315-317.

[91] 付立宏，袁琳 . 图书馆管理学 [M]. 武汉：武汉大学出版社，2010.

[92] 钟卫宏 . 爱德华的图书馆学思想与活动研究 [J]. 科技创新导报，2012（14）：220-221.

[93] 爱德华兹为图书馆的发展做出了哪些贡献？[OL]. 公务员考试信息网 .（2013-06-19）[2015-05-28].http://www.sdsgwy.com/article/html/142194.html

[94] 冯佳 . 英国《1850 年公共图书馆法》发展探究 [J]. 图书与情报，2010（5）：37-40.

[95] 郑永田 . 美国图书馆学家格林思想探微 [J]. 图书馆建设，2010（7）：110-113.

[96][美] 安德鲁·卡内基 . 璐璐译 . 钢铁大王卡内基自传 [M]. 北京：

中国城市出版社，2008．

[97] 尤春来，贺智勇等．国际目录学会的一段重要发展简史 [J]. 贵图学刊，1998（1）：55–56．

[98] 马费成．情报学发展的历史回顾及前沿课题 [J]. 图书情报知识，2013（2）：4–12．

[99] 吴志荣．数字图书馆——从理念走向现实 [M]. 上海：学林出版社，2000：12．

[100] 杜文娟．浅谈梁启超对中国图书馆学及文献学的贡献 [J]. 兰台世界，2008（7）：56–57．

[101] 徐铁猊．名人与图书馆 [M]. 北京：国家图书馆出版社，2008：25，28–29，38，64–68．

[102] 范凡．20 世纪早期的两部图书馆学著述 [J]. 图书馆建设，2012（1）：90–93．

[103] 张雪梅．试论孙毓修对中国近代图书馆学的贡献 [J]. 图书馆，2009（2）：25–26，37．

[104] 李玉安，黄正雨．中国藏书家通典 [M]. 香港：中国国际文化出版社，2005．

[105] 程焕文．百年沧桑　世纪华章——20 世纪中国图书馆事业回顾与展望 [J]. 图书馆建设，2004（6）：1–8．

[106] 程焕文．百年沧桑　世纪华章——20 世纪中国图书馆事业回顾与展望（续）[J]. 图书馆建设，2005（1）：15–21．

[107] 程焕文．文华精神：中国图书馆精神的花园——纪念文华图专 80 周年暨宗师韦棣华女士和沈祖荣先生 世代相传的智慧与服务精神 [M]. 北京：北京图书馆出版社，2001．

[108] 程焕文．论图书馆人才的特征——关于“图书馆四代人”的

探讨[J]. 广东图书馆学刊，1988（3）：22–29.

[109] 盛巽昌 . 陈垣：目录学出身的“国宝”学者[J]. 出版人 · 图书馆与阅读，2007（9）：1–3.

[110] 盛巽昌 . 林语堂：一个学校的好坏，取决于图书馆[J]. 出版人 · 图书馆与阅读，2007（10）：1–3.

[111] 中国图书馆学会 . 人文视野中的图书馆学[M]. 北京图书馆出版社，2006：8.

[112] 王波 . 快乐的软图书馆学[M]. 北京：海洋出版社，2010：28，94–95，102，108，111–113，127，171，202，210.

[113] 刘峻明，桂裕民 . 中国图书馆学博士第一人——桂质柏先生[J]. 图书情报知识，2009（11）：115–118.

[114] 白国应 . 中国第一个图书馆学博士——桂质柏先生[J]. 图书情报论坛，2001（4）：63–65.

[115] 王宇 . 阮冈纳赞的图书馆学五定律及其现实意义[J]. 沈阳师范学院学报（社会科学版），1999（6）：91–94.

[116] 范丽娟 . 新世纪以来中国图书馆界对阮氏定律的研究及拓展——纪念《图书馆学五定律》发表80周年[J]. 图书馆，2011（6）：72–75.

[117] 蒋永福 . 在技术传统与人文传统之间保持必要的张力——对图书馆学理论传统的批判评价[J]. 图书馆建设，1993（4）：12–15，24.

[118] 孙建军，郑建明，成颖 . 面向21世纪的大学生信息素质教育[J]. 中国图书馆学报，2000（6）：16–19.

[119] 刘群 . 李大钊与中国现代图书馆[J]. 图书馆工作与研究，2001（6）：25–28.

[120] 陈信春．文献治疗——读者服务工作内容之一[J]. 图书馆杂志，1991（2）：22.

[121] 王学云．我国 20 年来阅读疗法研究综述[J]. 图书情报工作，2012（3）：60–65.

[122] 韩宇,朱伟丽．美国图书馆奖探析[J]. 图书馆杂志,2011（7）：69–73.

[123] 黄柏军．杨开荆：中国第一位图书馆学专业博士后[J]. 文化月刊，2014（23）：102–105.

[124] 肖安平．开创中国现代图书馆学教育的历史——武昌文华图书馆学专科学校创立和发展纪实[J]. 武汉文史资料，2003（9）：34–37.

[125] 钱存训．回忆在芝加哥大学工读的岁月[J]. 图书馆杂志，2007（1）：4–9.

[126] 曲红．全国少数民族地区图书馆馆长进修班在京结业[J]. 图书情报工作，1985（5）：46.

[127] 包音．中国民族图书馆事业的发展概况[J]. 中国图书馆学报，1997（6）：72–74.

[128] 张振胜．国图博士后站揭牌[J]. 出版人·图书馆与阅读，2009（6）：7.

[129] 施芳．首个图书馆博士后工作站揭牌[N]. 人民日报，2009–06–19（11）.

[130] 工作站基本情况[OL]. 国家图书馆博士后科研工作站．[2015–09–26].http://www.nlc.cn/bshkygzz/jbqk/gzzjj/

[131] 历届博士后名录[OL]. 国家图书馆博士后科研工作站．[2017–03–27].http://www.nlc.cn/bshkygzz/jbqk/bshml/

[132] 合作导师简介 [OL]. 国家图书馆博士后科研工作站 .[2017-03-27].http://www.nlc.cn/bshkygzz/hzdsjj/

[133] 路放 . 首家公共图书馆研究院现鹏城 [J]. 出版人 · 图书馆与阅读，2009（11）：20.

[134] 吴晞 . 书山求道，学海寻舟——在“公共图书馆研究院”成立大会上的发言 [J]. 公共图书馆，2009（4）：4-5.

[135] 本院介绍 [OL]. 公共图书馆研究院 .[2015-09-26].http://www.publiclib.org.cn/about/2.html

[136] 杨利华 . 英国《垄断法》与现代专利法的关系探析 [J]. 知识产权，2010（4）：77-83.

[137] 易健雄 .“世界上第一部版权法”之反思——重读《安妮法》[J]. 知识产权，2008（1）：20-26.

[138] 王建 . 国外图书馆立法概况及评述 [J]. 情报理论与实践，2011（4）：119-124.

[139] 敖晓梅 . 美国图书馆法的演进与经验 [J]. 四川图书馆学报，2011（4）：71-74.

[140] 汤旭岩 . 英国图书馆法简述 [J]. 赣图通讯，1982（4）：50-51.

[141] 余贵忠，杨琴 . 对中国图书馆立法的思考 [J]. 法律文献信息与研究，2009（1）：35-41，49.

[142] 王丽娟 . 中国近代图书馆立法试析 [J]. 辽宁大学学报（哲学社会科学版），2010（4）：79-83.

[143] 陈学恂 . 中国近代教育史教学参考资料 (上册)[M]. 北京：人民教育出版社，1986：532-551.

[144] 俞蕙安 . 清代《京师图书馆及各省图书馆通行章程》的颁布 [J].

湘图通讯，1980（3）：28–29.

[145] 程亚男．公共图书馆建设与服务的基本原则解读 [J]. 图书馆理论与实践，2011（5）：1–6.

[146] 范洁．中美图书馆馆际互借比较研究 [J]. 图书馆理论与实践，2002（2）：31–32，34.

[147] 丁根度．试评《美国馆际互借法》（2001 年修订本）[J]. 大学图书馆学报，2003（4）：87–89.

[148] 胡秀丽．中外图书馆馆际互借现状比较研究 [J]. 中国管理信息化，2015（24）：194–195.

[149] 朱学军．关于国内外馆际互借业务发展的对比研究 [J]. 河北科技图苑，2007（2）：25–28.

[150] Interlibrary Loan Code for the United States[OL]. ALA:American Library Association.[2017–03–27].http://www.ala.org/Template.cfm?Section=InterLibrary_Loan&template=/ContentManagement/ContentDisplay.cfm&ContentID=31579

[151] 中国大百科全书本卷编辑委员会．中国大百科全书·图书馆学、情报学、档案学 [M]. 北京：中国大百科全书出版社，1993.

[152] 李浩．中美信息资源共享政策法规建设比较研究 [J]. 图书馆工作与研究，2014（7）：39–42.

[153] 李东来，韩继章．“全国图书协调方案”时期图书馆协同思想指导下的馆际协作的回顾与思考 [J]. 图书馆，2009（5）：51–55.

[154] 中华人民共和国宪法修改草案（1982）[OL]. 中国人大网 .[2015–03–11].http://www.npc.gov.cn/wxzl/gongbao/2000–12/26/content_5001301.htm

[155] 深圳经济特区公共图书馆条例 [OL]. 龙岗新闻网．（2007–

08—02）[2015—03—17].http://ilonggang.sznews.com/zfzx/content/2007—08/02/content_1395610.htm

[156] 李国新 .《中国图书馆员职业道德准则》的制定、突破和问题 [J]. 大学图书馆学报，2003（5）：2—7，13.

[157] 中国图书馆学会 . 中国图书馆员职业道德准则（试行）[M]. 北京：北京图书馆出版社，2003.

[158] 首都网络版权条例出台 [J]. 出版人 .2006（14）：6.

[159] 信息网络传播权保护条例 [OL]. 中国政府门户网站 .（2012—11—12）[2015—03—16].http://www.gov.cn/fwxx/bw/gjgbdydszj/content_2263007.htm

[160] 李曙光 . 论《信息网络传播权保护条例》对图书馆的影响和对策 [J]. 现代情报，2007（3）：4—6.

[161] 王彦芳 . 少年儿童图书馆创新服务方式研究 [J]. 剧影月报，2015（4）：94—96.

[162] 江苏省人民代表大会常务委员会 . 江苏省人民代表大会常务委员会关于促进全民阅读的决定 [B/OL]. 江苏省人大常委会公告第 17 号，（2014—11—27）[2016—11—29].http://www.doc88.com/p—6711224908848.html

[163] 中国图书馆学会 . 中国图书馆学会年会论文集（2011 年卷）[M]. 北京：国家图书馆出版社，2011：352.

[164] Past IFLA Presidents[OL].IFLA.[2016—02—29].http://www.ifla.org/annual—conference/past—ifla—presidents

[165] 胡心悦 . 图书馆、档案馆和博物馆资源整合的发展趋势——基于 ICA、IFLA 和 ICOM 历届会议主题的研究 [J]. 图书情报工作，2014（17）：136—142，97.

[166] Guoqing LI, Kuei CHIU.Report on the 62nd IFLA Conference in Beijing[OL].[2016-02-29].http://www.white-clouds.com/iclc/cliej/cl2li.htm

[167] 崔昌来，鲁德山．全国少数民族地区图书馆工作座谈会在北京召开 [J]. 图书馆学研究，1983（5）：45.

[168] 李致忠．加强协作 推动图书馆事业的发展——全国首届图书馆馆长联席会议在河北省昌黎北图培训中心举行 [J]. 中国图书馆学报，1991（4）：2.

[169] 北京图书馆馆长办公室．第二届全国图书馆馆长联席会议纪要 [J]. 北京图书馆馆刊，1992（2）：139-140.

[170] 崔青莲．北京图书馆 1993 年 7 月 -12 月大事记 [J]. 北京图书馆馆刊，1993（Z2）：201-203.

[171] 安宁．第四届全国省（市）、自治区及较大城市图书馆馆长联席会议纪要 [J]. 北京图书馆馆刊，1995（3-4）：145-148.

[172] 肖东发．第五届全国各省、自治区、直辖市和较大城市图书馆馆长联席会议 [M/OL]. 中国图书馆年鉴 1999. 北京图书馆出版社，1999：220.[2016-01-02].http://cyfd.cnki.com.cn/Article/N2005120976000768.htm

[173] 徽河渠．第六届全国省、自治区、直辖市、较大城市图书馆馆长联席会议召开 [J]. 中国图书馆学报，2000（1）：94.

[174] 李国新．“第七届全国省、自治区、直辖市及较大城市图书馆馆长联席会议”在四川成都召开 [M/OL]. 中国图书馆年鉴 2003. 北京：科技文献出版社，2004：131.[2016-01-02].http://cyfd.cnki.com.cn/Article/N2006090353000059.htm

[175] 杨炳延．在第八届全国省、自治区、直辖市、较大城市图书馆

馆长联席会议开幕式上的讲话 [J]. 中国图书馆学报，2004（1）：5–8，39.

[176] 詹福瑞．第十届全国省、自治区、直辖市、较大城市图书馆馆长联席会议在深圳召开 [M/OL]. 中国图书馆年鉴 2007. 北京：国家图书馆出版社，2009：183–184.[2016–01–02].http://cyfd.cnki.com.cn/Article/N2010010017000128.htm

[177] 京生．第十一届全国省、自治区、直辖市及较大城市图书馆馆长联席会议在银川召开 [J]. 图书馆理论与实践，2008（4）：150.

[178] 第十四届全国省、自治区、直辖市、较大城市图书馆馆长联席会议召开 [J]. 新世纪图书馆，2014（1）：92.

[179] 谭祥金．海峡两岸图书馆界的交流与合作 [J]. 高校图书馆工作，2010（1）：8–12.

[180] 冉从敬，唐琼，吴钢．两岸专家共创数字教育未来——第九届“海峡两岸图书资讯学学术研讨会”纪要 [J]. 图书情报知识,2008(5)：101–103.

[181] 孙建军，李刚．知识社会的 LIS 教育与研究反思——第十届海峡两岸图书资讯学学术研讨会论文综述 [J]. 图书情报工作,2011（5）：23–26，35.

[182] 吴昌合，傅止．开创两岸图书资讯学与图书馆事业新纪元——2012 年第十一届海峡两岸图书资讯学学术研讨会综述 [J]. 大学图书情报学刊，2013（1）：84–93.

[183] 唐澈，何颖芳．新环境·新契机·图书资讯学的新篇章——“第十二届海峡两岸图书资讯学学术研讨会”综述 [J]. 图书情报知识，2014（5）：124–127.

[184] 翟姗姗，郑路，李成龙，池毛毛．数据驱动的图书资讯学创

新与发展——第十三届海峡两岸图书资讯学学术研讨会会议纪要 [J]. 图书情报知识，2016（6）：125–127.

[185] 本刊讯．“海峡两岸儿童与中小学图书馆学术研讨会”在天津召开 [J]. 图书馆工作与研究，1995（5）：51.

[186] 王长庆．海峡两岸儿童与中小学图书馆学术交流十年回顾与展望 [J]. 图书馆工作与研究，2005（1）：88–89.

[187] 第三届海峡两岸儿童与中小学图书馆学术研讨会纪要 [J]. 图书情报论坛，1998（3）：65.

[188] 张正．海峡两岸图书馆界交流合作卅年述略 [J]. 大学图书馆学报，2009（3）：79–84，106.

[189] 苏国荣．第四届海峡两岸儿童及中小学图书馆学术研讨会缘起 [OL]. 道客巴巴在线文档分享平台．（2001–02）[2017–04–13]. http://www.doc88.com/p–773383635656.html

[190] 冉龙质．中国图书馆学会首届年会召开 [J]. 内蒙古图书馆工作，1999（2）：30.

[191] 冉龙质．中国图书馆学会 2000 年学术年会在海拉尔召开 [J]. 内蒙古图书馆工作，2000（3）：74–76.

[192] 丛敬军．中国图书馆学会 2001 年学术年会在成都召开 [J]. 大学图书馆学报，2001（6）：37.

[193] 本刊通讯员．盛夏的清凉 成功的年会——记中国图书馆学会 2002 年学术年会 [J]. 当代图书馆，2002（3）：4–5.

[194] 2015 中国图书馆学会年会征文通知 [OL]. 中国图书馆学会．(2015–03–03) [2015–04–02]. http://www.lsc.org.cn/c/cn/news/2015–03/03/news_7801.html

[195] 霍瑞娟．中国图书馆学会年会创新发展路径探讨 [J]. 中国图

书馆学报，2012（11）：121–126.

[196]2015年中国图书馆年会学术会议顺利召开[OL]. 中国图书馆学会.（2015–12–18）[2017–03–27].http://www.lsc.org.cn/c/cn/news/2015–12/18/news_8596.html

[197]2016年中国图书馆年会征文及学术活动申报圆满结束[OL]. 中国图书馆学会.（2016–07–27）[2017–03–27].http://www.lsc.org.cn/c/cn/news/2016–07/27/news_9245.html

[198]方.首届中国eBook产业年会在京举行[J]. 大学图书馆学报，2003（3）：20.

[199]程晓龙.传统行业挺进信息时代 出版产业着陆互联网络——首届中国e–Book产业年会在京举行[J]. 中国电子与网络出版，2003(4)：5.

[200]刘忠平.中国图书馆学会首届“百县馆长论坛”综述[J]. 图书馆，2006（1）：53–54.

[201]李超平.“百县馆长论坛”的历史意义[J]. 中国图书馆学报，2013（3）：27–35.

[202]中国图书馆学会.中国图书馆学会第五届百县馆长论坛通知[OL]. 湖南省图书馆学会.(2015–03–02)[2015–03–29].http://www.library.hn.cn/tsgxh/bsxhdt/201503/t20150302_382034.htm

[203]叶佳.NGO：乡村图书馆建设与阅读推广[J]. 出版人·图书馆与阅读，2010（7）：16.

[204]夏勇.参加第一届乡村图书馆建设与阅读推广研讨会有感[J]. 浙江高校图书情报工作，2010（3）：64，26.

[205]网易.第一届中国乡村图书馆建设及阅读推广研讨会[OL]. 网

易公益（2010–04–13）[2016–01–02].http://gongyi.163.com/10/0413/18/6461IRT200933KBT.html

[206] 首届中国高校图书馆发展论坛 [M]. 中国现代教育装备，2010（9）：177.

[207] 2013年高校图书馆发展论坛[OL]. 中国学术会议在线 .[2015–03–27].http://www.meeting.edu.cn/meeting/notice/meetingAction–33078!detail.action

[208] 2014 年中国高校图书馆发展论坛 [OL]. 图书馆员 .（2014–03–05）[2015–03–27].http://lib.notefirst.com/conferencefund/17588/default.aspx

[209] 胡玥 .2016 年中国高校图书馆发展论坛在银川召开 [OL]. 宁夏大学.(2016–06–23）[2016–06–30].http://www.nxu.edu.cn/info/1171/5100.htm

[210] 中国图书馆学会高等学校图书馆分会，贵州民族大学图书馆，中国教育装备采购网 ."2017 年高校图书馆发展论坛" 学术论文及应用案例征集和评审活动通知 [OL]. 中国图书馆学会 .（2016–12–07）[2017–3.27].http://www.sal.edu.cn/2017/news_170116.asp

[211] 中国图书馆学会 . 首届少年儿童图书馆馆长论坛在沪举行 [OL]. 中国图书馆学会 .（2010–06–29）[2015–03–27].http://www.lsc.org.cn/c/cn/news/2010–06/29/news_4627.html

[212] 中国图书馆学会 . 首届少年儿童图书馆馆长论坛举行 [J]. 出版人 · 图书馆与阅读，2010（7）：10.

[213] 韩淑举 . 孙从添和他的《藏书纪要》[J]. 山东图书馆季刊，1983（4）：40–13，48.

[214] 罗怀凤 .《藏书纪要》在清代图书馆发展史中的开拓意义 [J].

兰台世界，2013（7 上）：155–156.

[215] 曹之．毛晋身世考略 [J]. 图书与情报，2001（3）：65–67.

[216] 李严．为杜威法首次传入我国质疑 [J]. 江苏图书馆工作，1980（4）：26–28.

[217] 孟祥凤．近百年中国图书史研究述评 [J]. 河南图书馆学刊，2007，27（6）：127–129，133.

[218] 周生杰．论藏书纪事诗的学术价值及文学史意义 [J]. 文学遗产，2015（2）：175–186.

[219] 刘勰著，黄叔琳注，李详补注，杨明照校注补遗．增订文心雕龙校注 [M]. 中华书局，2012（中册）：563.

[220] 盛巽昌．王维国：集国学大师、版本目录大家于一身 [J]. 出版人 · 图书馆与阅读，2009（12）：4–6.

[221] 陈峰．中国儿童图书馆学百年回眸与发展思考 [J]. 图书馆工作与研究，2004（4）：83–86.

[222] 儿童图书馆之研究 [OL]. 豆瓣小组．(2013–03–08) [2015–06–27].http://www.douban.com/group/topic/37182766/

[223] 国家图书馆学奠基人杜定友：《学校图书馆学》[民国 22 年商务版 34 开 100 面] [OL].7788 商城 .[2015–06–26].http://www.997788.com/a301/9238603/

[224] 苏全有,葛风涛．民国初年：图书馆事业初成长 [J]. 出版人·图书馆与阅读，2010（5–6）：38–39.

[225] 张敏．中国近代第一份图书馆馆刊——《浙江公立图书馆年报》评述 [J]. 科技情报开发与经济，2001（26）：35–37.

[226] 朱强，蔡荣华，何峻．中文核心期刊要目总览（2014 版）[M]. 北京：北京大学出版社，2015：50.

[227] 图书情报工作 [OL]. 中国科学院文献情报中心（国家科学图 书馆）.（2016-09-23）[2015-10-17].http://www.las.cas.cn/xscbw/

[228] 关于本刊 [OL]. 中国图书馆学报 .[2017-03-23].http://www.jlis.cn/jtlsc/ch/first_menu.aspx?parent_id=20080416210941001

[229] 数据分析与知识发现 [OL]. 中国科学院文献情报中心（国家科学图书馆）.（2017-01-03）[2017-03-24].http://www.las.cas.cn/xscbw/xdtsqbjs/

[230] 沈忱、杜骏飞 . 打开潘多拉魔盒:SoLoMo 商业模式及前景 [J]. 广告大观综合版，2011（9）：86-87.

[231] 中国科学院国家科学图书馆 . 中国图书馆学情报学领域第一份英文学术期刊——《中国文献情报 (英文版)》创刊 [J]. 现代图书情报技术，2008（12）：21.

[232] 数据与情报科学学报 [OL]. 中国科学院文献情报中心（国家科学图书馆）.（2016-05-06）[2017-03-26].http://www.las.cas.cn/xscbw/sjyqbkxxb/

[233] 刘小琴 . 我国少年儿童图书馆事业发展概况 [J]. 图书馆工作与研究，2001（6）：69-71.

[234] 平保兴 . 亦谈蔡文森的《设立儿童图书馆办法》[J]. 图书情报研究，2015（1）：88-90，87.

[235] 美国图书馆协会 [OL]. 中国大百科全书（第二版）. 中国社会科学网 .（2014-02-13）[2016-01-04].http://www.cssn.cn/st/st_gwst/201402/t20140213_963481.shtml

[236] 宋飞 . 图书馆行业协会建设研究 [D/OL]. 中国知网 ：中国优秀硕士学位论文全文数据库 .[2016-04-12].http://epub.cnki.net/

kns/default.htm

[237] 民国初年：图书馆事业初长成 [J]. 出版人 · 图书馆与阅读，2010（5–6）：39.

[238] 王振鸣 . 图书馆界重要的国际组织——国际图书馆协会联合会 IFLA[J]. 河北图苑，1989（3）：33–39.

[239] 丘东江，许婉玉 . 国际图书馆协会联合会 [M/OL]. 中国大百科全书（第一版）. 中国社会科学网 .（2014–01–20）[2016–01–03]. http://www.cssn.cn/st/st_gwst/201401/t20140120_947726.shtml

[240] 国际图联大会 [OL]. 中国知网 .[2016–01–03].http://epub.cnki.net/kns/default.htm

[241] 宋丽荣，雷亮 . 从中文快报翻译工作看国际图联——参加第 75 届国际图联大会中文语言工作有感 [J]. 图书馆论坛，2010（5）：132–134.

[242] 丘东江 . 国际图书馆协会联合会近况（1996）[J]. 江苏图书馆学报，1996（3）：3–5.

[243] 李久琦，何丽 . 加强学会管理，推动民族图书馆事业发展 [J]. 中国图书馆学报，1999（4）：19–22.

[244] 雷茜 . 从人天榜单看图书馆需求 [J]. 出版人 · 图书馆与阅读，2006（7 月宣传号）：35–38.

[245] 公司介绍 [OL]. 北京人天书店有限公司 .[2017–03–27]. http://www.rtbook.com/gsjs/gsjs.html

[246] 首家民间反盗版联合组织成立 [J]. 出版人 · 图书馆与阅读，2010（7）：9.

[247] 张意轩 .“抵制盗版联合体”成立 [N]. 人民日报海外版，2010–07–22（7）.

[248] 3M 公司 .3M 本土化策略让更多读者享受自助借还图书的便利 [OL]. 中国自动识别网 .（2011−01−21）[2015−11−09].http://www.cnaidc.com/success/955.html

[249] 图书馆杂志 . 让读者告别图书馆的借阅排队时代——3M 华总谈图书馆读者自助借还系统本土化生产的意义 [J]. 图书馆杂志，2007（9）：63−64.

[250] 杨爱武 .RFID 在图书馆的应用现状及存在问题 [J]. 现代情报，2012（4）：163−164.

[251] 扎拉嘎呼 . 浅谈自助式借还书系统 [J]. 内蒙古科技与经济，2009（3）：391−392.

[252] 唐志诚 . 图书馆 MARC 现状及其发展 [J]. 前沿，2004（1）：191−192.

[253] 沈小燕 .LCMARC 在西文编目系统中的应用 [J]. 办公室业务，2014（17）：267.

[254] 孙平 . 世界最大的图书馆网络 OCLC[J]. 图书情报工作，1995（6）：71−73.

[255] 沈迪飞 . 图书馆自动化应用基础 [M]. 武汉：湖北科学技术出版社，1992：46−47，65−69.

[256] 王涛，伞红 . 文化部图书馆自动化集成系统（ILAS）评价 [J]. 图书情报论坛，1996（4）：61−63.

[257] 戴红霞，于丹辉 . ILAS 系统在长春图书馆的应用 [J]. 图书馆学研究，1997（3）：43−45.

[258] 傅秀斌 . 实现网络与法学研究良性互动——访北大法律信息网总编赵晓海 [J]. 中国教育网络，2005（1−2）：37.

[259] 北大法律信息网组 . 专业源于热爱——北大法律信息网文粹

(2013—2014) [J]. 法律文献信息与研究，2014 (75)：64—65.

[260] 百度搜索图书书目达 1500 万册 [J]. 出版人，2006 (14)：7.

[261] 北京方正阿帕比技术有限公司简介 [OL]. 北京方正阿帕比技术有限公司 .[2015—12—23].http://www.apabi.cn/about/1/

[262] 谷权峰 . 中美百万册数字图书馆中图像缩减软件的设计与实现 [J]. 计算机工程与设计，2009，30 (17)：4038—4040.

[263] 数据库简介 [OL]. 重庆医科大学图书馆 .[2017—03—30]. http://lib.cqmu.edu.cn/Open%20J%20Gate.asp

[264] Open J—Gate 开放期刊门户 [OL]. 浙江大学图书馆 .[2015—12—22].http://libweb.zju.edu.cn/libweb/redir.php?catalog_id=40119&cmd=content&wlzy_id=36495

[265] 全国首家中小学文献信息网开通 [J]. 出版人 · 图书馆与阅读，2007 (6)：7.

[266] 安琪 . 自动翻页书籍扫描仪 [N]. 中国证券报,2006—06—24(9).

[267] 自动翻页书籍扫描仪 [J]. 出版人，2006 (14)：7.

[268] 周丹 . 公共图书馆开馆时间调整博弈 [J]. 出版人 · 图书馆与阅读，2009 (5)：24.

[269] 汤武艺 ."城市街区 24 小时自助图书馆" 系统带来的思考 [J]. 贵图学刊，2010 (1)：12—14.

[270] 中共中央国务院关于促进残疾人事业发展的意见 (全文)[OL]. 中国发展门户网 . (2008—04—24) [2015—11—05].http://cn.chinagate.cn/law/2008—04/24/content_15007397_2.htm

[271] 国家图书馆获四项行业最高奖 [J]. 出版人 · 图书馆与阅读，2009 (12)：22.

[272] 单位简介 [OL]. 中国盲文图书馆 .[2017—03—30].http://

www.blc.org.cn/

[273] 杨其慧 . 美国公共图书馆的儿童服务 [J]. 图书馆工作与研究，2001（3）：58–59.

[274] 李彬 . 美国公共图书馆未成年人服务标准研究——以马萨诸塞州为例 [J]. 图书馆杂志，2014（11）：70–75.

[275] 林阳 . 首次使用外文名称的公务章 [N]. 北京日报，2007–06–11（17）.

[276] 古籍藏书展于大连开幕 [N]. 人天通讯，2005–02–22（7）.

[277] 卢芳 . 吴晞：官拜镇书将，风流十万年 [J]. 出版人.图书馆语阅读，2007（22）：26–29.

[278] 知文 . 江西 80 后女孩创办全国首家换书馆 [J]. 出版参考，2010（15）：4.

[279] 周欢，李菁莹 . “80 后”女孩创办全国首家换书馆 [N]. 中国青年报，2010–05–10（10）.

[280]10 家民营书店联推绿色书柜 [J]. 出版人，2010（9、10）：8.

[281] 藤训 . 北京 10 书店推出国内首个绿色书柜 [J]. 出版参考，2010（15）：4.

[282] 全国首家红领巾阅读超市开业 [J]. 出版人 · 图书馆与阅读，2010（7）：10.

图书在版编目（CIP）数据

图书馆印记 / 李梅军编著．—北京：北京燕山出版社，2017．9

ISBN 978-7-5402-4643-3

Ⅰ．①图… Ⅱ．①李… Ⅲ．①图书馆学史—世界 Ⅳ．① G250.91

中国版本图书馆 CIP 数据核字（2017）第 202978 号

图书馆印记

责任编辑：俞 伽 程 丹
封面设计：翁 涌
出版发行：北京燕山出版社有限公司
社 址：北京市西城区陶然亭路 53 号
邮 编：100054
电话传真：86-10-65240430（总编室）
印 刷：小森印刷（北京）有限公司
开 本：710mm × 1000mm 1/16
字 数：323 千字
印 张：26
版 次：2017 年 9 月北京第 1 版
印 次：2017 年 9 月北京第 1 次印刷
ISBN 978-7-5402-4643-3
定 价：68．00 元